세계 문학 전집을 읽고 있습니다 2

세계 문학 전집을 읽고 있습니다 2
김정선 지음

초판 1쇄 발행 2023년 2월 24일

펴낸곳 포도밭출판사
펴낸이 최진규
등록 2014년 1월 15일 제2014-000001호
주소 충청북도 옥천군 옥천읍 성신로 16, 필성주택 202호
팩스 0303-3445-5184
전자우편 podobatpub@gmail.com
웹사이트 podobat.co.kr

ISBN 979-11-88501-32-8  03800

이 책은 저작권법에 따라 보호받는 저작물이므로
무단 전재와 복제를 금합니다.

책값은 뒤표지에 있습니다. 잘못된 책은 바꾸어 드립니다.

# 세계 문학 전집을
# 읽고 있습니다

김정선 지음

들어가며
## 책의 주인들에게 전하는 인사

경남 창원시엔 '화이트래빗'이라는 북바(Bookbar)가 있다. 말 그대로 술과 책을 함께 파는 곳이다. 『세계 문학 전집을 읽고 있습니다』 1권 북토크 때문에 갔었다. 기차를 타고 마산역에 내려 버스로 이동한 뒤에도 골목을 한참 걸어 들어가서야 겨우 찾을 수 있었다. 그도 그럴 것이 '북바'가 있을 만한 골목이 아니었다. 이런 곳에? 하며 고개를 여러 번 갸우뚱거렸더랬다. 어디선가 "계란이오, 계란!" 하고 쥐어짜는 목소리를 앞세우고 계란을 잔뜩 실은 트럭이 나타날 것만 같은 그런 골목이었다.

미닫이 철문을 열고 들어서니, 술병보다도 더 많은 책들이 진열되어 있는 게 특이하달뿐 그냥 좁고 어둑신한 바였다. 내가 술을 좋아하는 주당이었다면 '천국이 따로 없군!' 하고 감탄했겠지만, 술을 못 마시니 뭐랄까, 아늑한 아지트 같았달까. 상호 그대로 토끼들이 오종종 모이는 토끼굴 같은 아지트.

주인장이 사회를 보는 가운데 일고여덟 분 정도가 모인 단출한 북토크였기에 특별히 인상 깊을 이유도 없는데, 왜

2권 서문에 이런 글을 끄적이고 있는지 모르겠다. 내가 저자로 참여한 이른바 '각 잡힌' 북토크라기보다 비슷한 독서 취향을 가진 사람들이 바다가 가까운 동네 한 골목에 자리한 아지트에 모여 책 이야기를 자유롭게 나눈 것 같아서였으리라. 정말 오랜만이었다. 아지트에 모여 자유롭게 책 이야기며 사는 이야기를 나눠 본 게. 그런 게 고팠던가 보다.

장소가 남달랐다고 특별한 기분을 느낀 건 아닐 테다. 그런 감각엔 무딘 편이니까. 굳이 꼽자면 바의 주인장께서 미리 메일로 보내 준 질문지에서부터 뭔가 남다른 냄새를 맡았기 때문이라고 해야겠다. 내 책을 애정을 가지고 꼼꼼히 읽지 않고는 물을 수 없는 질문들로 빼곡했으니까. 그뿐인가. 참여한 분들도 하나같이 책을 흥미롭게 읽은 티가 팍팍 났다.『세계 문학 전집을 읽고 있습니다』는 물론 그전에 낸『나는 왜 이렇게 우울한 것일까』에다『오후 네 시의 풍경』속 한 꼭지인「오늘은 우는 날」이야기까지 나왔을 땐, 속으로 '이 사람들 정체가 뭐지?' 하고 중얼거렸을 정도다.

몇 년 전 충주의 한 서점에서 북토크할 때 만났던 중년 여성 한 분이 떠오른다. 비록 북토크 관련 책 이야기는 아니었지만, 글쓰기 책을 내주어서 고맙다는 인사를 질문 대신 받은 적이 있다. 도심과 떨어진 외곽에 사는 사람으로서 다양한 문화 혜택을 받지 못해 안타까웠는데, 내가 낸 글쓰기 책을 구해 딸과 함께 공부하고 있노라며 고맙다는 인사를 하기 위해 먼 거리를 달려왔노라고 말하고는 어색한 표정으로 다시 자리에 앉던 그분의 모습을 한동안 잊지 못했다. 이런저런 책을 내고도 가족에게조차 알리지 못할 정도로 큰 의미를 부여하지 못할 만큼 멘탈이 엉망이던 시절이었다. 그때 처음으로 아 내가 책을 냈구나, 하고 깨달으면서 후회나 민망함보다 보람을 더 느낀 기억이 난다.

   책의 주인이 있다면 그건 아마도 창원과 충주에서 만난 분들 같은 숨은 독자들이리라. 왜냐하면 저자나 작가는 물론 책을 만드는 출판인들도 결국 거기서 시작했을 테니까. 책을 자신만의 은신처로 삼고 내밀한 대화를 나누는 사람들. 그 경험을 공유했던 사람으로서 아직 만나보지 못했지만 자신만의 은신처에 내 책들을 꽂아놓은 분들에게 고마움을 전하면서 이 책을 바치고 싶다. 책을 통해 교양과 풍부한 지식을 얻고자 하는 독자에겐 많이 부족한 책이지만, 책을 자신만의 은신처로 삼는 독자에겐 나만의 은신처를 선보이는 기회가 되지 않을까 싶다.

   1권과 달리 2권은 다룬 책의 양도 적고 쓰는 과정도 힘들었다. 여름이 지나면서는 원고를 오래 묵혀 두어야 할 정도로 꽤 오랫동안 읽지도 쓰지도 못했다. 결국 맨 뒤의 네 편은 예전에 쓴 글을 붙일 수밖에 없었다. 그렇게 모두 47편, 64권을 읽고 쓴 기록을 2권으로 묶었다. 하지만 나만의 은신처를 고스란히 드러냈다는 면에선 1권과 견주어 전혀 부족하지 않다고 자신한다. 받아준다면, 부끄럽지만 책의 진정한 주인인 당신들에게, 인사처럼 또는 우리만의 신호처럼, 이 책을 보내고 싶다.

김정선

차례

들어가며 책의 주인들에게 전하는 인사   5

## 2021, 봄

곤경에 빠진 서술자   15
『이방인』, 알베르 카뮈

흔해 빠진 특별함   22
『구토』, 장 폴 사르트르

살인을 생각하고 행하는 것 사이에 놓인, 건널 수 없는 심연   27
『죄와 벌』 상·하, 표도르 도스토옙스키

무지한 독자의 변명   34
『나사의 회전』, 헨리 제임스

모호함을 유지할 것   41
『데이지 밀러』, 헨리 제임스

패배한 삶과 패배하지 않은 이야기   48
『플로스 강의 물방앗간』 1·2, 조지 엘리엇

아버지의 목소리   55
『레 미제라블』 1~5, 빅토르 위고

놀라운 인생, 놀라운 소설   62
『사일러스 마너』, 조지 엘리엇

완고한 지성   70
『반도덕주의자』, 앙드레 지드

문학의 배신 76
『지상의 양식』, 앙드레 지드

괴테가 구원한 괴테 81
『파우스트』, 요한 볼프강 폰 괴테
『파우스투스 박사 외』, 크리스토퍼 말로
『파우스트 박사』 1·2, 토마스 만

하늘의 정치, 땅의 종교 87
「지옥」,「연옥」,「천국」,『신곡』, 단테 알리기에리

은신처가 된 교양 94
『나는 고양이로소이다』, 나쓰메 소세키

외톨이 선언 101
『도련님』, 나쓰메 소세키

# 2021, 여름

대체 소설이야 인생론이야? 109
『달과 6펜스』, 서머싯 몸

유럽 백인 남성을 위한 자기계발서 115
『인간의 굴레에서』 1·2, 서머싯 몸

'인생의 소설' 121
『예브게니 오네긴』, 알렉산드르 푸시킨

긍정의 힘을 키우랬지, 누가 환상을 품으랬어? 127
『대위의 딸』, 알렉산드르 푸시킨

거리두기가 답이다! 133
『아버지와 아들』, 이반 투르게네프

환상의 집 141
『인형의 집』,『인형의 집』, 헨리크 입센

유령의 집　　　　　　　　　　　　　　148
「유령」, 『인형의 집』, 헨리크 입센

삶의 풍경　　　　　　　　　　　　　　154
「갈매기」, 『체호프 희곡선』, 안톤 파블로비치 체호프

다른 것이 없지는 않다　　　　　　　　160
「바냐 삼촌」, 『체호프 희곡선』, 안톤 파블로비치 체호프

그럼에도 불구하고 살아가야 한다　　　166
「세 자매」, 『체호프 희곡선』, 안톤 파블로비치 체호프

노을 지다　　　　　　　　　　　　　　172
「벚나무 동산」, 『체호프 희곡선』, 안톤 파블로비치 체호프

빛나는 조연, 돈 압본디오!　　　　　　177
『약혼자들』 1·2, 알레산드로 만치니

1인칭 시점의 유혹　　　　　　　　　　185
『전염병 연대기』, 대니얼 디포

풍경에는 중심이 없다　　　　　　　　　192
『천변풍경』, 박태원


## 2021, 가을/겨울

새로운 이야기는 가능한가?　　　　　　201
『내 이름은 빨강』 1·2, 오르한 파묵

'대체 난 내 인생으로 뭘 한 거지?'　　　208
『등대로』, 버지니아 울프

전체주의를 비판하는 전체주의 방식?　　214
『동물농장』, 조지 오웰

나는 지금 미래사회에 살고 있다 220
『1984』, 조지 오웰

소설과 시차 적응 227
『멋진 신세계』, 올더스 헉슬리

이토록 무서운 소설이라니 234
『작은 아씨들』 1·2, 루이자 메이 올컷

"그리고 그는 아무 말도 하지 않았네" 239
『그리고 아무 말도 하지 않았다』, 하인리히 뵐

잃어버린 게 삶이 아니라 명예라고? 245
『카타리나 블룸의 잃어버린 명예』, 하인리히 뵐

밑도 끝도 없는 251
『타임퀘이크』, 『마더 나이트』, 『제5도살장』, 커트 보니것

덜 사는 삶 257
『소멸』, 토마스 베른하르트

엄마 잃은 이야기들 263
『포』, 존 쿳시
『로빈슨 크루소』, 대니얼 디포
『방드르디, 태평양의 끝』, 미셸 투르니에

사랑과 싸움 273
『헤이케 이야기』 1·2
『겐지 이야기』 1~10, 무라사키 시키부

2021, 봄

# 곤경에 빠진 서술자

『이방인』
알베르 카뮈, 김진하 옮김
을유문화사, 2020

> 내가 이끌어온 이 부조리한 인생 동안 내내, 나의 미래 깊은 곳에서 한 줄기 어두운 바람이 아직 도래하지 않은 세월을 가로지르며 나를 향해 올라오고 있어요. (143쪽)

4월이 되었다. 이제야 비로소 봄이 된 기분이다. 3월엔 P와 만나서 하루 종일 함께 보내며 방전된 에너지를 충전했고, 동생도 대전에 와서 며칠 머물다 갔다. 맛있는 것도 먹고 술도 마시고 당구도 쳤다. 전철역에서 동생을 배웅하고 돌아와서는 '연필이'를 쓰다듬으며 "행운을 빌어줘"라고 중얼거렸다. 그사이 목련은 우아하게 피었다가 처참하게 져버렸고, 벚꽃이 아우성치듯 피어서는 비바람에 떨어져 뿔뿔이 흩날렸다.

    4월 첫날 '연필이' 물을 주고 손에 든 책은 프랑스 작가 알베르 카뮈(1913~1960)가 1942년에 펴낸 소설 『이방인』이었다. 프랑스 식민지 알제리 알제에 사는 직장인

뫼르소가 권총으로 아랍인을 살해하고 재판을 받는 이야기다.

프랑스 식민지 알제리 알제에 사는 프랑스인 뫼르소는 어려서 아버지를 잃고 홀어머니와 살다 나이가 든 뒤 어머니를 양로원에 보내고는 혼자 무역회사에 다니고 있다. 대학을 중퇴한 뒤로는 어떤 일에도 의욕을 보이지 않고 회사 일과 수영 그리고 식사와 함께 포도주를 마시고 담배 피우는 걸 즐길 뿐이다. 어느 날 뫼르소는 양로원에서 어머니가 돌아가셨다는 전보를 받고 장례식에 참석한다. 뫼르소는 고인이 된 어머니의 얼굴을 보고 싶어 하지 않는 데다 그다지 슬픔을 느끼지 않는 듯한 행동으로 주변 사람들을 의아하게 만든다. 바로 다음날 뫼르소는 바다로 나가 수영을 즐기고 예전 직장 동료인 마리를 만나 사랑을 나누기도 한다. 마리가 자신을 사랑하느냐, 자신과 결혼할 생각이 있느냐고 묻자 뫼르소는 사랑하는 것 같지는 않지만 결혼은 할 수도 있고 그렇지 않을 수도 있다, 하지만 그런 게 의미가 있다고 생각지 않는다는 투로 일관한다. 파리에 사무실을 낼 예정인데 갈 생각이 없느냐는 사장의 제안에도 뫼르소는 그럴 생각이 없노라고 거절한다. 한편 같은 건물에 사는 건달 레몽이 자신의 정부인 무어인 여자를 혼내주고 싶어 편지를 써달라고 하자 뫼르소는 대신 편지를 써주고 결국 여자에게 폭력을 행사한 레몽을 위해 경찰서에서 증언까지 해준다. 여자의 오빠인 아랍인과 싸움을 벌인 레몽은 자신을 노리고 있는 듯한 아랍인 무리를 경계하는데, 해변의 친구 별장으로 함께 놀러 간 어느 날 아랍인들과 싸움이 벌어져 레몽이 상대의 칼에 부상을 당한다. 레몽의 권총을 들고 홀로 다시 해변을 찾은 뫼르소는 칼을 들고 누워 있던 아랍인을 향해 다섯 발의 총탄을 발사한다.

감옥에 갇힌 뒤 뫼르소는 법정에 출두해 재판을 받는데, 자신이 왜 이런 번거로운 일에 휘말렸는지 알 수 없다는 태도를 보인다. 증인들이 불려 나오고 뫼르소가 어머니의 죽음을 슬퍼하지도 않았으며 장례식 바로 다음날 해변으로 놀러 가서 여자를 만나고 사랑을 나누었을 뿐만 아니라 불량한 친구와 어울려 다녔다는 사실이 속속 밝혀진다. 뫼르소는 처음으로 타인들의 시선으로 자신이 어떤 사람인지 규정되는 경험을 하면서 자신의 삶을 돌아보지만, 부조리한 세상과 운명에 맞서 그날그날의 현존을 이어온 자신의 삶을 단죄할 이유를 찾지 못한다. 결국 기요틴에 참수되는 형을 선고 받은 뫼르소는 항소도 포기하고 고해를 권하는 신부에게도 맞서며, 자신의 사형집행 날 구경꾼들이 증오의 함성으로 자신의 사형을 맞아주기를 바란다.

전 세계 독자들의 사랑을 받는 만큼 논란 또한 많은 작품이기도 하다. '이방인'이라는 이미지에 실존주의까지 덧붙여진 데다 고급 에세이에 어울릴 만한 성찰적이고 지적인 문장들이 많은 이들에게 사랑받는 요인이라면, 뫼르소라는 인물이 왜 살인까지 저질러야 하는지, 왜 하필 아랍인을 살해하는지, 재판에서는 왜 피해자인 아랍인 친구들은 물론 유족들마저 보이지 않을뿐더러 증인으로 채택조차 되지 않는지, 뫼르소를 재판하면서 아랍인을 살해한 사실보다 그의 도덕적 결함을 더 중시하는 이유는 무엇인지, 죽음을 받아들이면서 뫼르소는 왜 단 한 번도 자신이 죽인 아랍인을 떠올리지 않는지 등은 논란이 될 만한 요인들이겠다.

개인적으로는 서술자와 인물 그리고 작가가 묘하게 부딪히는 작품으로 기억한다. 다시 읽어도 그 인상이 변하지 않은 걸 보면 잘못 본 건 아닌 모양이다. 저 유명한 첫 문단부터 그렇다.

> 오늘 엄마가 죽었다. 아니 어쩌면 어제일지도 모르겠다. 양로원으로부터 전보 한 통을 받았다. "모친 사망. 명일 장례. 삼가 경의." 이것으로는 알려주는 게 아무것도 없다. 아마도 어제였을 것이다. (9쪽)

여섯 개의 문장에 어제, 오늘, 내일을 다 담았다. 하지만 서로 연결점이 전혀 없는 어제, 오늘, 내일이기도 하다. 이 절묘한 문장들은 대체 누구의 목소리로 전해지는 걸까? 언뜻 생각하기엔 뫼르소의 목소리인 듯 보인다. 전혀 관련 없는 어제, 오늘, 내일을 살고 있을 뿐인 인물의 무색무취한 독백. 하지만 소설을 읽다 보면 이 이야기가 뫼르소의 회상이라는 걸 알게 된다. 가령 1부 1장 끝부분에 "나는 아직도 그날 하루의 몇 가지 장면을 기억한다" 같은 문장을 보면 그렇다. 회상이 아니더라도 기억에 의존해 자신의 이야기를 풀어내고 있는 것만은 분명하다.

그렇다면 뫼르소는 감옥에서 사형을 기다리며 자신의 이야기를 들려주고 있는 셈이다. 자신의 말대로 "바로 이 인생을 내가 회상할 수 있는 인생"(142쪽)을 다시 살고 있는 셈이랄까.

그렇다면 저 첫 문장은 뫼르소의 문장일 리 없다. 뫼르소가 썼다면 아마도 "나는 사람을 죽였다. 엄마의 죽음 때문이었다" 또는 "양로원으로부터 엄마가 죽었다는 전보를 받던 날 이 모든 일이 시작되었다" 정도가 되어야 적당할 테니까. 그렇다고 서술자가 "오늘 엄마가 죽었다"라는 문장으로 이 소설을 시작할 리도 없다. 저 첫 문장은 작가의 문장이라고밖에 달리 볼 여지가 없다. 작가는 첫 문장을 포함해 여섯 개의 문장을 쓰고 서술자에게 바통을 넘긴 셈이다. 서술자로서는 정말 난감한 순간이겠다. 자신이 이제부터 이끌어가야 할 인물은 아무것도 하려 들지 않는, 하여 자신의 이야기를 들려주는 일은 물론 소설의 주인공이 되는 데도 전혀 관심이 없는 뫼르소인 데다, 작가는 그런 인물의 현재적 삶을 회상 안에 담아주기를 바랄 뿐만 아니라 살인까지 저지르도록 유도하라고 주문하니, 이만저만 난감한 게 아니겠다. 말하자면 곤경에 빠진 셈이랄까.

그래도 1부는 어찌어찌 이어갈 수 있었다. 뫼르소다운 일상이 펼쳐질 뿐이어서 서술자와 인물의 괴리가 크지 않으니까. 다만 뫼르소의 1인칭 진술이 다시 뫼르소를 향하게 만들어주는 것이 문제일 뿐. 대사는 되도록 간접적으로 전함으로써 뫼르소와 다른 인물이 직접적으로 부딪게 하지 않으면서 모든 묘사와 설명이 뫼르소와 일정한 거리를 두게 만들어 자연스럽게 자신의 진술이 스스로를 객관적인 인물처럼 그리게 해야 한다. 스스로의 진술에서도 일정하게 소외되는 듯한 인물을 그려야 한달까.

하지만 1부가 끝나갈 무렵 다시 한 번 불쑥 작가가 끼어든다. 다섯 발의 총탄. 뫼르소 같은 인물이 도저히 빠져들 수 없는 상황 속으로 직접 걸어 들어가게 만든 것. 첫 발은 부지불식간에 발사했다 해도 그 뒤에 네 발의 확인 사살까지 하게 만든 건 이해하기 어렵다. 그것도 햇빛 때문이라니! 그렇게 뫼르소는 '작가'의 의도대로, 뫼르소로서는 죽기보다 싫은 상황, 즉 세상 사람들과 제도의 주목을 한 몸에 받으며 감옥 생활을 해야 하는 처지에 놓인다. 마치 작가가 이런 상황에서도 1부의 뫼르소를 유지할 수 있는지 지켜보겠다고 일부러 밀어 넣은 듯한 그곳에서 뫼르소는 어리둥절해할 뿐이다.

하여 2부는 순전히 자신의 현존 말고는 아무것에도 관심이 없는 뫼르소와 파리 중앙 무대에서 인정받는 작품을 완성하고자 하는 이십 대 젊은 카뮈의 욕망 사이에 끼어, 둘을 화해시켜야 하는 서술자의 고투를 보여준다. 그리고 첫 문장만큼이나 유명한 마지막 문단의 문장들은 서술자가 뫼르소를 누르고 카뮈의 손을 들어준 결과물처럼 보인다. 곤경에 빠진 서술자가 어렵사리 마지막 문장을 완성하고 뫼르소 대신 서늘한 여름밤 속으로 빠져나가며 내뱉는 한숨 소리처럼 들리기도 하고.

그렇게 이름조차 부여받지 못하고 성(姓)인 뫼르소로만 불리는 우리의 주인공은 영원한 '이방인'으로 남고 만다.

# 흔해빠진 특별함

『구토』
장 폴 사르트르, 임호경 옮김
문예출판사, 2020

> 나는 떠나고 싶다. 진정한 나의 자리가 있는 곳으로 가고 싶다. 내가 딱 들어맞는 곳으로…… 하지만 내 자리는 아무 데도 없다. 나는 잉여적인 존재다.
> (285쪽)

 동생과 이것저것 먹고 난 뒤로 도망쳤던 식욕이 되돌아왔는지 오랜만에 된장국 생각이 나서 끓여 먹었다. 노변에서 옆으로 자라는 시금치인 섬초랑 콩나물, 두부를 사와서 서울에 살 때 구워 가루를 낸 멸치를 넣고 된장을 풀어 같이 끓였다. 국을 많이 뜨고 밥은 조금 넣어서 훌훌 마시듯 며칠 먹고 나니 속이 든든하면서 한결 편해졌다. 배 속 상태를 의식할 필요가 없어졌달까.
 몸 어딘가 불편하면 그제야 그 부분을 강렬하게 의식하게 된다. 눈이 아프면 내 눈이 이렇게 깊숙하고 크게 자리했구나, 하고 느끼게 되고, 속이 불편하면 그제야 내 위며 장이 어디에 어떤 모양으로 자리하고 있는지를 비로소 의식하게 되는 것처럼. 나라는 존재를 실감하게 되는 순간도 아마 그럴 때이리라. 내 존재 자체가 끊임없이 겉돌면서 정상이 아니라거나 병적이라고 느낄 때. 프랑스 작가 장 폴 사르트르(1905~1980)가 1938년에 펴낸 소설 『구토』를 읽었다. 서른 살의 주인공 앙투안 로캉탱이 남긴 일기를 편집자가 소개하는 형식의 소설이다.

유럽과 아프리카, 극동 지역을 여행한 뒤 프랑스 부빌에 정착해 3년 동안 시립도서관에 다니며 18세기 프랑스 후작 롤르봉에 대한 연구서를 쓰는 로캉탱. 파리에서 여자친구였던 안니와 살다가 자신이 연구하는 역사 속 인물처럼 극동 지방으로 떠났던 로캉탱은 30만 프랑을 들고 돌아와 부빌의 호텔에서 마치 연금생활자처럼 지내며 자신만의 연구에 몰두한다. 부빌의 공원이며 미술관 등을 구경하면서 부르주아들의 도시에 환멸을 느끼기도 하고, 카페의 여사장과 의미 없는 섹스를 나누기도 하고, 도서관에서 만난, 알파벳 순서로 책을 읽어 나가는 지독한 독서가인 독학자와 대화를 나누고 식사를 하기도 한다. 그러면서도 하루하루를 보내지만, 로캉탱은 끊임없이 욕지기를 느끼는데, 자신이 일상적으로 접하는 사물들이 자신만의 존재를 드러낼 때 구토 증세가 생긴다고 인식한다. 실제로 물수제비를 뜨려고 집어 든 돌멩이를 통해 처음 느낀 뒤로 그의 구토 증세는 의자, 펜, 종이는 물론 사람을 통해서도 이어진다. 그러던 어느 날 편지를 받고 파리에 가서 안니를 다시 만나는데, 특별하고도 완벽했던 순간에 대해 말하는 안니에게 자신 또한 같은 생각을 했노라고 털어놓았다가 면박을 당한다. 안니는 새로운 남자와 런던으로 떠나고 다시 부빌로 돌아온 로캉탱은 도서관에서 독학자가 어린 남학생에게 불미스러운 행동을 저지르다 발각돼 폭행을 당하는 걸 목도하고 카페에서 마지막으로 즐겨 듣던 재즈를 듣다가 역사 연구서가 아니라 소설을 써야만 비로소 존재를 넘어 존재할 수 있는 모험이 가능하다는 걸 깨닫는다.

철학자가 아닌 소설가 사르트르와의 첫 만남은 단편소설 「벽」(1937)을 통해서였다. 학창 시절에 읽었는데 무슨 철학자가 소설도 이렇게 잘 쓰는 거야, 하고 놀랐던 기억이 있다. 지금도 소설의 반전 하면 가장 먼저 떠오르는 소설이 「벽」이다. 스페인 내전에서 프랑코 측에 잡힌 주인공이 사형 선고를 받고 존재에 대해 고민하다가 동지가 숨어 있는 곳을 불면 사형을 면해주겠다는 제안에 순전히 적들을 골려주려고 묘지라고 거짓으로 말했다가 실제로 묘지에서 동지가 잡혔다는 사실을 알게 된다는 내용이다. 존재와 삶의 우연성에 대해 이 짧은 소설만큼 깊이 있게 구현해 낸 작품이 또 있을까 싶을 만큼 걸작이었다.

그 뒤 『구토』와 『말』(1964)을 굳이 찾아 읽은 기억이 난다. 『말』은 소설이 아닌 자전적 이야기이니 『구토』에 대해서만 얘기하자면 기대와 달리 읽기도 힘들었고 그만큼 실망도 컸더랬다. 뭐랄까, 「벽」과 비교하면 소설이라기보다 에세이로 풀어쓴 철학 연구서나 철학적인 에세이 같았달까. 「벽」이 빼도 박도 못하는 개인적인 운명과 삶의 이야기를 통해 다양한 사람들에게 그만큼의 공감과 해석을 불러일으키는 작품이라면, 『구토』는 반대로 개인이라기보다 책 읽고 글 쓰고 사유하는 자들의 전형 같은 인물이 빈틈없이 꽉꽉 채운 사유의 내용을 통해 독자들에게 공감과 감동보다는 학습을 경험하게 해주는 작품이라는 게 가장 큰 차이라고 여겼더랬다.

게다가 개인적으로는 세상에서 가장 재미없는 이야기가 책 읽고 글 쓰는 사람들의 이야기여서 흥미는 더 반감됐다. 당사자들이야 그 일에 푹 빠져서 세상에서 가장 흥미로운 일을 하고 있다고 여기겠지만, 제삼자의 시선으로 보면 세상 재미없는 일이 그 일이 아닐까. 바로 내가 지금 하고 있는 일. 재미없다.

그래도 굳이 재미를 찾아본다면 인용문으로 뽑은 저 문장이다. 세상에 나한테 딱 맞는 곳은 없다. 내가 만약 내 존재의 의미를 물어야 할 정도로 세상과 겉돌았다면 그건 저런 걸 바랐기 때문인지도 모르겠다. 내가 쓸데없는 존재라는 의식은 내가 특별한 존재라는 의식의 다른 면일 테니까. 나는 특별한 존재가 맞다. 우주에서 단 한 번뿐인 삶을 살고 있으니까. 하지만 여기서 멈추면 자존감은 높아질지 모르나 의미 없는 자존감에 고통 받기 십상이다. 한 발짝 더 나아가야 한다. 내 존재의 특별함은 흔해빠진 특별함이라고. 그렇잖은가. 지금 지구엔 나 같은 특별한 존재가 70억 명 이상 살고 있으니까. 게다가 로캉탱이 연구하던 롤르봉 후작처럼 이미 존재했던 사람들과 앞으로 존재할 사람들까지 고려하면 내 특별함은 백사장의 모래알같이 흔하디흔한 특별함에 불과하다.

   내 존재의 특별함을 제대로 누리려면 존재의 흔하디흔한 형식에 붙들려 있는 수밖에 달리 방법이 없다. 특별한 재미를 느끼려면 재미없음에 붙들려 있어야 하는 것처럼. 이렇게 말하면 위안이 좀 되려나.

# 살인을 생각하고 행하는 것 사이에 놓인, 건널 수 없는 심연

『죄와 벌』 상·하
표도르 도스토옙스키, 홍대화 옮김
열린책들, 2018(2000)

"내가 하느님의 섭리를 어떻게 알겠어요……. 당신은 왜 해서는 안 될 질문을 하시는 거예요? 어떻게 그런 일이 내 결정에 따라 이루어질 수 있지요? 누구는 살아야 하고, 누구는 죽어야 한다고 심판할 권리를 누가 내게 주었나요?" (하권 599~600쪽)


4월 들어 코로나 19 확진자 수가 늘고 있다. 잠잠하던 이곳 대전에도 하루 확진자 수가 예순 명을 넘어 사회적 거리 두기 2단계가 시행되었다. 그래도 봄이라고 나무에 연둣빛 이파리들이 한꺼번에 눈트는 걸 보고 있자니 어쩐지 무서워진다. 어쩌자고 저렇게 한데 모여 움트는 건지…… '무서운 복수(複數)'. 꽃들이 한꺼번에 모여 피어나는 것도 무섭고 이파리들이 다닥다닥 붙어서 자라는 것도 무섭다. 밝고 화사해 보이기는커녕 어쩐지 음습해 보이고 저희끼리 수군거리며 뭔가를 도모할 것처럼 보인달까. 부르르 진저리를 치며 혼자만의 공간으로 숨어

들어서 펼쳐 든 책은 러시아 작가 표도르 도스토옙스키 (1821~1881)가 1867년에 펴낸 소설『죄와 벌』이었다. 전당포 노파와 노파의 이복 여동생을 살해한 법대 휴학생 라스꼴리니꼬프가 가족을 부양하기 위해 거리의 여자가 된 소냐의 사랑으로 새롭게 태어난다는 이야기다.

7월의 어느 무더운 여름날 러시아 뻬쩨르부르그의 빈민가에 사는 스물세 살의 법대 휴학생 라스꼴리니꼬프(로쟈)는 전당포 노파를 살해할 계획을 세운다. 돈밖에 모르는 고리대금업자인데다 이복 여동생인 리자베따마저 괴롭히는 비인간적인 노파를 죽임으로써 여러 사람을 수렁에서 구할 수 있다면 그건 범죄가 아니라는 생각에서였다. 실행에 옮기기 전 전당포를 찾았다가 돌아오는 길에 로쟈는 술집에서 홀로 술을 마시는 퇴역 관리 마르멜라도프를 만난다. 마르멜라도프는 알코올 중독자로 자신의 무능력 때문에 곤경에 빠진 가족들과 심지어 거리의 여자가 된 맏딸 소냐의 이야기를 주정처럼 들려준다. 다음날 로쟈는 어머니에게서 편지를 받는다. 여동생 두냐가 가정교사로 일하던 집에서 주인인 스비드리가일로프에게 음탕한 제안을 받았다가 부인에게 남편을 홀렸다고 오해를 사 곤경에 처했으나 다행히 오해가 풀린 데다 부인의 친척인 루쥔에게 청혼까지 받았다는 소식을 전하며, 어머니는 루쥔이 곧 뻬쩨르부르그에 사무실을 낼 예정이며 자신과 두냐도 뒤따를 거라면서 30루블을 보낸다고 써 보낸다. 로쟈는 여동생 두냐가 마치 소냐처럼 자신을 위해 희생하는 거라고 확신하고 괴로워하다가 거리에서 리자베따가 다음날 저녁 7시경 전당포를 비운다는 사실을 알게 된다. 다음날 저녁 전당포를 찾아가 도끼로 노파를 살해한 로쟈는 노파가 숨겨놓은 궤짝을 뒤지다가 밖에서 돌아온 리자베따와 맞닥뜨리고 리자베따마저 살해하고 만다.

집에 돌아와 사경을 헤매던 로쟈는 다음날 경찰서에 출두하라는 소환장을 받고 경찰서를 찾았다가 집주인이 집세를 내지 못한 자신을 고소했기 때문임을 알고 안심하지만 경찰서장과 부서장이 전당포 노파 살해 사건 이야기를 나누는 걸 듣고 실신한다. 로쟈는 전당포에서 가져온 물품을 철공소로 보이는 건물 구석의 돌덩이 밑에 감추고 친구인 라주미힌을 찾아가 횡설수설하다 돌아와 열병을 앓는다. 라주미힌 덕분에 병석에서 일어난 로쟈는 루쥔의 방문을 받는데 돈 없고 불쌍한 여성이어야 남편에게 고마워하며 복종하리라는 생각에 두냐를 선택한 것 아니냐는 로쟈의 면박을 받고 루쥔은 화가 나서 돌아가고, 로쟈의 어머니와 여동생 두냐는 병색이 완연한 로쟈를 만나 걱정하지만 라주미힌의 도움으로 안정을 찾는다. 로쟈는 라주미힌의 친척이기도 한 예심판사 뽀르피리를 만나 살해 사건 수사에 대해 떠보다가, 나폴레옹 같은 비범인에겐 범인(凡人)과 달리 법과 사회도덕을 뛰어넘어 살인마저도 허용되어야 한다는 자신의 논문에 대해 논쟁을 벌인다. 뽀르피리는 로쟈가 논문 내용처럼 살인도 저지를 만한 인물임을 꿰뚫어본다.

한편 술에 취해 마차에 치여 중상을 입은 마르멜라도

프를 발견한 로쟈는 그를 부축해 집으로 옮기지만 그만 사망하고 마는데, 그 일로 로쟈는 소냐를 만나게 되고 어머니에게 받은 돈을 장례비용으로 쓰라고 그들 가족에게 준다. 부인이 의문사를 당한 뒤 재산을 챙겨 뻬쩨르부르그로 온 스비드리가일로프는 로쟈를 찾아와 부인이 두냐에게 남긴 유산을 전하며 자신 또한 거금을 두냐에게 줄 수 있노라고 말한다. 두냐는 루쥔과 파혼하고, 로쟈에게서 자신과 닮은 '비범인'의 모습을 발견한 스비드리가일로프는 로쟈를 따라다니며 괴롭힌다. 로쟈가 소냐에게 찾아가 성서의 한 구절을 읽어달라고 청하고 자신이 살인을 저질렀음을 고백하는데, 이를 엿들은 스비드리가일로프는 두냐에게 편지를 써 불러낸 뒤 겁탈하려다가 완강한 저항에 부딪히자 포기하고 소냐를 찾아가 자신의 돈을 건네고는 권총으로 자살하고 만다. 소냐의 권유에 자수하러 간 로쟈는 뽀르피리에게서 자수한다면 가난 때문에 우발적으로 저지른 살인으로 간주해 주고 더욱이 칠장이가 거짓 자백을 한 뒤에 자수한 것이니 감형되도록 힘써 주겠노라는 말을 듣는다.

로쟈는 결국 8년 형을 선고 받고 소냐와 함께 시베리아로 떠나고 라주미힌과 결혼한 두냐는 스비드리가일로프의 부인에게서 받은 유산으로 시베리아에서 사업을 벌이기로 한다. 한편 로쟈는 시베리아 유형지에서도 자신이 비범인이 되지 못한 것만 자책할 뿐 범죄를 저질렀다는 사실을 인정하지 않다가 소냐의 지극한 사랑과 보살핌에 감화되어 새로운 사람으로 다시 태어날 준비를 한다.

　상·하권을 읽고 상권을 한 번 더 읽었다. 학창 시절에 읽으면서 느꼈던 강렬함이 어쩐지 순화된 듯 느껴져서였다. 다른 작가의 작품이었다면 대단하다 싶었겠지만, 도스토옙스키가 아닌가. 실제로 도스토옙스키의 다른 소설, 『카라마조프가의 형제들』(1880)이나 『악령』(1873)에 견주어도, 뭐랄까 소품처럼 느껴진달까. 제어장치 없이 어두운 심연 속으로 곤두박질치며 읽는 사람을 압도하다 못해 경악하게 만드는 풍경들을 보여주는 작가이기에 이 소설의 순화된 양상이 미심쩍어 한 번 더 읽었다.

　로쟈의 살인 행각이 이야기의 주된 줄기이지만 그것도 어쩐지 제어장치가 달린 듯 보이고, 주변 인물의 이야기 또한 하다 만 듯한 인상을 풍기는 이유가 궁금했다. 가령 시종일관 성녀처럼 등장하는 소냐도 반만 보여준 듯하고 루쥔이나 스비드리가일로프의 비열함과 비인간적인 면모 또한 적당한 선에서 그친 것처럼 비칠 뿐만 아니라, 라주미힌이나 뽀르피리도 한 가지 표정만 드러난 듯 느껴지는 이유가 궁금했다. 서술자는 로쟈를 대신해 내내 변명으로 일관하는 형국이고 다른 인물들 또한 소냐와 함께 로쟈를 갱생시킨다는 한 가지 목적에 수렴되는 언행을 반복하는 듯 보이는 이유도.

　상권을 다시 한 번 읽고 나서 내 나름대로 짐작해 본 이유는 이렇다. 살인을 부추기는 인물과 실제로 살인을 행하는 인물이 나뉘어 있는 『카라마조프가의 형제들』

이나 『악령』과 달리 이 소설에서는 한 사람이 그 몫을 다 떠안았기 때문. 말하자면 로쟈는 이반 카라마조프이면서 스메르쟈코프여야 하고, 스타브로긴이면서 표트르나 키릴로프이기도 해야 한다. 인물은 분열을 겪을 수밖에 없고(열병을 앓으면서 냉정한 이론가와 비겁한 살인자 사이를 수시로 오가며 안절부절못하는 게 당연하다), 서술자는 그 분열에 대해 끊임없이 설명할 수밖에 없다. 주변 인물들 또한 그 분열에 명분을 부여하는 역할에 매달리다 보니 자신들의 성격을 끝까지 드러내지 못한 듯하고. 게다가 로쟈가 살인한 대상이 황제나 고위 관료, 정적(政敵)이 아니고 전당포 주인 노파라는 사실도(소냐만큼이나 선한 인물인 리자베따까지) 그의 궤변 같은 논리나 그 논리에 입각한 살인 행위에 변명이 필요하도록 만든다. 왜냐하면 살인을 꿈꾸거나 생각하는 것과 직접 행하는 것 사이에는 심연과도 같은 거리가 있기 때문. 그 거리를 메우려면 길고 긴 설명이 필요할 수밖에 없으리라.

 그래서일까. 이 소설은 앞에 인용한 문장에서 소냐가 묻고 있듯이, 해서는 안 되는 질문에 대한 길고 긴 답변서가 되고 말았다. 왜 이렇게 긴 답변이 필요하냐는 물음엔 이렇게 답하고 싶다. 소냐의 저 반문이야말로 가장 명확한 답변이겠지만, 그리고 어떤 상황에 처하더라도(설령 소냐가 처한 상황에 놓이더라도) 조금도 주저하지 않고 소냐처럼 반문할 수 있다면 이런 긴 답변이 필요 없겠지만, 누구나 그럴 수는 없기 때문이라고. 실제로 부당하고 비참한 처지에 놓이지 않더라도 단지 그런 상황을 상상해 보기만 해도 소냐의 반문을 당연하게 여기지 못하고 주저하게 되는 것이 인지상정일 테니까. 주저하는 그 잠깐 사이 우리 앞에는 깊이를 알 수 없는 어두운 심연이 놓일 테고.『죄와 벌』과 같은 길고 긴 변명 같은 답변으로도 채울 수 없는 심연이.

(열린책들과 창비에서 내는 책들엔, 외래어를 표기할 때 된소리를 피하라는 외래어 표기법 규정과 달리 된소리를 그대로 쓴다. 가령 '라스콜리니코프'를 '라스꼴리니꼬프'로, '페테르부르크'를 '뻬쩨르부르그'로 쓰는 식이다. 외래어 표기법에 맞춰 바꾸려다가 그냥 책에 표기된 대로 적는다. 다만 '도스또예프스끼'만은 혼동을 피하기 위해 '도스토옙스키'로 적는다.)

# 무지한 독자의 변명

『나사의 회전』
헨리 제임스, 정상준 옮김
시공사, 2010

바로 그때, 그 다른 자들, 아웃사이더들이 그곳에 있었다. 비록 그들은 천사가 아니었지만 프랑스어 표현처럼, '날개를 스치듯' 지나갔다. 그들이 머무는 동안 내게 보여주어도 된다고 생각한 것보다 더 사악한 소식이나 더욱 생생한 이미지를 어린 희생자들에게 전달할지도 모른다는 두려움으로 나는 몸을 떨었다. (149쪽)

병원에 다녀왔다. 하루 한 알 먹던 약을 한 알 반 먹기로 했다. 자고 깨는 시간이 다시 들쑥날쑥해져 새벽녘까지 잠들지 못하는 날이 잦아져서다. 다행히 다른 문제는 없어서 의사도 나도 만족했다. 2019년 말 약을 먹기 전까지 이런저런 몸의 변화에 시달렸지만, 그전에 이미 전혀 못 마시던 술을 갑자기 마시기 시작하거나 30년 가까이 피운 담배가 느닷없이 역겨워져 5년 가까이 입에도 대지 않는 등의 변화를 겪기도 했다. 이런 것도 내 증세와 관계가 있는지 궁금해서 물었더니 의사는 뇌 상태가 불안정해서 그랬을 거라고 진단해 주었다. 평소에 멀리하던 음식을 폭식하거나 늘 먹던 음식이 쳐다보기도 싫어지는 식이라는 것. 생각해 보니 서울에 살면서 체중이 10킬로그램 가까이 늘었다 줄기를 반복했다. 이곳에 이사 올 무렵 70킬로그램이 넘던 체중이 지금은 62킬로그램을 유지하고 있다. 언제 또 몸이 불어날지 몰라 푼더분해진 옷가지들을 차마 버리지 못했다. 의사는 이제는 뇌가 안정을 찾았으니 그럴 일은 없을 거라고 위로해 주었다.

집에 돌아와서 손에 든 책은 영국으로 귀화한 미국 작가 헨리 제임스(1843~1916)가 1898년에 펴낸 소설 『나사의 회전』이었다. 젊은 백작의 조카들인 어린 남매의 가정교사가 된 여성이 저택에 출몰하는 유령들로부터 아이들을 지키기 위해 안간힘을 쓰는 이야기다.

크리스마스 전날 런던 인근 저택에 모인 신사 숙녀들이 유령 이야기를 나누던 중 더글러스가 자기 누이의 가정교사였던 여성이 예전에 어느 저택에서 겪은 일을 글로 적어 자신에게 보내 준 적이 있다면서 그 내용을 들려준다. 이 여성은 시골 목사의 막내딸로 스무 살이 되던 해 처음으로 가정교사 자리를 얻어 젊은 백작의 조카들인 마일스와 플로라 남매를 가르치게 되었다는 것. 남매가 사는 곳은 에섹스의 저택인 블라이로 백작의 남동생 부부인 남매의 부모가 사망하면서 삼촌인 백작이 맡게 되었다. 런던에 따로 살고 있는 백작이 가정교사에게 내건 조건은 자신이 신경 쓸 일이 없도록 해달라는 것뿐.

그러고는 이름을 밝히지 않은 이 여성의 시점으로 이야기가 시작된다. 블라이에 도착해 집안일을 주관하는 하녀 그로스 부인과 아이들을 만난 나는 인자한 부인과 천사 같은 아이들 모두에게 만족하지만, 마일스가 다니는 학교 교장으로부터 더 이상 학교에서는 마일스를 받아들일 수 없노라는 내용의 편지를 받는다. 원래는 백작에게 보낸 편지였으나 백작이 뜯어보지도 않고 블라이로 보내 버린 것. 나는 그로스 부인에게만 사실을 알리고 백작이나 마일스에게는 알리지 않기로 한다. 그리고 얼마 뒤 나는 젊은 남자 유령과 맞닥뜨린다. 그로스 부인을 통해 그 남자가 오래전에 백작이 데려온 하인 피터 퀸트로 행실이 좋지 않은데다 마일스와 어울렸으며 블라이를 떠난 뒤에 죽었다는 이야기를 전해 듣는다. 그러다가 이번엔 플로라와 집 근처 호수를 찾았다가 플로라를 노려보는 여자 유령과 맞닥뜨리는데, 어쩐지 플로라가 유령의 존재를 인식하면서도 모르는 척하며 나의 시선을 다른 곳으로 돌리려 한다는 걸 느낀다. 그로스 부인의 말에 따르면 그 여자는 전임 가정교사 제슬 양으로 신분이 다른 피터 퀸트와 어울리며 플로라를 끼고돌았는데 퀸트와 마찬가지로 블라이를 떠난 뒤에 죽었다는 것이다. 나는 두 유령이 죽은 뒤에도 아이들을 장악하고 조종하려 한다고 생각해 아이들을 지키기 위해 노심초사하느라 신경쇠약에 걸릴 지경이다. 그러던 어느 날 밤 잠에서 깨어 보니 플로라가 창밖을 내려다보고 있고 마당에는 마일스가 서 있는 걸 발견한다. 나는 두 아이가 유령들과 소통하면서 자신을 소외시킨다는 강박에 시달린다. 아이들을 지키지 못하면 백작을 실망시킬 텐데 그보다 더 끔찍한 일은 없다. 나는 아이들에게 집착하기 시작한다. 언제 학교로 돌아가게 되느냐면서 얼른 백작에게 편지를 보내 문제를 해결해 달라는 마일스의 청에 나는 편지를 쓰지만 편지는 사라지고 만다. 그로스 부인은 마일스의 짓일 거라면서 그런 행실 때문에 학교에서 쫓겨난 거라고 짐작한다. 어느 날 내가 마일스와 이야기를 나누는 동안 플로라가 사라져 버린다. 나는 그로스 부인과 호수로 달려가 어렵게 플로라를 찾는데 마침 제슬 양의 유령이 나타나자 플로라를 다그치다가 플로라의 미움을 산다. 그로스 부인도 자신들에겐 보이지도 않는 유령을 반복적으로 보았다는 내 말을 더는 신뢰하지 않는다. 하지만 내 제안에 그로스 부인은 플로라를 데리고 런던으로 떠나고 나는 마일스와 남아 그로스 부인 대신 하인들을 부리며 지낸다. 어느 날 나는 마일스로부터 편지를 가져간 건 자신이며 편지를 불태워 버렸노라는 말을 듣는다. 학교에서 대체 무슨 일이 있었느냐는 물음에 마일스는 나쁜 말을 했을 뿐이라고 답하는데 그 순간 다시 유령이 나타나고, 나는 마일스를 빼앗기지 않으려고 꽉 껴안았지만, 비명을 지르며 쓰러진 마일스는 그만 사망하고 만다.

 예전에 처음 읽었을 땐 유령 이야기라고 생각했다. 모두 24장으로 이루어졌으니 유령을 통해 마치 스물네 번에 걸쳐 천천히 나사를 조이듯 독자를 공포감으로 조여가는 이야기라고 여겼더랬다. 이번에 다시 읽으니 유령은 미끼였다는 생각이 든다. 실제로 유령은 서술자인 나의 눈에만 보일 뿐인데다 서술자의 눈앞에 몇 번 나타나는 것 말고는 별다른 해코지를 하지 않는다. 아이들의 행동이나 말에서도 서술자의 주장과는 달리 유령과 소통한다고 의심할 만한 흔적은 찾을 수 없을뿐더러 '나'를 괴롭히려는 의도 또한 드러나지 않는다. 그로스 부인의 처신도 그렇고 서술의 바깥에서 두 번 다시 등장하지 않는 백작의 행동도 그다지 이상해 보이지 않는다. 퀸트와 제슬 양의 사연 또한 특별히 공포를 조장한다고 할 수 없고. 그러니 이 소설을 가정교사인 '나'의 서술이 아니라 그로스 부인이나 마일스 혹은 플로라의 서술로 다시 정리한다면 강박관념에 사로잡힌 젊은 가정교사의 종잡을 수 없는 행동이 초래한 비극 정도쯤 되지 않을까 싶다. 작가가 유일하게 유령을 보는 인물을 서술자로 내세우는 모험을 한 것도 그 때문이리라. 대개는 전지적 작가 시점이나 다른 인물의 서술로 유령을 보는 인물 이야기를 들려주는 게 일반적이지만 그래서는 의도하는 바를 이룰 수 없었기 때문.

작가의 의도는, 심리소설의 대가답게, 강박과 집착에 시달리는 인물의 심리를 나사를 돌리듯 천천히 조여 가며 드러내는 것이겠다. 유령이 필요했지만 그렇다고 여느 공포소설처럼 유령에게 많은 역할을 부여할 수는 없는데, 그건 헨리 제임스의 모토인 '고급스러움'을 현저히 해치는 방식이기 때문. 유령은 수시로 출몰하며 등장인물들을 괴롭히기보다, 스무 살짜리 시골 처녀가 백작과 아이들의 삶 속에 자신의 자리를 만들기 위해 안간힘을 쓰면서 그들에게 소외되는 순간 삶에서 밀려난다는 강박이 깊어질 때마다 나사를 한 바퀴씩 돌리듯 조여주는 역할만 하면 그뿐이다. 그러니 미끼일밖에.

미끼이니 낚으려는 것이 있을 터. 그건 독자다. 독자로 하여금 서술자인 스무 살짜리 시골 여성의 강박과 집착에 공감하게 만드는 것. 그런데 그 강박과 집착이 다분히 지적이고 고급스러운 문장들로 전해진다는 데 문제가 있다. 이를테면 이런 문장.

> 방금 말한 그 깊은 상념들을 엮은 가닥들 가운데 가장 화려하지는 않더라도 가장 기이한 가닥은, 감히 그 생각을 말로 표현했더라면 얻게 되었을 인상, 즉 아이의 작은 지적 활동에서 그 아이가 엄청난 자극으로 작용하는 어떤 영향력을 받고 있다는 인상이었다. (116쪽)

유령에 시선을 빼앗기는 사이 독자들은 시골 출신의 스무 살짜리 여성이 자신이 처한 상황은 물론 자신의 강박과 집착마저도, 백작의 상대가 되고도 남을 만큼 지적이고 고급스럽게 포장하고 분석한다는 걸 전혀 눈치채지 못한 채 서술을 따라가게 된다. 그러다 어느새 서술자인 이 여성이 백작과 아이들의 배우자이자 엄마로서 적격이라고 여기게 되고, 앞에 적은 인용문에서처럼 유령들을 '아웃사이더'로 규정하는 데 동의하게 된다. 하지만 소설이 진행되는 내내 유일한 아웃사이더는 서술자뿐이다.

전율이 느껴질 만큼 완벽한 이 소설에 유일한 흠이 있다면 작가의 지나친 자신감이 아닐까. 유령이 출몰하는 소설도 이렇게 지적이고 고급스러울 수 있다는 걸 한껏 드러내려다 보니 독자인 나는 소설을 읽는 내내 어쩐지 서술자처럼 아웃사이더로 몰리는 느낌이 든달까. 헨리 제임스의 소설을 재미있게 읽고 깊이 있게 이해하지 못하면 고급 독자가 되지 못한다는 강박이 그가 만든 서술자라도 내 것으로 만들어야 한다는 집착으로 이어져 의식적으로라도 공감하게 만들지만, 결국 나는 시골 출신의 서술자처럼 나의 원래 모습, 그러니까 무지하고 어리석은 독자로 남고 마는 쓸쓸한 경험을 하고 마니까. 그러나, 그게 내 모습인 걸 어쩌랴.

# 모호함을 유지할 것

『데이지 밀러』
헨리 제임스, 최인자 옮김
펭귄클래식코리아, 2011(2009)

다시 앞으로 나가려던 그는 그만 동작을 멈추었다. 그것은 그녀에게 부당한 짓을 하고 있다는 두려움 때문이 아니라, 여태까지의 조심스러운 비판적 태도로부터 급작스럽게 돌변한 탓에 자신이 어울리지 않게도 몹시 신 난 것처럼 보일지도 모른다는 두려움 때문이었다. (161~62쪽)


어느덧 대전 생활도 10개월째다. 여러모로 만족스럽다. 일만 아니었다면 더 일찍 옮겨 왔을 텐데 하는 아쉬움이 느껴질 정도다. 지금 살고 있는 동네도 마음에 들어 새로운 거처도 근처에서 찾으려고 한다. 살아 보니 19평은 혼자 살기엔 좀 넓은 듯해 15평짜리를 구할 생각이다. 중개사 사무실을 통해 두세 군데 집을 보았지만 여기다 싶은 곳은 아직 없다. 작년하고는 상황이 달라져서 집이 자주 나오지 않는다는 중개사의 말에 제때 마음에 드는 집을 구하지 못하는 건 아닌지 살짝 걱정이 되기도 하지만, 설마 못 구하겠는가 싶어 기다리는 중이다.

헨리 제임스의 소설을 읽은 김에 한 권 더 읽어보고 싶어 1878년에 나온 『데이지 밀러』를 골랐다. 가족과 함께 유럽 여행을 간 젊은 미국 여성 데이지 밀러가 틀에 얽매이지 않는 자유분방함 때문에 유럽에 정착한 미국인들에게 교양 없고 천박하다는 낙인이 찍혔다가 말라리아에 걸려 사망한다는 이야기다.

스위스 제네바에 사는 미국인 남성 윈터본은 두통 때문에 요양차 호텔에 묵고 있는 아주머니를 방문하기 위해 브베라는 작은 마을을 찾았다가 데이지 밀러 가족을 만난다. 데이지 밀러는 미국 뉴욕 근처 스키넥터디 출신으로 사업으로 큰돈을 번 아버지와 소화불량으로 고생하는 어머니 밀러 부인 그리고 아홉 살짜리 개구쟁이 남동생 랜돌프와 함께 살고 있다. 아버지만 빼고 세 식구가 유럽을 여행하던 중 윈터본을 만나게 된 것. 윈터본은 빼어난 미인인 데다 다른 여성에게선 볼 수 없는 순박함과 격의 없는 언행을 보여주는 데이지 밀러에게 마음을 빼앗긴다. 하지만 윈터본의 아주머니 코스텔로 부인은 그들 가족이 교양 없고 천박하다고 소문이 났다면서 싫은 내색을 비친다. 윈터본은 데이지 밀러의 요청으로 함께 시옹 성을 방문하고 돌아와 제네바로 떠나고 데이지 밀러 가족은 로마로 떠난다. 몇 개월 뒤 아주머니가 사는 로마로 돌아온 윈터본은 데이지 밀러와 해후하는데, 그곳의 미국인들이 이룬 사교계에선 이미 데이지 밀러가 여섯 명의 이탈리아 남성들과 어울려 다니면서 보호자를 동반

하지 않고 남성과 거리를 쏘다니는 등 선을 넘는 행동을 거침없이 하고 다닌다는 이유로 교양 없고 천박한 여성이라는 소문이 퍼져 있다. 실제로 데이지 밀러는 유럽 사교계에 이름깨나 떨친 미국인 워커 부인이 주최하는 파티장에 조바넬리라는 이탈리아 남성을 데리고 오겠다면서 그 남자와 단둘이 만나 거리를 산책하기로 했다며 길을 나서 사람들을 긴장시킨다. 윈터본은 데이지 밀러를 에스코트해 조바넬리를 만나는데, 마차를 타고 뒤따라온 워커 부인이 윈터본의 만류에도 데이지 밀러를 태우고 가겠다고 고집하는 바람에 데이지 밀러와 말다툼을 벌인다. 며칠 뒤 무람없이 파티장에 조바넬리를 데리고 온 데이지 밀러를 워커 부인은 퉁명스럽게 대하고, 돌아갈 무렵엔 아예 대놓고 밀러 가족을 무시한다. 결국 사교계에 더는 발을 들이지 못하게 된 데이지 밀러는 조바넬리와 로마의 이곳저곳을 다니고 그 모습을 목격한 윈터본은 두 사람이 약혼한 사이가 아니라면 바람직한 행동은 아니라고 충고한다. 데이지 밀러는 약혼한 사이라고 말했다가 당신이 믿지 않는다면 아니라고 모호하게 답한다. 그러던 어느 날 밤 콜로세움에서 두 사람을 목격한 윈터본은 로마의 열병(말라리아)에 걸릴지 모른다는 걱정에 데이지 밀러에게 어서 숙소로 돌아가라고 청하고 조바넬리에겐 경솔한 행동을 했다면서 화를 낸다. 돌아가는 길에 데이지 밀러가 약혼했다는 말을 정말 믿었느냐고 묻자 화가 난 윈터본은 그런 건 이제 아무래도 상관없노라고 답한다. 얼마 뒤 데이지 밀러는 말라리아에 걸려 몸져

누웠다가 사망한다. 윈터본은 밀러 부인에게 데이지 밀러가 죽기 전에 자신은 약혼하지 않았다는 말을 윈터본에게 꼭 전해 달라는 부탁을 받았노라는 말을 듣는다. 그리고 장례식장에서는 조바넬리에게 데이지 밀러가 자신과 결혼할 생각이 전혀 없었노라는 말을 듣는다. 나중에 브베에서 다시 코스텔로 부인을 만난 윈터본은 데이지 밀러가 누군가의 존중을 받았더라면 무척 고마워했을 거라면서 자신이 외국에서 너무 오래 살아 실수를 저지르는 모양이라고 말한다.

한 번 읽고 다시 한 번 더 읽었다. 길지 않은 소설이라 금방 읽을 것 같기도 했고, 뭔가 모호해서이기도 했다. 표현된 것보다 감추어진 것이 더 많은 소설이라는 인상 때문이었다. 서술자가 전적으로 윈터본의 시점에 기대 데이지 밀러를 묘사하고 설명하고 있는데, 윈터본조차 작품 속에서 적극적으로 행동하는 인물이 아니어서 그의 시선으로 그려지는 데이지 밀러가 어쩐지 먼 거리에서 바라보듯 원근감이 없어 보였던 것. 다시 읽어보니 모호함은 작가의 전략인 듯싶다. 서술자인 '나'는 데이지 밀러는 물론이고 윈터본에 대해서조차 자세히 알지 못한 채 이야기를 들려주고 있으니까.

윈터본은 데이지 밀러를 만나기 전에 이미 제네바에서 정체불명의 여성에게 빠져 있었고 데이지 밀러가 죽은 뒤에도 역시 제네바로 돌아가 아름답고 영리한 외국 여성을 '연구'하는 데 흠뻑 빠져 지낸다. 데이지 밀러에게 바람둥이 아가씨라고 놀렸지만, 실은 윈터본이야말로 바람둥이인 데다, 미국에서 태어나 유럽에서 교육 받은 터라 미국인의 피와 유럽 문화 사이에서 정체성의 혼란을 겪는 인물이다. 게다가 자신의 아주머니인 코스텔로 부인이나 워커 부인처럼 유럽 상류층의 교양으로 무장한 채 같은 미국인들을 무시하는 부류에 반감을 가지면서도, 저도 모르게 몸에 밴 교양 덕분에(?) 데이지 밀러 같은 미국의 교양 없는 신흥 부자들을 포용하지 못하는 이중적인 행태를 보이기도 한다. 윈터본에게 데이지 밀러는 격식을 차려 접근하고 가족 중 보호자 역할을 할 사람과 함께 예의를 갖추어 만나야 하는 유럽 여성이나 유럽화한 미국 여성이 아니라 그야말로 자유롭게 '연애'를 할 수 있는 매력적인 여성이었던 것. 하지만 그런 여성과 함께하기엔 윈터본의 몸에 밴 교양이 너무나 뿌리 깊다. 자유분방하게 행동할 수 없는 자신의 처지가 가장 큰 걸림돌인 셈. 데이지 밀러가 반복적으로 지적하듯 지나치게 '뻣뻣'하달까.

결국 그의 행동은 이도 저도 아닌 모호한 것이 되고 만 데다, 그래서인지 데이지 밀러 또한 모호하기 이를 데 없는 모습으로 그려지고 만다. 데이지 밀러는 과연 윈터본을 어떻게 생각했으며 조바넬리와는 어떤 사이였는지, 여섯 명의 이탈리아 남성 가운데 왜 조바넬리와만 함께 다녔는지, 유럽에 정착할 것도 아니고 단지 여행 중인 여성이 그곳의 사교계에 왜 그다지도 관심을 두었으며 또 결국 자신이 받아들여지지 않은 것에 대해서는 어떻게 생각했는지 알 길이 없다. 다른 인물들도 마찬가지다. 코스텔로 부인이나 워커 부인은 여행객에 불과한 데이지 밀러의 행동에 왜 그다지도 분개하고 말다툼까지 벌이며 참견했는지, 조바넬리는 또 무슨 생각으로 무성한 소문에도 불구하고 데이지 밀러 곁을 떠나지 않았는지, 밀러 부인은 왜 자신의 딸이 추문의 대상이 되고 있음에도 그리고 자신 또한 소화불량과 신경쇠약으로 고통을 당하고 있으면서도 딸을 데리고 얼른 미국으로 돌아가지 않았는지.

물론 가장 모호한 건 윈터본의 태도다. 데이지 밀러의 미모와 자유분방함에 반했으면서도(데이지 밀러가 워커 부인과 의견 충돌로 얼굴이 붉어질 때도 그는 미모를 거론할 정도다) 교양 없음에 실망하고, 가벼운 연애 대상으로 여겼으면서도 사교계의 평판에 신경을 쓰고, 신사와는 맞지 않는 여성이라고 판단해 놓고는 조바넬리와 어울리자 마치 철없는 누이를 대하듯 염려하더니 데이지 밀러가 죽고 나서는 어쩐지 짐을 덜어버린 듯 행동하니 말이다. 앞에 적은 인용문에서 보듯 그는 다가가지도 못하고 멀어지지도 못한 채, 안타까워하면서 동시에 안심하고 두려워하면서 동시에 신이 난 사람 같다. 윈터본뿐만 아니라 이 소설의 등장인물 가운데 구체적인 상황 속으로 적극적으로 뛰어들어 뭐든 분명하게 밝혀내는 인물은 아무도 없다. 심지어는 서술자도 그렇고 작가도 다르지 않다.

『여인의 초상』(1881)에서처럼 헨리 제임스 소설의 고급스러움은 모호함을 유지하는 전략에서 나온 것은 아닌가 하는 생각이 문득 들었다. 모든 인물이 서로 적당한 거리를 유지한 채 자신의 구체적인 욕망을 드러내지 않도록 만드는 것. 하긴 뭐가 됐든 지나치게 구체적인 건, 천박할 것까진 없지만, 그렇다고 고급스럽고 우아하다고 할 수도 없을 테니까.

# 패배한 삶과 패배하지 않은 이야기

『플로스 강의 물방앗간』 1·2
조지 엘리엇, 한애경·이봉지 옮김
민음사, 2009(2007)

우리의 결심이 돌이킬 수 없게 되려는 순간, 즉 운명의 철문이 닫히려는 바로 그 순간이야말로 우리의 힘을 시험하는 결정적인 순간이다. 그 순간이 되면 우리는 오랜 추론과 확신에도 불구하고 전혀 다른 논리를 붙들게 된다. 이 선택에 의해 우리의 긴 투쟁은 무효가 되며 우리는 패배한다. 그러나 어찌하랴. 우리는 이 패배를 승리보다 더 사랑하는 것을. (2권 107쪽)


'연필이'에게 가족이 생겼다. 물론 나 말고 자기 가족. 자꾸 기울어지는 게 심상치 않아서 근처 꽃집에 가져갔더니 화분 크기에 비해 지나치게 크게 자라 뿌리가 지탱하지 못한다길래 분갈이를 했다. 화분만 더 큰 것으로 바꾸기엔 무리가 있어 흙을 퍼내고 뿌리를 들어 균형을 잡아준 다음 기울어진 쪽으로 무성하게 자란 줄기들을 전지가위로 잘라내 다른 화분에 심어주었다. 모두 여섯 개의 작은 줄기들이 새로운 화분에 오종종하게 심어졌다.

"한 화분에 심기엔 좀 많다 싶지만, 일단 이렇게 키워 보시고 나중에 더 자라면 그때 또 분갈이를 하시죠."

젊은 남자가 운영하는 작은 꽃집인데 동네에 이런 꽃집이 있다는 것도 모르고 지냈다. 아무튼 꽃집 사장님 덕분에 무사히 분갈이를 마치고 하나씩 집으로 옮겨 왔다. 새로 생긴 화분의 이름은 '몽당이'로 정했다. '연필이'와 '몽당이'.

거실 한편에 나란히 자리한 '연필이'와 '몽당이'를 흐뭇하게 지켜보다가 손에 든 책은 영국 작가 조지 엘리엇(1819~1880)이 1860년에 펴낸 소설 『플로스 강의 물방앗간』이었다. 19세기 영국의 한 강가 마을 물방앗간 집에서 태어나 자란 매기가 아버지와 오빠의 그늘에서 벗어나 독립적인 삶을 살기 위해 애쓰다 비극을 맞는다는 이야기다.

영국의 가상 도시 세인트오그스의 플로스 강변 마을에서 물방앗간을 운영하는 털리버 씨는 불같은 성격 때문에 늘 송사에 휘말리는 인물이다. 털리버 부인 베시 도슨은 남편이 소송으로 돈을 날리는 게 불만인 데다 도슨가의 세 언니들 또한 그런 제부를 못마땅해해서 속이 상하지만 딱히 말릴 방법이 없다. 부부는 남매 톰과 매기를 두었는데, 둘은 개구쟁이처럼 어울려 다니면서도 성격이 전혀 달라, 톰은 허세를 부리며 여동생을 통제하려고 하는 반면 매기는 책 읽기를 좋아하고 공상을 즐기는 한편 오빠에 대한 반항심 또한 만만치 않다.

털리버 씨는 톰을 자신과 싸우는 웨이컴 변호사 같은 인간들을 혼내주는 인물로 키우고자 스텔링 목사에게 맡기는데, 공교롭게 웨이컴의 아들 필립도 스텔링 목사에게 교육을 받게 된다. 필립은 등이 굽은 장애를 갖고 있지만 섬세한 성격에 책도 많이 읽어 톰보다는, 사촌 루시와 함께 숙녀들을 위한 기숙학교에 다니는 매기와 친해진다.

그러던 중 털리버 씨가 오래 끌던 송사에 패하면서 충격을 받고 쓰러진 데다 물방앗간과 집은 경매에 부쳐진다. 털리버 씨는 겨우 의식을 되찾지만 물방앗간과 집은 웨이컴의 손에 들어간 뒤고 결국 털리버 씨는 웨이컴에게 고용되어 물방앗간을 운영하는 신세가 되고 만다. 털리버 씨는 가족을 불러 모아 언젠가는 웨이컴에게 꼭 복수를 하고 물방앗간을 되찾아야 한다고 다짐한다. 톰은 이모부인 딘 씨에게 부탁해 일자리를 얻어 빚을 갚기 위한 돈을 모으고 매기는 자신의 욕망을 누르고 스스로를 다그치며 하루하루를 보낸다. 어느 날 산책길에 필립을 만난 매기는 예전의 감정을 되새기고 필립 또한 매기에 대한 감정을 숨기지 않는데, 아버지와 오빠 톰을 생각한 매기는 필립을 친구 이상으로 여기지 않으려고 애쓴다. 어린 시절 친구이자 수완 좋은 장사꾼 봅 제이킨의 제안으로 이모부 딘 씨에게 종잣돈을 얻어 사업을 하게 된 톰은 승승장구하여 결국 집안의 빚을 갚는데, 그날 기분 좋게 집으로 돌아오던 털리버 씨는 물방앗간에서 마주친 웨이컴 씨와 몸싸움을 벌이며 채찍을 휘두르다 쓰러져 사망하고 만다.

톰은 어머니와 함께 결혼한 봅의 집에서 하숙을 하고 매기는 다른 도시에서 아이들을 가르치며 살다가 톰의 사업이 번창하면서 물방앗간을 되사는데, 매기는 독립적인 생활을 꿈꾸며 다른 직장을 얻기 전에 이모 집에서 루시와 함께 잠깐 머문다. 그런데 루시의 약혼녀나 다름없는 스티븐이 매기에게 빠져 접근하고, 필립의 청혼을 받은 뒤 갈등을 겪고 있던 매기는 억누르고 있던 욕망이 새롭게 눈을 뜨면서 스티븐의 유혹에 넘어가고 만다.

루시와 필립은 물론 아버지와 오빠를 저버릴 수 없다는 생각에 종교적·도덕적 갈등까지 더해져 매기는 스티븐을 뿌리치고 집으로 돌아오지만 마을에선 부도덕한 여성으로 입방아에 오르내린다. 게다가 오빠 톰은 다시는 보지 않겠다며 여동생 매기를 물방앗간 집에 들이지도 않는다. 어렵게 루시와 화해한 뒤 다시 스티븐의 편지를 받은 매기는 마음을 다잡고 다른 도시로 떠나 살기로 결심한다. 그러던 어느 날 밤 홍수로 플로스 강이 범람하면서 마을이 물에 잠기자 매기는 보트를 저어 물방앗간 집으로 가 오빠를 구하고 화해하지만 그만 보트가 뒤집히면서 두 사람 다 사망하고 만다.

19세기 빅토리아 시대 영국 작가 조지 엘리엇의 작품이다. 이름만 보면 남자 같지만 실은 메리 앤 에번스라는 이름의 여성 작가다. 남자 이름을 필명으로 써야 했던 이유야 굳이 말할 필요 없겠다. 그런 시대였으니까. 조지 엘리엇이라는 이름은 다른 소설에서도 반복적으로 접했는데 이제야 처음으로 작품을 읽어보게 되었다. 서술자의 목소리가 시종일관 차분하다는 게 첫인상이었다. 개인적으로 이런 경우는 앙드레 지드의 작품을 읽을 때 말고는 경험해 보지 못한 터라, 심리소설의 대가인 헨리 제임스에게 큰 영향을 끼쳤다는 평가와 달리 앙드레 지드와의 친화성이 더 두드러져 보였다. 종교와 도덕 그리고 개인적 욕망이 끊임없이 부딪치는 소설 속 갈등 상황들도 그렇고.

다 읽고 앞부분을 한 번 더 읽었다. 1장에 등장하는 서술자의 목소리를 다시 듣고 싶어서였다. 아마도 1장은 맨 뒤의 에필로그와 상응하는 듯하다. 말하자면 프롤로그에 해당하는 셈. 그런데 짧은 뒷이야기를 담고 있는 에필로그는 이해가 되는 반면, 프롤로그에 해당하는 1장은 작품의 배경이나 인물들에 대한 소개도 아니어서 그 의도를 파악하기가 쉽지 않다.

서술자는 의자 팔걸이에 팔을 걸치고 앉아 몇 해 전 2월에 돌코트 물방앗간 근처 다리 위에서 팔을 돌난간에 걸치고 물방앗간은 물론, 자신과 마찬가지로 방앗간의 수차를 쳐다보고 있는 어린 소녀를 바라보며 몽상에 젖었던 일을 회고하다가, 잠들기 전에 털리버 씨 부부가 나눈 이야기를 들려주겠노라고 전한다. 그리고 2장부터 이야기는 시작된다. 그러니 이 이야기는 서술자가 잠들기 전에 들려주는 이야기인 셈이다.

앞에 인용한 문장처럼 서술자는 이야기에 수시로 개입하는데 그 목소리가 거슬리지 않는다. 프롤로그나 에

필로그에서 보이는 감상적인 목소리도 정도를 벗어나지 않고, 갈등 상황을 그릴 때도 좀처럼 흥분하지 않는다. 그 편안한 목소리 톤에 젖다 보면 이 긴 소설이 지루할 틈도 없이 흘러간다. 그뿐인가. 털리버 씨와 톰 그리고 매기로 이어지는 중심인물들은 물론 다른 인물들로의 시점 변화도 자연스러워 읽다 보면 어느새 등장인물들 대부분의 심리 변화와 갈등 상황을 빠짐없이 경험하게 된다. 심지어는 마지막의 홍수 상황조차 뜬금없다고 느껴지지 않을 지경이니, 이 소설은 차분한 서술자의 목소리에 온전히 기대고 있다고 해도 과언이 아니지 싶다.

부랴부랴 검색해서 작가의 다른 소설 『사일러스 마너』(1861)를 주문했다. 대표작은 『미들마치』(1871)라는데 너무 긴 데다 책값도 비싸 일단 보류했다. 『사일러스 마너』의 서술자도 이 소설만큼 인상적이라면 그때 구입해 읽어볼 참이다. 긴 소설에서도 차분한 목소리를 유지할 수 있는지도 궁금하고.

차분한 톤에 실려 전해지지만 따지고 보면 이 이야기는 패배한 삶의 이야기다. 주요 등장인물 모두 각자의 삶의 행로에서 패배를 맛본다. 누구는 다시는 일어설 수 없는 치명적인 패배에 직면하고, 또 누구는 평생 상처를 간직하고 살아야 하는 뼈아픈 패배를 경험한다. 그리고 한쪽의 패배는 다른 쪽의 패배와 이어진다. 물론 모든 패배와 연결된 패배도 있다. 하지만 패배한 삶을 다룬 이 이야기는 최소한 패배하지 않았다. 그러니 삶은 원래 그런 거라고 말해서는 안 된다. 패배한 삶에서도 그 패배를 다룬 이야기에서도 아무런 의미를 얻지 못하는 진짜 패배를 면하려면 말이다.

# 아버지의 목소리

『레 미제라블』 1~5
빅토르 위고, 정기수 옮김
민음사, 2012

"죽는 건 아무것도 아니야. 살 수 없는 것이 무서운 일이지." (5권 481쪽)

동생이 다시 취업했다. 다행이다. 상태가 많이 좋아져서 지금쯤 환경의 변화가 필요하다 싶었는데 적절한 시기에 취업이 되었다. 의사도 반겼단다. 지난 1년간 치료를 잘 받은 덕분이다. 그래도 완전히 좋아진 건 아니어서 예전의 나처럼 몸이 밥이며 김치 따위를 거부해 잘 먹지 못하는 게 좀 걸린다. 낯선 도시에서 새로운 생활을 시작하게 되었으니 역시 나처럼 그런 변화가 좋은 영향을 끼치길 바라본다. 지난겨울부터 매일 비슷한 시간에 전화 통화를 해왔는데 이젠 그런 일상에도 변화가 생길 듯하다. 동생을 받아준 회사엔 미안한 일이지만, 예전처럼 지나치게 일에 매달리지 말고 몸과 마음 상태를 찬찬히 살피며 생활해 보고 아니다 싶으면 빨리 결단을 내리라고 말해 주었다.

아무튼 동생의 새 출발을 응원하면서 4월 말에서 5월 초까지 읽은 책은 프랑스 작가 빅토르 위고(1802~1885)가 1862년에 펴낸 소설 『레 미제라블』이었다. 잘 알고 있듯, 빵을 훔친 죄로 19년간 감옥 생활을 한 장 발장의 이야기다.

굶고 있는 어린 조카들을 위해 빵을 훔친 죄로 5년 형을 선고 받은 장 발장은 그 뒤 탈옥 시도를 반복해 모두 19년 동안 감옥 생활을 하고 사회로 나온다. 어디서든 문전박대를 당하던 장 발장은 미리엘 주교의 사택에서 하룻밤 묵고 은접시를 훔쳐 나왔다가 잡히는데, 주교의 따뜻한 배려로 다시 감옥에 가기는커녕 은촛대까지 받는다. 하지만 충격을 받고 갈등을 겪던 장 발장은 실수로 어린아이의 동전을 빼앗고 다시 쫓기는 신세가 된다. 장 발장은 마들렌이라는 이름으로 정체를 숨기고 소도시에 정착한 뒤 공장을 세우고 도시를 번성하게 만들 만큼 큰돈을 번 뒤 마침내 시장에까지 오른다. 하지만 자베르라는 형사에게 장 발장이라는 의심을 받는데, 엉뚱하게도 다른 인물이 장 발장으로 오인되어 재판을 받게 되자, 고민 끝에 마들렌은 재판정에서 자신이 장 발장임을 알리고 자베르 형사에게 잡히고 만다. 장 발장은 팡틴이라는 거리의 여자가 병으로 사망하면서 자신에게, 다른 지역에서 여관을 운영하는 테나르디에 부부에게 맡긴 어린 딸을 찾아달라고 부탁한 걸 잊지 않고 약속을 지키기 위해 탈옥한 뒤 팡틴의 어린 딸을 찾아간다. 테나르디에 부부에게 온갖 구박을 받으며 부엌데기로 고생하던 팡틴의 딸 코제트를 데리고 도망 다니던 장 발장은 포슐르방이라는 이름으로 코제트와 함께 수녀원에 숨어 지낸다.

세월이 흘러 코제트가 성장한 뒤 수녀원을 나온 두 사람은 불쌍한 사람들을 도우며 지내다 테나르디에의 계략에 속아 위험에 처하는데, 남몰래 코제트를 사랑하던 청년 마리우스는 이 사건을 통해 테나르디에가 워털루 전투에서 자신의 아버지를 구한 은인이라고 오해하는 한편 코제트의 아버지가 범죄에 연루되어 쫓기는 신세라는 의심을 품는다. 젊은 혈기의 마리우스는 1832년 6월의 파리 시가전에 뛰어들어 바리케이드 안에서 진압 군대의 공격을 받는데, 마리우스와 코제트가 사랑하는 사이라는 걸 알게 된 장 발장은 바리케이드에 뛰어들어 붙잡혀 있는 자베르 형사를 살려주고 마리우스를 구한다. 죽어가는 마리우스를 둘러업고 파리 지하의 하수도를 가까스로 통과해 탈출하지만 자베르 형사에게 걸리고 만 장 발장은 마리우스를 집에 데려다주고 자신 또한 집에 들렀다 나오겠노라며 허락을 구하는데, 자베르는 기다리겠노라고 해놓고는 떠나 버린다. 가치관의 갈등을 겪던 자베르는 강물에 뛰어들어 자살하고, 회복된 마리우스는 코제트와 결혼한다. 장 발장은 마리우스에게 코제트의 돈이라며 60만 프랑을 주고 자신이 전과자임을 밝힌 뒤 떠나려 한다. 장 발장이 마들렌 시장이며 자신을 구해준 인물임을 알게 된 마리우스가 뒤늦게 코제트와 함께 장 발장을 찾지만 오랫동안 먹기를 거부했던 장 발장은 결국 그들 품에 안겨 사망한다.

모두 다섯 권으로 된 이 '숭고한 대서사시'를 읽는 동안 몇 번이나 지겹다는 생각을 했다. 예전에 읽을 땐 안 그랬지 싶은데 이번엔 이상하게 지겨웠다. 이유가 뭘까 곰곰이 생각하다가 문득 떠올린 건 보들레르의 『악의 꽃』(1857)을 읽을 때 옮긴이 주에서 본 『레 미제라블』에 대한 보들레르의 평가였다. 위고를 흠모했던 보들레르도 위고가 작품 속에서 지나치게 아버지 같은 태도를 보인다고 불평했다는 것. 아버지 같은 태도라……

아마도 이 소설에서 숱하게 접하게 되는 아버지의 목소리 때문은 아니었을까? 이 소설엔 "A는 B다" 같은 문장이 수도 없이 등장한다. "수도원은 '평등', '박애'라는 상투어의 산물이다"(2권 360쪽), "민주주의의 위대함, 그것은 인류의 아무것도 부정하지 않고 아무것도 부인하지 않는 것이다"(2권 362쪽), "파리에는 어린아이가 하나 있고, 숲에는 새가 한 마리 있다. 이 새는 참새라고 불리고, 이 어린아이는 건달이라 불린다"(3권 9쪽), "거의 언제나 계모인 빈궁은 때로는 어머니고, 궁핍은 얼과 정신의 힘을 낳고, 궁박은 자존심의 유모며, 불행은 관대한 마음들에 좋은 젖이다"(3권 189쪽), "권리, 그것은 정의요, 진리다"(4권 17쪽), "이렇게 게으름은 어머니다"(4권 274쪽), "부랑자들이 공동의 권리를 공격하고, 우매한 무리가 양민에게 반항한다"(5권 10쪽), "자연은 '제 앞만 바라본다'"(5권 433쪽) 등등.

아무리 생각해도 소설에 어울리는 문장들이 아니다. 소설엔 "A는 B다"처럼 무언가를 규정하고 정의 내리는 문장보다 "A는 B 같았다"거나 "A는 B에게 C라고 말했다"처럼 모습과 동작을 통해 형용을 그려내는 문장들이 더 어울린다. 왜냐하면 소설의 서술은 결국 "A는 B다"라는 섣부른 결론을 피하기 위해 주어와 술어 사이를 최대한 벌려 그 사이에 형용을 집어넣고, 그 간격 또한 최대한 벌려 그 사이에 이야기를 채워 넣는 것이니까.

그런데 이 소설엔 규정하고 정의 내리는 문장들이 지나치게 많이 등장한다. 게다가 드라마와 관계없는 작가 개인의 주장이 전체의 3분의 1 가까이나 차지한다. 말하자면 작가가 서술자의 서술에 끝도 없이 개입하는 셈이다. 프랑스와 파리에 대한 자부심, 혁명의 숭고함, 종교와 사회 제도, 워털루 전투에 대한 고찰뿐만 아니라 파리의 하수도 시설에 대한 평가에 이르기까지 관심사도 다양하기 그지없다. 그뿐만 아니라 형용에 해당하는 문장조차도 한 쪽을 훌쩍 넘길 만큼 나열식으로 길게 이어지기 일쑤다. 이런 문장은 규정하고 정의 내리는 문장만큼이나 '읽는 문장'이 아니라 '보고 듣는 문장'이 되고 만다. 읽어가면서 형용의 결과를 이미지로 떠올리게 하는 문장, 즉 소설의 시간 안에 놓인 문장이 아니라, 장광설에 빠진 작가의 격앙된 목소리를 듣고 그 표정을 느끼는, 말하자면 작가 자신이 차지하는 공간을 경험하게 되는 문장일 뿐이다.

작가가 소설에 끊임없이 개입한다는 면에서 허먼 멜빌의 『모비 딕』(1851)을 떠올리게 만드는 소설이다. 두 작가 모두 할 말이 지나치게 많았던 데다 아는 것도 많앉다. 아니면 시대 상황 탓에 그런 역할을 강제당했거나. 멜빌의 경우 독립전쟁에 승리한 뒤 북부와 남부 사이의 극심한 대립이 노예제도를 둘러싸고 폭발 직전까지 몰린 미국이 배경이고, 위고의 경우 프랑스 혁명 뒤 왕정과 제정, 공화정을 반복하는 혼란을 겪으면서 가장 안정적인 공화정이라고 불리는 제3공화정으로 나아가기 전의 프랑스가 배경이다. 안정적인 서술자가 들려주는 짜임새 있는 이야기가 먹힐 시대 상황이 아니었으리라. 시대에 경종을 울리는 직접적인 목소리가 필요했달까. 하지만 안타깝게도, 시대가 지나서 다시 읽으면 서술자를 대신하는 작가의 격앙된 목소리는 경종이 아니라 아버지의 권위적이고 위압적인 목소리처럼 들릴 뿐이다.

이 소설의 4권 310쪽엔 이런 문장이 나온다. "나는 주장하지 않겠다. 여기는 전혀 그런 자리가 아니니까." 이 문장을 읽으며 나는 『모비 딕』에서 허먼 멜빌이 유일하게 정확한 시각을 적은 문장, 즉 450쪽에 괄호 안에 적은 "(1850년 12월 16일 오후 1시 15분 15초)"를 떠올렸다. 둘 다 작가가 장광설을 늘어놓으며 소설에 개입하고 있다는 걸 분명히 알고 있었을 뿐만 아니라 드러내놓고 강조하기까지 했음을 방증하는 문장들이다. 말끝마다 나는 권위적인 아버지가 아니라고 주장하면서 세상의 이치와 시간을 강조하는 아버지. 그런 아버지의 목소리는 가정에선 자식들의 목소리를 억누르듯, 소설에선 서술자의 목소리를 짓누른다.

그래도 인용문으로 고른 장 발장의 저 독백이 그나마

아버지의 목소리를 잊게 해주었다. 정말이지, 죽는 건 별게 아닌지도 모른다. 어차피 경험할 수도 없고 모르는 세계니까. 무서운 건, 단지 죽음의 반대 상태로서 생명을 유지하는 게 아니라, 나로서의 삶, 내 몫의 삶을 살 수 없는 것, 바로 그것일는지도. 동생을 절망에서 일으킨 것도 그 무서움 아니었을까.

# 놀라운 인생, 놀라운 소설

『사일러스 마너』
조지 엘리엇, 한애경 옮김
지식을만드는지식, 2012

"아, 내 소중한 아이야, 내가 도리어 축복받았지. 네가 와서 날 구해 주지 않았다면, 난 수전노로 죽었을 거야. 그 돈은 맞춤한 때에 내게서 떨어져 나갔던 거야. 보다시피 돈은 그동안 잘 보관되어 있었어. 네게 그 돈이 필요할 때까지 잘 보관되어 있었단 말이야. 정말 놀랍구나. 우리 인생이란 정말 놀라워."
(302쪽)


걷는 것만으로는 아무래도 부족하다 싶어 땀을 좀 흘려 보자는 생각에 유튜브를 보고 실내 운동을 따라 했다가 며칠 몸살을 앓았다. 처음부터 너무 무리한 걸 시도한 모양이다. 몸이 좀 풀리길 기다렸다가 이번엔 좀 가벼운 걸 따라 하며 땀을 흘렸더니 몸도 가뿐해지고 잠도 푹 자게 됐다. 규칙적으로 땀을 흘려 볼 생각이다. 덕분에 지금 먹고 있는 약도 마저 끊게 되면 더 바랄 게 없겠다. 『레미제라블』을 읽는 동안 인터넷서점에 주문한 조지 엘리엇의 『사일러스 마너』가 도착해 바로 읽었다. 1861년에 출간된 소설이다.

젊은 리넨 직조공 사일러스 마너는 래블로라는 농촌 마을에 들어와 홀로 오두막에 기거하며 베틀로 옷감을 짜며 지낸다. 마너는 랜턴야드라는 공업도시의 한 마을에서 직조공 일을 익히며 예배당에 다니던 신실한 청년이었다. 하지만 친구 윌리엄 데인의 계략에 빠져 예배당의 돈을 훔쳤다는 누명을 쓰고 약혼녀마저 빼앗긴 채 마을에서 쫓겨나듯 떠나왔다. 그렇게 친구와 약혼녀는 물론 신앙심마저 잃게 된 마너는 래블로에 와서 세상을 등진 채 외롭게 사는데, 유일한 낙이라곤 베틀로 옷감을 짜주고 받는 금화를 모으는 것뿐이다. 마을 사람들은 외부인으로서 사람들과 어울리지도 않는 데다 퉁방울눈에 나이보다 늙어 보이는 마너를 경계하지만, 마을에서 일하던 리넨 직조공이 사망하는 바람에 마너에게 일을 맡길 수밖에 없다.

한편 래블로의 유일한 지주인 캐스 씨의 큰아들 고드프리는 인근의 래미턴 가문의 딸 낸시에게 호감을 갖지만 술집 여자이자 아편 중독자인 몰리와의 사이에서 몰래 딸을 낳고 비밀결혼까지 한 처지다. 고드프리에게 몰리를 연결해 준 건 망나니 동생 던스턴이었다. 아버지 대신 소작료를 받은 고드프리는 그 돈을 던스턴에게 빼앗기고 마는데, 아버지가 알게 될까 봐 전전긍긍하는 형에게 던스턴은 비아냥거리며 협박까지 하다가 말을 대신 팔아주겠노라고 제안한다. 하지만 형의 말을 팔러 가서

협상을 마치고는 신나게 달리다가 말뚝에 말을 처박는 바람에 말은 죽고 던스턴은 걸어서 마녀의 오두막까지 가게 된다. 마녀에게 돈이 많다는 소문을 들었던 터라 혹시나 하고 오두막 안으로 들어선 던스턴은 마침 마녀가 외출하고 없는 틈을 타 금화가 담긴 자루를 훔쳐서 달아난다.

오두막에 돌아와 금화가 없어진 걸 알게 된 마녀는 절망감에 몸부림치다가 처음으로 마을 사람들에게 도움을 청하지만 금화를 되찾을 길은 없다. 그제야 마을 사람들은 마녀를 불쌍히 여겨 이런저런 도움을 주게 되고 마녀 또한 마을에 들어온 지 15년 만에 처음으로 마을 사람들과 교류하게 된다. 특히 마차 바퀴를 만드는 벤 위스롭의 부인 돌리 윈스롭이 마녀의 오두막을 찾아 말벗이 되어 주는데, 돌리는 글도 모르고 목사의 어려운 말도 이해하지 못하지만 차분하고 따듯한 마음으로 마녀를 위로해 준다.

그해 섣달그믐날 캐스 집안에서 파티가 열리는 가운데 몰리가 두 살 된 딸을 안고 눈밭을 걸어 캐스 저택을 향해 가다가 마녀의 오두막 근처에서 힘이 빠져 쓰러지는 바람에 어린 아기가 불빛이 새어 나오는 오두막으로 아장아장 걸어 들어온다. 마녀는 파티장까지 달려가 의사를 찾지만 몰리는 사망하고 만다. 마녀는 금화 대신 자신을 찾아온 어린 아기를 돌리의 도움을 받아 가며 키우면서 새로운 삶의 희망을 키우고, 고드프리는 자신을 옥죄던 몰리가 사망하고 딸은 마녀가 키우게 되자 죄책감을 느끼면서도 홀가분한 마음으로 낸시에게 청혼한다.

16년이 지나 마너에게 찾아온 아기 에피는 어느새 열여덟 살이 되어 돌리의 막내아들 에런의 청혼을 받는다. 그 무렵 오두막 근처 채석장 부근의 땅을 구입한 고드프리는 배수 공사를 진행하는데 물이 빠지자 16년 동안 잠겨 있던 던스턴의 유해와 금화 자루가 드러난다. 고드프리는 아내 낸시에게 그 사실을 알리고 실은 에피가 자신의 딸임을 고백한다. 둘 사이엔 아이가 없었던지라 두 사람은 에피를 입양해 숙녀로 키우자고 결정하고 마너의 오두막을 찾지만, 마너는 에피를 내줄 수 없다고 버티고 에피마저 아버지를 모시고 노동자의 아내가 되어 이제까지 살아왔던 것처럼 사는 게 자신에겐 행복이라고 주장한다. 금화를 되찾은 마너는 에피를 데리고 옛날 자신이 누명을 쓰고 떠나왔던 랜턴야드를 찾는데, 큰 공장이 들어선 마을은 예전의 모습을 찾을 수 없을 정도로 변했고 사람들도 모두 바뀌고 말았다. 마너에겐 이제 래블로가 고향이 된 셈이다. 에피는 에런과 결혼해서 고드프리가 증축해 준 오두막에서 아버지와 함께 살게 된다.

한 번 읽고 나서 바로 한 번 더 읽었다. 그러고는 나도 모르게 다시 앞으로 돌아가서 책장을 펼치다가 한숨을 쉬고는 컴퓨터를 켰다. 이럴 때 화가 난다. 뭐 한다고 이런 무모한 계획을 세워서 마음에 드는 소설을 계속 읽을 수 없게 만들었는지, 열 번이고 백 번이고 반복해서 읽고 싶은 소설인데……

언뜻 보면 흥미로운 이야기를 구성하는 그럴듯한 모

티프를 전부 모아놓은 것처럼 보인다. 억울하게 누명을 썼다가 고생 끝에 누명을 벗거나 복수한 뒤 귀향하는 이야기, 이방인으로 살던 마을에서 따돌림을 받다가 위기에 처한 마을을 구하고 떠나는 이야기, 도둑을 맞고 범인을 찾던 끝에 마을의 비밀에 다가가게 되는 이야기, 업둥이를 키웠으나 친부모가 나타나는 바람에 출생의 비밀과 맞닥뜨린 딸을 위해 희생하는 이야기 등등 다양한 이야기 전개가 가능한 굵직굵직한 모티프들을 한데 모아놓았으니, 유기적인 구성은 거의 불가능하고 잘돼야 지리멸렬한 나열식 구성에 머물 수밖에 없으리라. 여기저기 부려 놓은 모티프들에 매달리는 바람에 서술자는 조급해질 수밖에 없고, 자연히 등장인물들은 캐릭터를 잃고 헤매는 가운데 이야기는 난삽해질 확률이 높다. 물론 그렇지 않은 경우도 있다. 그리고 그런 예외와 맞닥뜨리는 건 늘 짜릿한 일이다. 이 소설, 『사일러스 마너』를 만난 일처럼.

    작가는 어떻게 빛나는 예외를 만들었을까? 우선 모티프들의 입구만 열어 놓고 출구는 모두 닫아 버리는 전략을 썼다. 가장 바깥에 자리한 누명 모티프는 고향을 다시 찾아가 보지만 마을 자체가 사라져 버려 출구가 닫히고, 이방인 모티프는 실제로 마너가 뇌수종에 걸려 약도 안 듣는 마을 환자를 어머니에게 배운 약초 치료법으로 고쳐 주자 이웃 마을 사람들까지 오두막으로 몰려들지만 단호하게 쫓아 버림으로써 닫혔으며, 도둑맞은 금화 모티프는 금화가 던스턴의 시신과 함께 오두막 근처에서

16년 동안이나 물에 잠겨 있었던 것으로 드러나 출구가 사라져 버렸고, 업둥이 모티프는 마녀뿐만 아니라 에피의 단호한 태도로 인해 갈등을 이어가지도 못한 채 멈춰 버렸다.

　이렇게 출구가 닫혀 밖으로 길을 내지 못한 모티프들은 결국 안에서 서로를 통해 길을 내는 방법을 찾게 된다. 배신감과 분노를 안고 다른 마을을 찾은 이방인 마녀는 복수를 꾀하는 대신 옷감을 짜 금화를 벌고, 마을의 망나니 도련님 던스턴에게 그 금화를 도둑맞는다. 일반적인 전개라면 이방인이 도둑으로 몰려야겠지만 출구를 닫아 버린 이 이야기에선 거꾸로 이방인인 마녀가 도둑을 맞고 대신 마을 사람들의 동정을 받는다. 그리고 오두막에서 업둥이 에피를 처음 발견했을 때 마녀는 아기의 금발을 보고 금화가 돌아온 것으로 착각한다. 나간 금화 대신 아기가 들어온 것이다. 그뿐만 아니라 에피의 친부인 고드프리는 딸의 출생의 비밀을 폭로하고 에피에게 불행을 안기기보다 에피 덕분에 자신의 과오를 고백하고, 자신과 아내가 아이를 얻지 못한 걸 벌로 여기면서 에피를 입양해 뒤늦게나마 친부로서의 의무를 다하겠다고 다짐한다. 그리고 에피는 그들의 제안을 정중히 거절함으로써 업둥이를 둘러싼 계층 간의 갈등도 따로 출구를 얻지 못한 채 서로의 거리를 유지한다.

　굵직굵직한 모티프들은 해결해야 할 문제가 아니라 감당해야 할 사건들로 자리 잡고, 그렇게 자리한 사건들은 서로 어울려 이야기를 이룬다. 마치 이런저런 사건들이 서로 어울려 우리의 인생을 이루듯이. 물론 출구만 닫는다고 이런 예외가 자연스럽게 얻어지진 않는다. 인물들이 제 역할을 해주어야 한다. 이 소설에선 모든 등장인물들이 자신의 역할을 기대 이상 해줄 뿐만 아니라 하나같이 제 나름의 생생한 캐릭터를 뽐낸다. 그중에서도 윈스롭 부인 돌리는 특별하다. 이런 인물을 창조해 낸 것만으로도 조지 엘리엇은 세계 문학사에 이름을 올릴 만하다 싶을 정도로. 특출할 것도 없고 변변히 내세울 것 하나 없는 촌부(村婦)가(심지어 글도 모른다) 가장 지혜로운 '치유자' 역할을 거뜬히 해내는 걸 지켜보는 건 축복 같은 일이 아닐까.

『플로스 강의 물방앗간』(1860)을 읽으면서 서술자의 매력적인 목소리를 거론했지만, 이 소설에서도 서술자는 묘한 매력을 발산한다. 뭐랄까, 서술자의 이야기를 듣고 있는 건 나인데, 읽어가다 보면 어쩐지 내가 주절주절 늘어놓는 이야기를 서술자가 마치 윈스롭 부인 돌리처럼 따뜻한 시선으로 들어주고 있는 것만 같달까. 자신이 들려주는 이야기에 적당한 거리를 둔 채 극적인 전개가 반복되는 이야기를 전혀 극적이지 않은 차분한 톤으로 전하는 서술자. 작가 또한 이야기에 함부로 개입해서 흐름을 끊어 놓지 않고, 문장도 일정한 밀도를 유지한 채 흔들리지 않으며, 시점 또한 특정 인물에게 의존하지 않으면서도 어느 인물의 심리도 허투루 지나치지 않는다.

마녀가 앞의 인용문에서 말한 것처럼 정말이지 놀라운 인생 이야기를 담고 있는 놀라운 소설이다. 놀라운 작가와 놀라운 서술자, 놀라운 인물들과 놀라운 이야기가 어우러진 놀라운 소설, 『사일러스 마너』다.

# 완고한 지성

『반도덕주의자』
앙드레 지드, 동성식 옮김
민음사, 2020(2017)

> 제발, 지금, 나를 여기서 데리고 나가 줘. 그리고 나에게 생존 이유를 부여해 줘. 나는 그것을 발견할 수가 없거든. 나는 해방되었어. 혹은 그럴지도 모르지. 그러나 그게 무엇이라는 말인가? 나는 이 용도 없는 자유 때문에 괴로워. (188쪽)

'연필이'와 '몽당이'를 베란다 쪽에 내어놓았다. '연필이'는 지난겨울부터 거실에서 지냈으니 거의 반면 만에 자리를 옮긴 셈이다. 4월까지도 궂은날이 많아 엄두를 못 내다가 이제 슬슬 햇살이 비치는 듯해 자리를 바꿔 주었다. 오전에 널어놓은 빨래를 걷어 개면서 두 가족이 나란히 자리한 베란다 쪽을 멀거니 바라보다가 저녁으로 닭 곰탕을 해 먹고 다시 노을이 지는 창밖을 멍하니 내다보았다. 어둠이 내려앉을 즈음 밖으로 나가 소나무 둔덕에 놓인 벤치에 앉아 일요일이라 텅 비다시피 한 거리를 한참 쳐다보다 들어왔다. 시간이 가는 건 분명한데 느껴지지 않는다. 마치 시간이라는 상자 안에 갇혀 시간과 같이 움직이는 것처럼.

조지 엘리엇의 소설을 읽으면서 떠올린 프랑스 작가 앙드레 지드(1869~1951)의 소설 『반도덕주의자』를 읽었다. 원작은 1902년에 출간되었고, 『배덕자(背德者)』라는 제목의 번역서로 알려진 바로 그 소설이다.

나는 지인인 총리에게 편지를 띄워 프랑스 식민지 알제리에서 홀로 사는 중학 동창 미셸의 안부를 전하며 그의 이야기를 들려준다. 그리고 소설은 미셸이 친구들에게 자신의 이야기를 전하는 형식으로 이어진다.

어려서 어머니를 여의고 학자인 아버지에게 고전문헌학을 교육 받은 미셸은 이미 스무 살 무렵 아버지 대신 논문을 쓸 만큼 뛰어난 학식을 갖추게 된다. 스물네 살에 아버지의 임종을 앞두고 서둘러 약혼한 스무 살의 마르슬린과 결혼한 미셸은 아버지가 남긴 유산 덕에 아내와 여행을 다니며 살게 된다. 하지만 신혼여행으로 북아프리카 튀니지의 여러 도시들을 거치는 동안 미셸은 각혈을 하고, 알제리의 비스크라에 요양차 머문다. 마르슬린의 간병을 받으며 투병하는 동안 미셸은 북아프리카의 자연과 그곳 원주민들의 삶에 강렬한 인상을 받고 이제까지 유럽의 지식인으로서 쌓아온 지식과 윤리관이 본래의 삶을 가리고 있었음을 깨닫는다. 이 같은 '맨살의 삶'에 대한 경탄 속에서 미셸은 소년들에게 끌리는 자신을 발견하는데 그중 한 소년의 형인 목티르가 마르슬린의 가위를 훔치는 장면을 우연히 보고도 눈감아 주기도 한다.

아내의 헌신적인 간병과 자신의 투병 의지 덕분에 건강을 되찾은 미셸은 아내와 함께 이탈리아의 여러 도시를 돌아 프랑스 노르망디에 있는, 어머니에게 물려받은 자신의 영지 라모리니에르에 머문다. 아내의 임신 사실을 알고 미셸은 영지 관리에 힘쓰는 한편 콜레주 드 프랑스의 강연 의뢰를 받고 강연 준비에도 몰두한다. 마침내 파리로 돌아온 미셸은 강연도 하고 지인들도 만나지만 북아프리카에서 경험한 새로운 삶의 강렬한 느낌에 비하면 다시 돌아온 지식인 사회가 역겹기만 하다. 그러던 중 지식인 사회에서 따돌림을 받는 옛 친구 메날크를 만나는데, 메날크는 비스크라에서 목티르를 만나 가위 이야기를 들었다면서 여전히 소유한 게 많은 미셸의 삶에 대해 걱정한다. 식민성 관리가 되어 떠나게 된 메날크와 그 전날 밤에 다시 만난 미셸은 자신만의 삶을 살지 못하고 서로 모방하는 데 급급한 사람들의 위선적인 삶을 비난하고 철학과 시가 곧 삶이었던 그리스적인 삶을 옹호하는 메날크의 이야기를 듣는다. 다음날 아침 집에 돌아간 미셸은 밤새 고통스러워하던 마르슬린이 유산한 사실을 알게 된다. 그 뒤로 마르슬린의 상태가 점점 악화돼 요양차 라모리니에르로 돌아간 두 사람은 그곳 영지에 머물다가 스위스와 이탈리아의 도시들을 거쳐 튀니지를 지나 비스크라로 향한다. 비스크라에서 다시 만난 소년들은 2년 만에 훌쩍 커서 예전의 아이들이 아니었다. 간병에 몰두하던 미셸은 목티르를 다시 만나는데 어느 날 밤 그의 손에 이끌려 목티르의 정부와 정사를 치르고 돌아오자 피를 토하고 신음하던 마르슬린이 사망한다. 아내를 묻고 절망과 죄책감에 빠진 미셸은 허름한 숙소에서 홀로 지내며 원주민 소년과 친하게 지내는 한편 몸을 파는 소년의 누나와 몸을 섞기도 한다. 이렇게 친구들에게 자신의 이야기를 털어놓은 미셸은 자신을 이곳에서 데리고 나가 달라고 애원한다.

『배덕자』라는 제목의 번역으로 읽은 게 워낙 오래전이라 앞부분을 제외하곤 대부분의 내용이 낯설었다. 다시 한 번 더 읽으려다가 문득 같은 작가의 작품 『지상의 양식』(1897)이 떠올라 그 책을 먼저 읽고 다시 읽었다. 아무래도 겹치는 내용이 많은데다가 등장인물도 비슷해서 작가가 신혼여행을 포함해 3년여간 북아프리카를 여행하고 돌아와 산문 형식으로 쓴 『지상의 양식』을 먼저 읽는 게 이해에 도움이 될 것 같아서였다. 작가가 젊은 시절 북아프리카 여행에서 받은 강렬한 자극이 장르를 달리하는 두 권의 책으로 결실을 맺은 셈이다.

『반도덕주의자』의 주인공 미셸은 작가 자신의 분신이 분명해 보인다. 외사촌과 결혼해 신혼여행으로 같은 곳을 여행한 데다 그곳에서 결핵을 앓았고 원주민들의 야성적인 삶을 통해 새로운 삶에 눈뜨면서 서유럽에 새로운 윤리학이 필요하다고 느낀 점은 물론 동성애자로서 소년들과의 밀애를 즐긴 점 등이 그렇다. 하지만 이런 사실들이 작품을 이해하는 완벽한 열쇠가 되는 건 아니다. 외려 방해가 될 때도 많다. 작가의 개인적인 삶과 그가 남긴 작품이 늘 궤를 같이하는 건 아니니까.

　이 작품에서도 작가가 동성애자였다는 사실에만 초점을 맞추면 의외로 중요한 걸 놓치게 된다. 가령 앙드레 지드가 고집한 서유럽의 완고한 지성인의 면모 같은 것. 프랑스 식민지인 북아프리카 나라들을 여행하며 이른바 '맨살의 삶'을 발견하고 새로운 인간으로 다시 태어나는 경험을 했다면, 카잔차키스의 『그리스인 조르바』(1943)나 서머싯 몸의 『달과 6펜스』(1919)가 취한 방식으로 그 내용을 전할 법도 한데 앙드레 지드는 외려 조지프 콘래드의 『어둠의 핵심』(1899)에 가까운 방식을 택하면서, 커츠의 육성을 전혀 들려주지 않았던 『어둠의 핵심』과 달리 미셸의 육성을 고스란히 전함으로써 자신과 자신이 속한 서유럽의 지성을 결코 대상화하지 않았다. 하여 새로운 윤리 체계가 필요하다면 그것 또한 서유럽의 지성계가 주도해야 한다는 것이 앙드레 지드와 그의 분신인 미셸의 주장처럼 들린다. 말하자면 그에게 필요했던 건 서유럽 지성계의 위선을 고발하거나 그 틀을 뒤흔드는 것이 아니라, 새로운 시각과 감수성을 통해 가치관과 윤리를 보수하고 정비하는 게 아니었던가 싶달까. 해방되었으나 용도 없는 자유 때문에 괴로워 대체 이게 무슨 의미가 있는지를 묻고 제발 생존의 이유를 부여해 달라는 미셸의 마지막 애원은 자신들의 공고한 세계 바깥에서는 해방도 자유도 생존도 의미가 없다는 웅변이 아닐는지.

　『좁은 문』(1909)과 『전원 교향곡』(1919)을 읽고 격렬한 갈등을 다룬 내용과 달리 시종일관 안정되고 차분한 서술자의 목소리가 어디에서 비롯된 것인지 궁금했더랬는데, 이 소설을 읽으니 지드의 완고한 지성이 원인이었지 싶다. 비록 20세기에 활동했지만 작가의 서술자는 19세기 쪽에 더 가깝게 기울어 있었던 것. 아니면 작가의 강렬한 경험이 너무 젊은 시절에 찾아와 마치 성장통처럼 여겨졌던 것인지도. 아무래도 작가의 다른 소설 『위페범들』(1925)을 다시 읽어 봐야 정확히 알 수 있을 것 같다.

# 문학의 배신

『지상의 양식』
앙드레 지드, 김화영 옮김
민음사, 2020(2007)

나타나엘이여! 우리는 언제 모든 책들을 다 불태워 버리게 될 것인가! (39쪽)

읽은 김에 적는다. 앙드레 지드가 1897년에 펴낸 책으로, 아포리즘과 시, 산문이 결합된 작품이다. 북아프리카 여행을 통해 지성과 윤리, 도덕의 굴레에서 벗어나 진정한 삶의 희열을 느끼고 강렬한 해방감을 경험한 화자가 제자격인 나타나엘에게 그 내용을 전하는 형식의 작품이다.『반도덕주의자』에 등장한 메날크와 비스크라의 소년들이 이 작품에도 등장한다.

이 책을 처음 읽은 건 고등학교 1학년 무렵이었다. 전혜린의 책에서 자신의 고등학교 단짝 친구와 이 책의 한 대목을 읽고 비를 흠뻑 맞았다는 내용을 접하고 구입해 읽었는데, 아마도 문제의 대목은 '비스크라의 정원'이라는 소제목에 적힌 여름날의 소나기 장면이 아니었을까 싶다. 그렇다고 그들을 흉내 내서 비를 흠뻑 맞은 건 아니지만, 앙드레 지드를 매우 감성적인 작가로 인식하긴 했다. 그래서인지 그 뒤로 『좁은 문』, 『전원 교향곡』, 『배덕자』 등의 작품을 찾아 읽을 때도 『지상의 양식』에서 받은 인상이 강렬하게 작용했던 기억이 난다. 일종의 착시 현상인 셈이다.

문제될 건 없다. 삶이든 문학이든 대부분은 착시 현상을 통해 경험을 쌓고 다른 쪽의 착시를 겪으면서 또 다른 경험을 이어가니까. 이른바 '제대로 된 시각'이나 '균형 잡힌 시각'으로 바라보면, 삶이든 문학이든 최소한 개개인에겐 아무 의미 없는 공허한 모습으로 비치지 않겠는가.

이런 경우는 적지 않다. 독일 시인 하인리히 하이네도 그중 한 예다. 사랑의 기쁨과 실연의 아픔을 노래한 시집 『노래의 책』을 처음 접하게 되면 혁명을 노래한 시집 『독일, 어느 겨울 동화』나 피가 철철 흐르는 동방의 강렬한 이야기를 담은 『로만체로』를 읽으면서 착시 현상을 겪게 되니까. 아니, 기득권 보수 세력이든 혁명 세력이든 자신이 생각하는 민주주의 원칙에 어긋나기만 하면 개처럼 짖으며 싸웠다는 하이네를 사랑의 기쁨과 슬픔을 노래한 시인으로 기억하게 만드는 건 어쩌면 단순한 착시 현상을 넘어 문학의 배신행위일지도 모른다. 독자로서 문학 작품을 접하면서 겪게 되는 배신감.

하지만 문학의 배신은 굳이 복수를 다짐할 필요가 없는 배신이다. 착시 현상과 배신감을 통해 독자는 문학의 자리에 비집고 들어갈 좁디좁은 길을 낼 수 있고, 덕분에 다시 읽거나 달리 읽을 수 있으며, 문학 작품 속에 나만의 흔적을 분명하게 각인할 수 있으니까.

『젊은 베르테르의 슬픔』이 당시 유럽 전역에서 수많은 모방 자살자를 낳았지만 괴테는 자살할 생각이 전혀 없었고,『이방인』을 읽고 한국의 대학생이 동반 자살하기도 했다지만 카뮈는 그럴 생각이 없었을뿐더러, 알제리 알제에서 월, 화, 수, 목, 금, 토, 일, 변화 없는 하루하루를 보내던 뫼르소가 파리로 진출해 볼 생각이 없냐는 사장의 제안을 단번에 거절한 것과 달리 카뮈는 이 작품을 통해 파리 중앙 문단의 인정을 받고 싶어 했으며 실제로 문단의 기린아로 주목받게 된 것은 아이러니도, 문학의 역기능도 아니다. 단지 문학이 개개인에게 뿌리를 내리는 방식일 뿐. 그것이 개개인의 온전한 자리가 될지 균열이 될지는 알 수 없지만.

한국전쟁 직후 이 나라의 두 여고생으로 하여금 자진해서 비를 흠뻑 맞게 만든 앙드레 지드의『지상의 양식』에는 다음과 같은 대목이 나온다.

"체계를 세우는 것이 자넨 그렇게도 재미가 있는가?" 하고 그가 말했다.
내가 대답하기를 "나에겐 윤리보다 더 재미있는 것이 없어. 정신의 만족을 거기서 얻을 수 있거든. 윤리를 정신에 결부시키지 않고는 나는 아무런 기쁨도 맛볼 수가 없어."
"그러면 기쁨이 커지는가?"

"그렇지는 않지만 나의 기쁨이 정당하게 되지."

물론 흔히 어떤 주의라든가 어떤 정연한 사상의 완전한 체계가 나 자신에게 내 행동을 정당화해 주는 것이 기뻤다. 그러나 때로는 그것이 내 관능의 도피처로밖에 생각되지 않기도 했다. (50~51쪽)

비록 "내 관능의 도피처로밖에 생각되지 않"는다고 하지만, 윤리 체계를 통해 내 기쁨을 정당화하고 싶은(기쁨의 크기를 증가시키는 게 아니라) 욕망은 관능에도 그대로 적용될 가능성이 크다. 말하자면 화자는(작가도 마찬가지로) '맨살의 체험'을 강조하지만 그렇다고 당장 체계를 벗어버리고 관능에 몸을 맡긴 채 자진해서 쏟아지는 비를 흠뻑 맞을 생각이 없는 셈이다.

그렇다고 화자와 작가를 비난할 필요는 없다. 그들 또한 배신을 경험하기는 마찬가지니까. 독자가 책을 읽자마자 밖으로 뛰쳐나가 쏟아지는 비를 흠뻑 맞으리라는 예상을 작가도 화자도 하지 않았을 뿐만 아니라, 설령 그런 생각을 품었더라도 독자를 그렇게 만들기 위해서는 정작 작가나 화자는 밖으로 뛰어나가 비를 맞아서는 안 되기 때문. 그 시간에 종이 앞에 앉아 한 문장 한 문장 심혈을 기울여 써 나가야 하니까.

그러니 문학의 배신은 독자만의 경험은 아닌 셈이다. 문학은 작가도 서술자도 인물들도 그리고 독자도 배신한다. 배신을 통해 각자의 자리를 마련해 주기 위해서. 따라서 인용문에서 화자가 말한 대로 책을 불태울 필요는 없겠다. 비록 재미있게 읽을 때 말고는 용도 제로의 처치 곤란한 물건이긴 하지만.

# 괴테가 구원한 괴테

『파우스트』
요한 볼프강 폰 괴테, 김인순 옮김, 열린책들, 2020(2009)
『파우스투스 박사 외』
크리스토퍼 말로, 강석주 옮김, 문학과지성사, 2002
『파우스트 박사』 1·2
토마스 만, 김륜옥 옮김, 문학과지성사, 2019

파우스트: 자네는 추호도 이해할 수 없을 걸세.
인간이 뭘 원하는지 자네가 어찌 알겠는가?
인간이 뭘 필요로 하는지,
자네의 그 가혹하고 모질고 밉살스러운 본성이 어
찌 알겠는가? (『파우스트』, 455쪽, 2부 제4막)

어머니 병원 때문에 부천에 갔다가 서울 출판사에 들러 간단히 저녁을 먹고 강연까지 하고 돌아와서, 다음날 종합소득세 신고한다고 컴퓨터 앞에 앉아 몇 시간 동안 애를 먹었더니 바로 맥이 풀려 버렸다. 작년에 한 번 해본 데다 더할 것도 뺄 것도 없이 그저 징수된 액수대로 신고만 하면 그뿐인데도 왜 자꾸 헤매게 되는지 모르겠다. 소파에 누워 호흡을 고르는데 몸에서 힘이 빠지는 게 느껴졌다. 지난가을 이후로는 전혀 증세가 나타나지 않아 이젠 어느 정도 나은 모양이라고 방심하던 차에 뒤통수를 맞은 터라 적잖이 당황스러웠다.

어차피 약도 떨어졌고 해서 병원에 가서 상황을 설명했더니 의사는 바로 "선을 넘으셨네요" 한다. 부천과 서울에 다녀온 건 일정이 더 빡빡했더라도 어차피 익숙한 일이라 몸과 마음이 지치는 정도에 불과했겠지만, 소득세 신고한다고 스트레스를 받은 건 익숙지 않은 일이라 과부하를 초래했을 거라는 얘기였다. 집에 돌아와서 짧게 끝나기를 바라며 누워 있다가 밤에 약을 먹고 자고 일어나니 훨씬 나아졌다. 아무래도 익숙지 않은 것들과 대면하는 일에 익숙해지도록 만들거나 아니면 그런 상황을 되도록 피해야 할 모양이다. 둘 다 마뜩잖지만 굳이 하나를 골라야 한다면 후자를 택하고 싶다.

맥이 빠지기 전에 읽은 책은 독일 작가 요한 볼프강 폰 괴테(1749~1832)가 1831년에 펴낸 희곡 『파우스트』였다.

온갖 학문을 섭렵한 박사 파우스트는 스스로를 반신(半神)으로 규정하며 자신의 자아를 인류의 자아로 넓히는 경험을 하고 싶어 한다. 파우스트를 유혹하는 것으로 하느님과 내기를 하게 된 악령 메피스토펠레스가 파우스트에게 접근해 계약을 맺는데, 파우스트의 종으로서 파우스트가 원하는 걸 들어주는 대신 만약 파우스트가 순간을 찬미할 경우 파멸과 함께 자신을 섬겨야 한다는 내용이었다. 파우스트는 메피스토펠레스의 마술로 젊어진 뒤 마르가레테라는 여성과 사랑을 하게 되지만 결혼도 하지 않고 임신한 여동생 때문에 분노한 오빠 발렌틴과 싸움 끝에 그를 죽인다. 브로켄 산에서 마녀들과 함께 이른바 발푸르기스의 밤을 보낸 파우스트는 죄책감에 감옥에 갇힌 마르가레테를 찾아가지만 아이까지 잃고 괴로워하던 마르가레테는 천사들에게 구원을 받고 파우스트는 메피스토펠레스와 함께 떠난다. 황제를 알현하고 황제에게 금은보화를 안긴 파우스트는 황제의 요구를 받들어 지하 세계로 내려가 파리스와 헬레네를 데려오는데, 헬레네에게 빠진 파우스트가 헬레네를 붙잡으려는 순간 유령들이 연기 속으로 사라지고 만다. 파우스트가 쓰러진 사이 메피스토펠레스는 파우스트의 조수였던 바그너를 찾는데 바그너는 연금술을 통해 새로운 인간 호문쿨루스를 만드는 데 성공한다. 메피스토펠레스는 플라스크 안에 들어 있는 호문쿨루스와 함께 파우스트를 이끌고 고대 그리스 땅으로 떠난다. 이른바 고전적인 발푸르기스의 밤을 보내며 파우스트는 케이론을 타고 헬레네를 찾아 떠나고, 호문쿨루스는 철학자 탈레스의 안내로 새롭게 몸을 받아 태어날 방도를 찾는다. 한편 트로이의 여인들과 함께 메넬라스 궁전으로 돌아온 헬레네는 자신이 잡혀가 있는 사이 궁정의 안주인 노릇을 하던 시녀장 포르키아스를 통해 자신의 남편 메넬라스 왕이 자신을 제물로 바치려 한다는 사실을 알게 된다. 포르키아스는 궁지에서 벗어날 방법으로 헬레네에게 새로운 왕궁을 건설한 파우스트를 소개하고, 헬레네는 파우스트와의 사이에 오이포리온이라는 아들을 낳지만 오이포리온이 이카로스처럼 욕심을 부리다가 죽자 헬레네 또한 저승으로 사라져 버린다. 혼자 남은 파우스트는 절망 속에서도 메피스토펠레스에게 자신이 통치할 수 있는 소유지를 원하고, 메피스토펠레스는 황제를 도와 전쟁에서 승리한 뒤 황제에게서 파우스트가 원하는 땅을 얻어 준다. 메피스토펠레스와 망령들의 도움으로 자신이 다스릴 땅이 제 모습을 찾아가자 파우스트는 "순간아, 멈추어라! 정말 아름답구나!"라고 외치고 마는데, 계약에 따라 메피스토펠레스에게 영혼을 빼앗기게 될 순간 천사의 무리와 마르가레테, 그리고 헬레네의 도움으로 구원을 받는다.

증세가 우선해지고 나서 영국 작가 크리스토퍼 말로의 희곡 「파우스투스 박사」(1604)를 읽고 토마스 만의 소설 『파우스트 박사』(1947)를 떠올리며 『파우스트』를 다시 읽었다. 파우스트 전설을 소재로 한 작품들 가운데 내가 접해 본 건 이 세 작품뿐이다. 파우스트는 16세기 독일에 실존했던 연금술사이자 마법사로 온갖 기행을 일삼다가 실험 도중 일어난 폭발 사고로 얼굴을 등에 박고 사망한 인물로 알려져 있다. 그 뒤 파우스트가 사탄과 계약을 맺었다는 내용의 전설이 이어진 것.

크리스토퍼 말로의 희곡 「파우스투스 박사」는(파우스투스는 파우스트의 라틴어 이름이다) 전설의 내용을 깔끔하게 전하는 1막 13장짜리 희곡이다. 파우스투스는 코르넬리우스에게 악령을 불러내는 주문을 배운 뒤 루시퍼의 하인 메파스토필리스를 불러 24년간 쾌락을 맛보게 해주는 대가로 루시퍼에게 영혼을 판다는 계약을 맺고, 교황과 황제, 헬레네를 만난 뒤 시간이 다 되어 지옥으로 떨어진다. 토마스 만의 소설『파우스트 박사』또한 주인공 레버퀸이 24년간 아무도 사랑할 수 없다는 조건으로 천재적인 음악가로서의 재능을 부여받는 계약을 맺은 뒤 결국 삶의 비애를 맞본 다음 기억을 상실한 채 사망한다.

실존 인물 파우스트의 실제 삶도, 파우스트 전설도, 그리고 크리스토퍼 말로와 토마스 만의 작품도 모두 비극적인 최후를 그리고 있는데, 괴테의『파우스트』만 주인공이 구원받는 것으로 그려진다. 메피스토펠레스가 파우스트와 계약을 맺기 전 하느님과 내기를 한다는 설정이나, 계약에 24년간이라는 시한을 정하지 않은 것, 그리고 영혼을 판다는 내용을 명시하지 않은 것도 다른 점이다.

괴테가 그린 파우스트는 오만하고 경솔하며 비인간적인 천재로서 삶의 비극을 자초하는 인물이 아니라, "정신 세계의 고매한 일원"으로 "언제나 노력하며 애쓰는 자"라는 이유로 구원을 받는 인물이다. 게다가 바그너 또한 파우스트의 단순한 조수가 아니라 르네상스 시기의 연금술사인 파라셀수스처럼 호문쿨루스라는 인조인간을 만들어낼 만큼 학식이 높은 스승으로 등장한다. 반면 메피스토펠레스는 악령으로서의 위엄을 갖추지 못한 채 말 그대로 파우스트의 조수 노릇이나 하다가 뒤통수를 맞는 것으로 그려진다. 이 정도면 괴테의 의도가 그대로 드러났다고 봐야 하지 않을까. 파우스트에 자신의 모습을 투영하고 싶었던 것.

　시인이며 소설가이자 희곡 작가에 『색채론』을 쓴 이론가이면서 광물 연구가인 동시에 정치인이기도 했던 인물. 그야말로 르네상스형 지식인에 완벽한 인간상을 대표하는 인물이었던 괴테로서는 파우스트를 오만한 지식인에 사이비 마법사로 그리고 싶지 않았으리라. 파우스트 전설에서 괴테의 주목을 끈 건 고매한 학자임에도 욕망을 다스리지 못하다가 비극적인 최후를 맞은 오만한 인간의 이야기가 아니라, 고매한 학자임에도 인간의 본성인 욕망을 무시하지 않고 자신을 실험 대상으로 삼아 신에 더 가까이 다가가기 위해 애쓴 위대한 인간의 이야기가 아니었을까. 그러니 괴테에게 파우스트는 욕망 때문에 파멸하는 초라한 인간이어서는 안 되었던 것. 그 자체가 곧 위대한 문학이었던 자신의 삶을 위해서든, 그 자체가 곧 세계 문학이 되어야 했던 자신의 문학을 위해서든.

　그래서일까. 무대 위에 한 편의 웅장한 종합예술을 구현해 놓은 듯한 이 희곡에서, 마지막에 구원받아 천상으로 올라가는 건 어쩐지 파우스트가 아니라 괴테인 것만 같아, 평범한 인간이자 편협한 독자에 불과한 나는 거리감만 느낀 채 책을 덮을 수밖에 없었다. 게다가 나는 괴테가 아니어서인지, 파우스트가 메피스토펠레스에게 말하는 맨 앞의 저 인용문에서 인간이 뭘 원하는지 아는 건 고매한 파우스트가 아니라, "가혹하고 모질고 밉살스러운 본성을 가진" 메피스토펠레스일 거라고 믿는 편이다.

# 하늘의 정치, 땅의 종교

「지옥」,「연옥」,「천국」,『신곡』
단테 알리기에리, 김운찬 옮김
열린책들, 2020(2007)

우리 인생길의 한중간에서
나는 올바른 길을 잃어버렸기에
어두운 숲 속에서 헤매고 있었다. (「지옥」, 7쪽)

다행히 맥이 빠지는 증세는 하루짜리였다. 다만 바로 다음날 예전 서울에서 종종 그랬던 것처럼 갑자기 아무것도 먹기 싫어지는 증세가 이어졌는데, 이 또한 하루 만에 나아졌다. 신기한 건 그날부터 약을 먹지 않고도 잘 자게 되었다는 것. 며칠 만에 이런저런 증세와 변화를 다시 겪고 나니 불안해지기도 했지만, 하루도 빼먹지 않고 걷는 데다 규칙적으로 운동까지 하는 덕분에 점점 안정을 찾아가는 거라고 믿고 있다. 그사이 이사 갈 집을 구하고 계약도 마쳤다. 바로 옆 건물로 옮겨 가게 되었다. 평수는 내려갔는데 층수는 올라갔다. 아무튼 한시름 놓았다.

 이탈리아 작가 단테 알리기에리(1265년경~1321)가 1307년경에 집필한 『신곡』을 읽었다. 정치적으로 궁지에 몰려 망명 생활을 하던 단테가 숲속에서 길을 잃고 베르길리우스를 만나 지옥과 연옥을 탐험한 뒤 베아트리체의 인도로 천국을 구경한다는 이야기를 담고 있는 서사시다.

    서른다섯 살 무렵 단테는 삶의 길을 잃고 숲속을 헤매다가 고대 로마의 시인 베르길리우스의 영혼을 만난다. 천국에 있는 베아트리체의 부탁을 받고 단테를 구하러 온 베르길리우스는 단테와 함께 지옥과 연옥을 탐험한다. 당시 유럽 사람들은 지구의 북반구에만 인간이 살며, 서쪽 끝은 스페인, 동쪽 끝은 인도, 한가운데는 예루살렘이 위치한다고 믿었다. 지옥은 예루살렘 땅 밑에 있는데, 두 사람은 왼쪽으로 돌면서 지옥 입구를 시작으로 제1원인 림보부터 제9원까지 내려간다. 원뿔을 거꾸로 세워 놓은 것 같은 형태의 지옥은 이렇게 아홉 부분으로 나뉘고, 영혼들이 생전에 지은 죄목에 따라 각각의 원에서 죗값을 치르는데, 아래로 내려갈수록 좁아지고 해당 죄질도 나빠져 영혼들이 당하는 고통 또한 심해진다. 제6원부터는 하부 지옥에 해당하는데, 제7원은 세 개의 둘레를, 제8원은 열 개의 구렁을, 제9원은 네 개의 구역을 갖는다. 가장 아래쪽 지구 중심에 위치한 제9원에는 악의 화신 루키페르(루시퍼)가 도사리고 있다. 지옥을 벗어나 남반구 쪽으로 빠져나온 두 사람은 연옥의 산을 오른다. 연옥의 입구에서 천사는 단테의 이마에 죄를 의미하는 P자 일곱 개를 새겨주는데 연옥의 일곱 개 둘레를 거치는 동안 P자는 하나씩 지워진다. 지옥으로 내려갈 때와 달리 이번엔 오른쪽으로 돌면서 연옥의 일곱 개 둘레를 거친 두 사람은 마침내 천국으로 오르는데, 그곳에서 베르길리우스는 자신이 원래 속했던 림보로 돌아가고 베아트리체가 직접 단테를 안내한다. 천국은 모두 아홉 개의 하늘로 이루어졌다. 달의 하늘, 수성의 하늘, 금성의 하늘, 태양의 하늘, 화성의 하늘, 목성의 하늘, 토성의 하늘, 항성의 하늘, 그리고 마지막으로 원동천(原動天). 지구를 중심으로 각각의 하늘은 지구에서 멀수록 더 빨리 회전한다. 말하자면 중심인 지구의 안쪽 중앙에 가장 고통스러운 지옥이 존재하고 연옥을 오르면서 지구를 벗어나면 바로 천국이 시작되어 가장 먼 하늘에 천국 중의 천국인 원동천이 존재하는 셈이다. 이렇게 단테는 일주일간의 여행을 마무리한다.

　20여 년 전, 그러니까 단테가 이 책에서 거론한 삶의 중간인 서른다섯쯤 되었을 때 『신곡』을 처음 읽었다. 단테와 마찬가지로 나 또한 길을 잃고 어두운 숲속을 헤매고 있었다. 이틀이나 잠을 이루지 못해 어떻게 하면 잠을 잘 수 있을까 궁리하다가 도서관에서 『신곡』을 빌려왔다. 범우사에서 두 권짜리로 낸 책이었다. 몇 장 읽지 않고 잠들 게 분명하다는 깜냥에서 빌렸지만 착각이었다. 밤을 꼬박 새워 읽었다. 그렇게 강렬하게 감정 이입될 줄은 정말 몰랐다. 특히 자살한 영혼들이 나무가 되어 지옥의 어두운 숲을 이룬 대목에선 부르르 몸을 떨기도 했다. 눈물을 흘렸던가. 아무튼 그렇게 『신곡』을 처음 읽었더랬다.

20년이 지나 다시 읽으니 자연스레 그때의 내 모습이 떠올랐지만, 그때처럼 감정 이입되진 않았다. 대신 당시엔 내 처지를 대입해 읽느라 미처 보지 못했던 부분들이 눈에 들어왔다. 가령 지옥과 연옥 그리고 천국을 이렇게까지 치밀하게 구조화한 이유 같은 것. 각각의 단계를 통과할 때마다 단테는 고대 그리스와 로마의 선인들을 만나기도 하지만 도시국가 피렌체의 혼란스러운 정치 상황과 관련된 인물들도 제법 많이 만난다. 심지어 그들에게 피렌체의 미래에 대해 묻기도 한다. 이건 종교 이야기일까 아니면 정치 이야기일까? 문득 단테와 같이 피렌체 사람이었던 니콜로 마키아벨리가 쓴 『군주론』(1532)이 떠올랐다. 부천에 있는 옛날 책을 가져올 수는 없고 하는 수 없이 근처 대형 서점에 가서 최근에 다시 번역된 『군주론』을 사 와서 읽었다.

　두 책이 묘하게 어울려 좀 놀랐다. 두 작가의 삶도 마찬가지다. 둘 다 피렌체 사람이고 적극적으로 정치 활동을 하다가 박해를 받았다는 공통점이 있다. 비슷한 경험을 토대로 단테는 『신곡』을 썼고 마키아벨리는 『군주론』을 썼다. 겉으로만 보면 『신곡』은 삶의 의미를 잃고 헤매던 단테가 종교를 통해 구원받는다는 내용을 담은 책 같고, 『군주론』은 정치적 혼란을 겪고 난 마키아벨리가 종교와 도덕의 굴레에서 벗어나 냉철하게 정치적 목적을 완수할 군주의 조건에 대해 쓴 책 같다. 즉 한 권은 종교를, 나머지 한 권은 정치를 논한 책처럼 보인달까.

　하지만 자세히 보면 거꾸로 정치를 논한 책이 『신

곡』 같고 종교를 거론한 책이 『군주론』인 듯싶다. 단테가 그린 지옥과 연옥, 천국의 모습은 지나치게 위계적이다. 그저 지옥과 연옥, 천국으로만 나누어도 충분할 텐데 지옥만 해도 아홉 개에다 7, 8, 9원에 속한 세부 구분까지 합하면 열다섯 개를 더해야 하니 스물네 개의 단계를 갖는다. 거기다 연옥이 일곱 개, 천국이 아홉 개이니 모두 더하면 마흔 개나 된다. 말하자면 죽은 뒤의 영혼은 생전의 삶에 따라 마흔 곳 가운데 한 곳으로 가게 되는 것이다. 이 정도면 정치하기 이를 데 없는 구분인 셈이다. 단테의 하느님은 사랑과 자비의 하느님보다 정의와 심판의 하느님에 더 가깝다. 사소한 것이라도 그냥 지나치는 법이 없도록 엄격한 기준을 적용해 누구나 마땅한 죗값을 치르거나 보상받을 수 있게 지옥과 연옥, 천국의 시스템을 체계화한 하느님이니까.

단테는 지상에서 이루지 못한 정치적 정의를 하늘에서 이루고자 한 것이 아니었을까. 자신만이 유일하게 산 채로 사후세계를 탐험할 뿐만 아니라 피렌체로 돌아가 그 경험과 교훈을 전할 인물로 그린 것만 봐도 알 수 있다. 그러니까 단테에게 『신곡』은 삶을 마감할 시기를 맞아 그제야 회한에 젖어 상상해 본 사후세계를 그린 책이 아니라, 이제 고작 '인생길 한가운데'를 지난 시기에 앞으로 이어질 인생 후반을 위해서 새롭게 정치적 의지를 다질 필요 때문에 쓴 책처럼 보인다. 앞에 인용한 시구에서 그냥 "길을 잃어버렸"다고 쓰지 않고 "올바른 길을 잃어버렸"다고 쓴 것 또한 의미심장하게 읽힌다.

반면 『군주론』은 종교와 도덕이 제거된 군주의 세계를 그리고 있다. 마키아벨리가 그리는 바람직한 군주는 오직 국가의 안녕과 백성의 안전을 지킨다는 목적을 위해 다른 어떤 것에도 구애받지 않는 인물이다. 인간은 사악하기 그지없는 존재이기 때문에 함부로 자비를 베풀어서는 안 되며 필요하다면 거침없이 베어 버려야 하고 '어떻게 살아야 하는지'보다는 '실제로 어떻게 사는지'에 주목해야 한다는 주장은 이상적인 명분 따위는 걷어차 버리고 오직 목적에만 충실해야 한다는 논지에 '실질적인' 힘을 부여한다. 읽다 보면 군주와 백성의 관계가 마치 하느님과 인간의 관계처럼 비치기도 한다. 『신곡』에서 단테 또한 하느님과 인간 사이에 맺어진 계약을 중시하니까.

　정교 분리는 정치에서 종교를 분리해 내는 것이 아니라, 정치 권력에서 종교 권력을 배제하는 것이 아닐까. 정치의 핵심은 권력의 쟁취와 행사일 테니까. 어쨌든 정치에 명분을 부여하던 종교가 빠지면 정치는 그 자체가 목적이 되고, 역설적이게도 정치가 곧 종교가 되고 만다. 말하자면 『군주론』은 정치가 종교가 되어 버린, 즉 종교화한 정치에 대해 논한 책인 셈이다. 『신곡』이 정치화한 종교에 대해 서술한 책인 걸 고려하면, 정치가 어떤 것인지 알고 싶을 땐 『군주론』이 아니라 『신곡』을, 종교가 어떤 것인지 알고 싶을 땐 『신곡』이 아니라 『군주론』을 읽어야 하지 않을까 싶다.

　땅에서 구현되어야 할 정의로운 정치는 죽은 뒤에 하

늘에 가서야 비로소 제대로 실현되는 걸 볼 수 있고, 하늘에서 꽃피우길 기대하며 힘을 얻고 살게 해주어야 마땅한 사랑과 자비의 종교는 정작 하늘에서는 설 자리가 없고 대신 땅에서 완고하고 냉혹한 정치적 규율처럼 되어버린 건, 아이러니일까 비극일까?

# 은신처가 된 교양

『나는 고양이로소이다』
나쓰메 소세키, 송태욱 옮김
현암사, 2013

무사태평하게 보이는 사람들도 마음속 깊은 곳을 두드려보면 어딘가 슬픈 소리가 난다. (612쪽)

P가 다녀갔다. 마침 새로 옮겨 갈 집 입주 청소를 마쳤다고 해서 구경도 할 겸 가구 배치에 대해 의논도 할 겸 같이 둘러보았다. P가 잘 구했다고 해서 안심이 되었다. 이런저런 이야기를 나누며 저녁을 먹었다. P는 나보다 책을 많이 읽는다. 주로 도서관에서 빌려 읽는데 신간 구간 가리지 않고 다양하게 읽는 편이다. 그런데도 책 이야기를 별로 하지 않는다. 그 점도 나하고 잘 맞는다. 내 경우는, 책을 만드는 데 손을 보태는 일로 먹고살았을 뿐만 아니라 그 뒤로는 책을 써서 생계를 유지하고 있는 처지에, 지인을 만나는 자리에서까지 책 이야기만 나눈다면 내 삶에 못할 짓을 하는 것만 같아 꺼려진다. 게다가 P와 내게 책 읽기는 공부나 교양 쌓기가 아니라, 그저 시간을 보내는 방편일 뿐이기에 더 그렇다.

어린 시절 방바닥에 배를 깔고 엎드려서 소년 소녀 세계 문학 전집 같은 책을 읽고 있으면 어머니는 숙제는 다 한 거냐고 물으시곤 했다. 중고등학교 땐 "공부는 안 하고 그렇게 책만 읽고 있으면 대체 어쩌겠다는 거니?" 하고 꾸짖으셨다. 꾸중을 들으면서 나는 그럴 만하다고 생각했더랬다. 억울하다거나 '엄마는 정말 뭘 모른다'는 불만 같은 건 품어 본 적 없다. 내 생각도 어머니의 생각과 다르지 않았으니까. 내게 책은 교과서로 대표되는 세계, 그러니까 삶의 목표가 엄존하고 그 목표에 이르기 위해 경쟁해야 하는 세계를 피해 숨어드는 나만의 은신처였으니 말이다. 지금도 그 정서가 남아 있어서 공부를 하기 위해서나 교양을 쌓기 위해 책을 읽는 건 어쩐지 억지스럽다. 그건 나만의 은신처를 교과서로 대표되는 바로 그 세계로 만드는 짓이니까. 그래서인지 책을 통해 쌓은 교양은 늘 쓸쓸한 뒷맛을 남기곤 한다. 내가 접한 소설가 가운데 그 쓸쓸함을 가장 잘 표현한 이는 일본 작가 나쓰메 소세키(1867~1916)다. 뭐랄까, 내게 책 읽기가 그랬듯이 그에겐 교양이 쓸쓸한 은신처 같았다고나 할까.

나쓰메 소세키가 1905년부터 1906년까지 〈호토토기스〉라는 하이쿠 잡지에 연재한 그의 첫 소설 『나는 고양이로소이다』를 읽었다.

문학사상사와 신세계북스에서 낸 책으로 읽은 기억이 있는데, 이번엔 현암사에서 낸 '나쓰메 소세키 소설 전집'에 속한 책으로 읽었다. 이 책의 간기면에는 내 이름이 박혀 있다. '교정교열 김정선.' 그러니 교정 교열을 보면서 세 번 읽기도 한 셈이다. 그런데도 전혀 지겹지 않다. 은신처에서 조용히 시간을 보내며 읽기에 맞춤한 소설이랄까.

『나는 고양이로소이다』는 중학교 영어 교사인 구샤미의 집에 들어간 고양이가 주인집에서 벌어지는 소소한 일들을 지켜보며 인간, 특히 교양인인 척하며 아내를 무시하는 게으른 위선자 구샤미를 비롯해 그의 친구이자 늘 옅은 지식을 뽐내며 잘난 척하는 미학자 메이테이, 구샤미의 예전 제자인 물리학도 간게쓰와 그의 친구인 시를 쓰는 도후, 사업을 하는 산페이 군 그리고 이웃인 속물 사업가 가네다 씨 등 무기력하고 이기적인 인간 군상들을 해학적인 시선으로 비꼬는 이야기를 담은 소설이다. 소설의 대부분이 수시로 구샤미의 집에 들락거리는 이들이 서로 잡담을 나누는 내용이라 사건이랄 것도 없다. 굳이 꼽자면 어느 날 구샤미의 집에 도둑이 든 일 정도. 이들의 한심한 일상을 지켜보며 한껏 비웃던 이름 없는 고양이는 이들이 마시다 남긴 맥주에 취해 물독에 빠져 죽어가며 비로소 태평함을 얻게 되었다면서 나무아미타불을 왼다.

고모리 요이치가 쓴 『나는 소세키로소이다』(한일문학연구회 옮김, 이매진, 2006)에 따르면 1867년 긴노스케(소세키의 본명)는 나쓰메 집안에서 8남매 중 막내로 태어난다. 어머니는 후처였던 모양이다. 부모가 연로했던 데다 후처 소생이라는 이유 때문이었는지 긴노스케는 태어나자마자 어느 고물상 집에 버려지다시피 하는데 누나가 다시 데려오지만, 결국 시오바라 쇼노스케와 야스 부부에게 양자로 보내진다. 메이지 이후 국가가 새롭게 정비한 호적 제도에 따라 긴노스케는 시오바라의 장남으로 성(姓)을 부여받는다. 그러나 아홉 살 무렵 양부모의 이혼으로 긴노스케는 시오바라라는 성을 그대로 유지한 채 나쓰메 집안으로 돌아온다. 한동안 생부모를 조부모로 알고 지냈단다. 한편 메이지 이후의 새로운 교육 제도는 다시 한 번 그를 혼란스럽게 만드는데, 학교에서 불리는 성과 집에서 쓰는 성이 다른 채로 사춘기를 보내야만 했던 것.

대학에 들어갈 무렵인 1887년 큰형과 둘째 형이 폐결핵으로 사망하자 생부는 긴노스케의 복적(復籍)을 고려한다. 셋째까지 폐결핵에 걸릴 경우를 대비해야 했기 때문. 긴노스케는 태어나자마자 다른 집에 양자로 보내졌으므로 감염 가능성이 낮다는 판단이 섰던 것이다(칠레 산 포도주가 유럽의 포도주에 버금가는 평가를 받는 이유 같은 것이랄까). 그런데 이때 양부였던 시오바라가 아홉 살까지 긴노스케를 키우느라 쓴 비용을 청구한다. 그리고 그 청구서에 긴노스케 자신이 서명한다. 액수는 240엔. 말하자면 거래된 것이다. 상품처럼.

아이러니한 것은 경신(庚申) 날에 태어난 아이는 큰 도둑이 될 수 있기에 금(金) 자를 붙여 액땜을 해야 한다고 해서 긴노스케(金之助)라는 이름을 지은 것인데, 실제로 나쓰메 긴노스케라는 이름을 되찾기 위해 240엔의 돈[金]이 들었으며, 나쓰메 소세키로서 국민 작가가 된 뒤에는 일본의 천 엔짜리 지폐 모델이 되었다는 것.

프로이트의 『꿈의 해석』이 나온 해가 1900년이니 소세키는, 내 생부모는 돈 많고 권력 있는 사람들일 것이라는 이른바 '가족 로망스'가 빛을 보기도 전에 그건 그저 동화 같은 이야기에 불과하다고 조롱하는 듯한 인생을 시작한 셈이다. 국가와 가문, 학교와 호적 제도, 그리고 돈에 둘러싸여 이리저리 휘둘리다가 스스로가 '갑'이 되는 거래를 통해 '자기'를 찾았으니 말이다. 그에게 '나'는 과연 무엇이었을까.

이 소설은 원래 〈호토토기스〉라는 하이쿠 잡지에 한 회분만 실을 계획이었는데, 독자들의 반응이 좋아 11회까지 연재했단다. 그래서인지 2회까지는 풍자소설의 공식이 그대로 이어진다. 고양이와 마찬가지로 주인인 구샤미도 이름이 거론되지 않는다. 그때까지만 해도 인간들의 세계와 고양이들의 세계(화자인 고양이, 이웃집 이현금 선생 집 암고양이 얼룩이, 현자 같은 흰둥이, 골목대장 같은 인력거꾼네 검둥이)가 비교되는 방식으로 혹은 고양이들이 인간들을 조롱하는 식으로 전개되는 줄 알았는데, 2회 말미에서 얼룩이가 죽고 3회에서 느닷없이 화자인 고양이의 '인간 선언'이 이루어지더니 주인도 구샤미라는 이름을 얻는다. 그때부터 고양이들의 세계는 온데간데없어지고 화자의 목소리도 줄어들기 시작한다. 인물들의 행태를 그대로 전달하다가 가끔씩 불쑥 튀어나와 자기 목소리를 낼 뿐. 고양이가 화자라기보다 그저 등장인물 중 하나처럼 비친달까. 각각의 인물들이 풍자와 조롱의 대상이었다가 점점 '개성'을 가진 인간으로 부각되는 것도 이 때문이리라. 그러나 그 개성은, 사회가 그들에게 괴팍하고 반사회적인 인간이라는 낙인을 찍는 이유가 되기도 한다(메이테이의 입을 빌려 다소 극단적인 개성론을 펼치는 부분은 그래서 웃기기보다 처연하게 읽힌다).

작가인 소세키에게 개성은 단순한 취향이나 성향 그 이상의 의미를 지녔을 것이다. 집단의 편의와 이익을 위해 철저히 유린된 채로 삶을 시작한 그가 아닌가. 더군다나 2년간의 영국 유학에서 그가 처음으로 목도한 것은 보어전쟁에서 승리하고 돌아온 영국군의 퍼레이드였다. 소세키 정도의 지성이라면 20세기가 어떤 모양새로 전개될 것인지 간파하고도 남았을 터. 게다가 이 소설은 러일전쟁이 발발한 직후에 쓰였으니 집단의 광기가 서서히 개인의 목을 조여 오는 위기감을 그는 남다르게 받아들였으리라. 그 개인이 교양을 갖춘 존재라면 위기감은 곧 자기 연민으로 바뀌었을 터.

다른 작가들과 달리 소설의 제목에 큰 의미를 부여하지 않아 그저 되는대로 짧게 명사형으로 지었다는 소세키가 유독 이 소설만큼은 하나의 문장으로 제목을 삼았다. '나는 고양이로소이다.' 어쩐지 이 문장이 '나는 개인이로소이다'로 들린다. 집단의 광기에 맞선 당당한 개인 선언이 담긴 문장이 아니라, 교양이라는 은신처에서 말고는 자기를 확인할 길 없는 쓸쓸한 존재들에 대한 비애와 연민이 담긴 문장으로. 그래서인지 이 유쾌한 풍자소설의 깊은 곳에서는 슬픈 소리가 난다. 굳이 두드리지 않아도 저 스스로 내는 슬픈 소리. 마치 은신처에서 나는 쓸쓸한 바람 소리 같은.

# 외톨이 선언

『도련님』
나쓰메 소세키, 송태욱 옮김
현암사, 2013

> 부모에게서 물려받은 앞뒤 가리지 않는 성격 때문에 어렸을 때부터 나는 손해만 봐왔다. (15쪽)

『나는 고양이로소이다』를 읽은 김에 책장에 나란히 꽂혀 있는 『도련님』도 빼 들었다. 나쓰메 소세키가 1906년에 역시 〈호토토기스〉에 발표한 두 번째 소설이다.

형제 중 막내로 태어난 '나'는 부모에게 물려받은 앞뒤 가리지 않는 성격 때문에 어려서부터 늘 사고만 치는 말썽쟁이다. 아버지는 "어차피 제대로 되긴 틀렸어"라며 포기했고, 어머니마저 "너 같은 놈은 이제 꼴도 보기 싫다"며 진저리를 칠 정도다. 어머니가 갑작스럽게 돌아가시고 아버지와 아버지의 편애를 받는 형과 함께 살게 되는데, 10년 넘게 하녀로 일해 온 기요 할멈만이 "도련님은 올곧고 고운 성품을 지녔어요"라면서 '나'의 기를 살려주며 보살펴 준다. 아버지가 돌아가시자 형은 집을 처분하고 나에게 6백 엔을 주며 알아서 살라고 하곤 떠나 버리고, 갈 곳을 잃은 기요 할멈은 조카 집으로 들어가면서 집을 구하면 꼭 불러달라고 당부한다. 나는 길거리에서 모집 공고를 보고 충동적으로 물리학교에 진학해 겨우 졸업하고 교장의 제안으로 태어나서 처음으로 도쿄를 떠나 멀리 시코쿠의 중학교 수학 교사로 부임한다. 세상과 타협할 생각은 추호도 없는 데다 성격상 불의를 보면 참지 못하는 나는 위선적인 교사들은 물론 장난질을 일삼는 학생들과도 불화를 겪는다. 교감과 미술 교사의 위선적인 행태에 분노하던 중 같은 수학 교사인 홋타와 친해지는데, 알고 보니 교감이 고노라는 영어 교사의 약혼녀를 빼앗기 위해 작업을 벌이다가 홋타와 척을 지게 된 것. 결국 교감과 미술 교사는 고노를 벽지로 전근 보내고, 학생들간의 싸움을 말리려다가 소동에 휘말린 나와 홋타가 마치 학생들을 선동해 패싸움을 벌인 것처럼 호도해 홋타마저 학교를 그만두게 만든다. 나는 교장에게 달려가 학교를 그만두겠다고 말하고 홋타와 잠복하며 기녀들과 여관을 찾은 교감과 미술 교사를 혼내준 뒤 시코쿠를 떠난다. 도쿄로 돌아온 나는 기요 할멈과 함께 살다가 할멈이 죽자 가족묘가 있는 절에 안치해 준다.

이 소설을 언제 처음 읽었는지 통 기억이 나지 않는다. 기억을 더듬어 보느라 곰곰이 지난 시간을 되짚다가 그만두었다. 아무 의미 없는 짓이라는 생각이 들어서였다. 샐린저의 소설 『호밀밭의 파수꾼』(1951)보다 나중에 읽은 것만은 분명하다. 이 책의 첫째 권에서도 밝혔듯이, 『호밀밭의 파수꾼』보다 이 소설에 더 크게 공감한 기억만은 아직도 생생하기 때문. 문화가 비슷해서 그랬는지 아니면 개인적인 성정 때문인지 모르겠지만 어쨌든 내겐 이 소설이 기존 질서에 맞서는 외톨이를 그린 소설의 대표작으로 남아 있다. 주인공 도련님의 이름이 언급되지 않은 것이 안타까울 정도. 누군가에게 홀든 콜필드가 그렇듯이, 내가 기댈 수 있는 강렬한 상징으로 남았을 텐데 아쉽달까.

도쿄제국대학 영문과를 졸업하고 국비 유학생으로 영국에 가서 2년 동안 공부를 하고 돌아왔으니 소세키는 당대 일본의 초엘리트에 속했을 것이다. 게다가 마흔 가까운 나이에 소설을 쓰기 시작했다. 전형적인 계몽지식인의 목소리가 묵직하게 담긴 소설을 쓸 법도 한데 『나는 고양이로소이다』도 그렇고 『도련님』도 그렇고 외려 문청(文靑)이 쓸 법한 소재에 문장 또한 가볍기 그지없다. 말하자면 그는 비슷한 조건에서 비슷한 나이에 소설을 쓰기 시작한 중국의 루쉰과는 다른 길을 걸은 셈이다. 루쉰이 어깨에 짊어져야만 했던 짐, 그러니까 인민을 계몽해야 한다는 부담은 최소한 소세키의 몫은 아니었던 것. 대신 그는 다른 짐을 홀로 짊어져야 했다. 국비 유학생으로 서양에 가서 서양 문학을 공부하고 돌아온 자로서 자신이 배우고 익힌 바를 일본 문학에 어떻게든 성공적으로 접목해야 한다는 부담. 어린 시절 남의 집에 양자로 보내졌다가 돌아온 뒤 양부가 내민 양육비 청구서에 본인이 직접 사인을 했듯이, 영국에 정신적인 양자로 보내졌다가 일본으로 돌아온 그로서는 그에 대한 청구서를 받아든 기분이었으리라. 죽을 때까지 신경쇠약과 위장병으로 고생한 것도 이 때문이 아니었을까.

그 고민의 결실은 『도련님』 이후에 쓴 작품들에서 비로소 꽃을 피운다. 가령 『풀베개』와 『태풍』 그리고 『산시로』, 『그 후』, 『문』 등의 작품은 그전에 쓴 두 편의 소설과는 분위기도 사뭇 다르고 문장의 결에서도 차이가 느껴진다. 그러니까 『도련님』까지가 소세키의 고민이 뚜렷한 방향을 얻지 못한 채 신경쇠약을 키우고 훗날 위장병으로 고생하게 만들 만큼 깊어질 무렵에 쓰인 셈이다. 달리 생각하면 『나는 고양이로소이다』와 『도련님』 두 편의 소설이 소세키에겐 존재하지 않았던 문청 시절을 대신하는 작품이자 잃어버린 유년기를 대신하는 작품이랄 수도 있겠다.

누가 봐도 소세키 자신을 그린 지식인 구샤미를 한껏 비웃어 준 뒤에 발표한 작품이 앞뒤 가리지 않고 세상에 맞서는 도련님이라는 게, 게다가 이름조차 언급되지 않는 인물이라는 게 흥미롭다. 『나는 고양이로소이다』의 경우 잡지에 처음 게재할 무렵엔 고양이의 목소리를 통해 세상을 풍자하는 이른바 '하이쿠 소설'을 쓸 계획이었는데, 회차가 늘어나면서 장편소설이 되어 버린 셈이니, 어쩌면 작정하고 제대로 쓴 첫 소설은 『도련님』이라고 해도 지나치지 않으리라. 소세키에게 필요한 통과의례로서의 첫 작품.

그래서인지 이 작품엔 소세키 특유의 하이쿠 같은 짧고 의미심장한 문장들이 거의 등장하지 않는다. 시종일관 시비조의 문장에다 교양과는 거리가 먼 언행들의 묘사로 채워져 있다. 잔뜩 날이 선 채로 가족과 세상에 맞서는 주인공의 성난 목소리가 그대로 들리는 듯하달까. 그가 유일하게 기대는 인물이 가족 구성원이나 친구가 아니라 유모였던 기요 할멈이라는 것도 의미심장하다. 말하자면 그는 혼자인 셈이다. 외톨이.

그런 의미에서 앞에 인용한 이 소설의 첫 문장은 독특하다. "부모에게서 물려받은 앞뒤 가리지 않는 성격 때문에 어렸을 때부터 나는 손해만 봐왔다." 사회와 불화를 겪는 외톨이를 그린 소설의 첫 문장치고는 참으로 별나다. 부모 이야기로 시작한다고 해도 대개는 부모와의 연결성보다는 차별성을 부각하거나 서로 섞이지 못한 점을 강조하기 마련인데, 유전적인 부분을 언급하며 소설을 시작하고 있으니 특이하달밖에. 유전적으로 전해진 것이 "앞뒤 가리지 않는 성격"이라고 스스로 밝힌 부분도 유별나 보인다. 마치 소설 속에서 자신이 불미스러운 사건들을 겪는 이유가 단지 정의롭지 못한 세상 때문만은 아니라고 고백하는 것처럼 보인다. 내 성격이 원래 사회와 조화를 이루며 살기에 적합하지 않으니 어쩔 수 없다, 그렇다고 이런 성격을 물려준 부모를 원망하고 싶지도 않다, 왜냐하면 가족들과도 불화를 겪은 데다 더는 관계를 유지할 것도 없으니까, 내겐 오직 기요 할멈만이 가족 같은 존재였는데 그마저도 죽고 없다, 정의롭지 못한 사회를 바꿔 내가 원하는 삶을 살고 싶은 생각도 없다, 어차피 나는 이렇게 태어났고 외톨이로 살 수밖에 없다는 걸 잘 알고 있으니까……
 이 소설의 마지막 문단에서 기요 할멈은 '나'에게 이렇게 말한다.

"도련님, 제가 죽거든 제발 도련님네 묘가 있는 절에 묻어주세요. 무덤 속에서 도련님이 오시는 걸 기다리고 있겠어요." (175쪽)

 뒤이어 마지막 문장이 이어진다. "그래서 기요는 지금 고비나타의 요겐지라는 절에 있다." 자신의 가족묘를 마치 처음 들어보는 절처럼 거론한다. 이로써 주인공은 온전히 외톨이가 된 셈이고, 자신의 독특한 양육 과정에서 얻은 채무(유아기의 신체적 양육을 담당했던 양부와 친부 사이의 거래에서는 물론, 정신적 양육을 담당했던 일본과 영국 간의 거래에서 지워진 채무)에 대한 지불을 마쳤다. 실제로 나쓰메 소세키는 『도련님』 연재를 끝낸 뒤 도쿄제국대학 강사를 그만두고 〈아사히 신문〉의 전속 작가가 되어 본격적으로 소설가의 길을 걷는다.

# 2021, 여름

# 대체 소설이야 인생론이야?

『달과 6펜스』
서머싯 몸, 송무 옮김
민음사, 2015(2000)

"스트릭랜드 본인도 그게 걸작인 줄 알았을 겁니다. 자기가 바랐던 걸 이룬 셈이죠. 자기 삶이 완성된 거예요. 하나의 세계를 창조했고, 그것을 바라보니 마음에 들었어요. 그런 다음 자부심과 함께 경멸감을 느끼면서 그걸 파괴해 버린 거죠." (299쪽)

무사히 이사를 마쳤다. 토요일이라 동생이 와서 도와주었다. 포장 이사여서 딱히 힘쓸 일은 없었지만 그래도 잔금 치르랴 가스며 인터넷 등을 해지하고 새로 연결하느라 정신없는 나를 대신해 이것저것 챙겨 주었다. 전 집주인과도 전화로 인사를 나누었다. 계약을 제대로 지키지 못해 마음고생하게 만들어 미안하다며 내게 보낼 돈에다 점심값으로 적지 않은 돈을 얹어 주었다. 얼굴 붉히며 언성 높이지 않고 대화로 잘 해결해 일 년 동안 무탈하게 살고 떠나니 다행이지 싶다. 덕분에 마무리 인사도 웃으며 할 수 있었으니까. 옮겨 보니 내가 살기엔 지금 평수가 더

알맞다. 짐도 별로 없는데 공연히 넓은 곳에서 살 필요는 없으니까. '연필이'와 '몽당이'도, 이 집에 와서는 딱히 쓸데가 없어진 다탁 같은 책상 위에 올려 베란다에 놓으니, 비록 서향집이지만 해를 더 많이 받게 돼 만족해하는 눈치다.

따로 정리할 것도 없어서 일요일부터 다시 작업을 시작했다. 새로 이사한 집에서 읽은 첫 책은 영국 작가 서머싯 몸(1874~1965)이 1919년에 펴낸 소설 『달과 6펜스』였다. 화가 고갱을 모델로 창조해 낸 천재 화가 찰스 스트릭랜드의 기행과 예술혼을 소설화한 작품이다.

책을 내고 영국 문단에 등단한 나는 우연한 기회로 증권거래소 직원인 찰스 스트릭랜드의 부인을 소개 받는다. 작가들을 초대해 파티 여는 걸 즐기는 스트릭랜드 부인을 통해 남편인 찰스와도 인사를 나누는데, 마흔 살의 찰스는 예술에는 문외한인데다 무뚝뚝하기 그지없는 직장인이자 두 아이의 아버지다. 어느 날 나는 찰스가 아내에게 헤어지자는 편지를 남기고 파리로 떠나 버렸다는 소식을 듣는다. 스트릭랜드 부인은 남편이 젊은 여성과 바람이 나서 도망 친 거라고 확신하고 나에게 파리로 가서 대신 남편을 만나달라고 부탁한다. 파리에서 만난 스트릭랜드는 예상과 달리 혼자였고 허름한 여관에서 궁핍하게 지내고 있다. 놀랍게도 그림을 그릴 생각이라면서 가족은 안중에도 없다는 듯이 말하는 스트릭랜드에게 나는 무책임하다고 비난해 보지만 그는 비아냥거리며 웃을 뿐이다. 런던으로 돌아와 스트릭랜드 부인에게 남편을 만난 이야기를 들려주자 부인은 여자 때문이라면 용서하고 기다리겠지만 그런 이유라면 용서할 수 없노라며 분개한다.

오 년이 지난 뒤 런던을 떠나 파리에 살게 된 나는 더크 스트로브라는 어릿광대 같은 성격의 화가를 통해 스트릭랜드를 다시 만난다. 스트로브는 스트릭랜드의 천재성을 알아본 삼류 화가다. 아내 블란치와 스튜디오에서 함께 살고 있던 스트로브는 어느 날 고열로 몸져누운 스트릭랜드를 스튜디오로 데려와 간호한다. 평소 스트릭랜드를 마음에 들어 하지 않던 블란치는 격렬히 반대했지만 남편이 자신을 동정해 은혜를 베풀었던 일을 상기하자 할 수 없이 허락하고 함께 스트릭랜드를 돌본다. 하지만 겨우 몸을 추스른 스트릭랜드는 어느새 자신의 야성적인 매력에 빠진 블란치를 자신의 여자로 만들고 스트로브를 내쫓기에 이른다. 블란치를 모델로 그림을 그리고 난 스트릭랜드가 블란치를 버리자 블란치는 음독자살을 시도한다. 블란치가 사망한 뒤에도 스트로브는 스트릭랜드의 천재성을 흠모하며 그의 그림을 버리지 못한다. 스트로브는 자신의 고국인 네덜란드로 떠나고 나는 스트릭랜드를 만나 그의 비인간적인 처사를 비난하지만 스트릭랜드는 가족을 버렸을 때처럼 스트로브의 고통도 블란치의 죽음도 개의치 않는다는 투로 일관한다. 나는 냉혈한인 그가 혐오스러우면서도 무시하고 끊어낼 수 없다는 걸 느낀다. 위대한 창조를 꿈꾸며 고뇌하는 영혼의 소유자로서 세속적인 도덕과 욕망은 전혀 개의치 않는 존재. 스트릭랜드는 그런 내게 궁핍한 생활로 고통을 당하면서도 일절 팔지 않았던 자신의 그림들을 보여준다.

    십오 년 뒤 나는 개인적인 용무로 남태평양의 타히티 섬을 방문한다. 스트릭랜드가 타히티 섬에서 살다가 사망한 지 이미 구 년이 지난 시점이다. 천재 화가로 이름을 떨친 그의 유작들이 고가에 팔리고 있다. 타히티 섬에서 만난 사람들을 통해 나는 스트릭랜드의 말년과 죽음에 대해 듣는다. 마르세유에서 노숙자처럼 지내다가 타히티 섬으로 온 그는 그림을 그리다 물감이 떨어지거나 허기를 달랠 수 없을 때면 항구로 나와 밥을 얻어먹거나 허드렛일을 하곤 했다. 항구 호텔의 안주인 티아레 부인이 데리고 있던 아타라는 열일곱 살짜리 여자아이를 스트릭랜드에게 소개해 두 사람은 함께 산 속에 들어가 살게 된다. 두 아이를 낳고 아타의 친척들과 함께 평화롭게 그림을 그리며 살던 그는 문둥병에 걸려 몇 년 동안 고생하다가 죽기 일 년 전에는 눈까지 먼 상황에서도 허름한 오두막 벽에 필생의 역작을 그리고는 사망한다. 죽기 전에 아타에게 오두막을 통째로 불살라달라는 유언을 남기는데, 아타는 유언대로 집을 태워 버린다. 런던으로 돌아온 나는 스트릭랜드 부인에게 타히티에서 들은 이야기들을 들려주는데, 부인은 물론 두 자녀 또한 어느덧 사망한 천재 화가의 부인과 자녀들이 되어 증오하던 남편과 아버지를 천재로서 추억하고 있다. 나는 아타가 낳은 스트릭랜드의 아들을 떠올리며 그가 어떻게 살아갈지 상상해 본다.

    예전에 읽고 간단히 메모해 둔 걸 찾아보니 이 소설이

별로 마음에 들지 않았던 모양인지 좋은 내용이 아니다. "개인적으로 서머싯 몸의 소설은 인상적으로 느껴지지 않는다. 뭐랄까, 잘 쓰고 싶다는 욕심이 지나쳐 보인달까. 덧칠을 심하게 한 유화를 보는 느낌이 들기도 하고. 그 욕심이 통찰력이 돋보일 만한 문장들을 격언이나 금언처럼 만들어버린다. 그나마 '고통이 사람을 좀스럽게 만들고 앙심을 품게 만든다'는 문장에는 고개를 끄덕이긴 했다. 그 밖에는 뭐…… 그냥 그랬다."

이번에 다시 읽으면서도 반전은 없었다. 이른바 '낭만적인 소설'에 들어갈 만한 요소들을 다 모아놓은 소설이라는 느낌이다. 마흔이 넘어 평안한 일상과 가족을 버리고 떠나 버린 가장, 세속적인 삶을 무시하는 괴팍한 천재가 된 직장인, 문명과 괴리된 원주민 여성에게서 찾은 위안, 불현듯 찾아든 천재성처럼 그렇게 몰려든 병마와의 싸움, 마지막 불꽃을 살라 대작을 완성하고 비참한 죽음을 맞는 천재, 죽은 뒤에 주목 받는 그의 작품들, 그리고 상대적으로 속물이자 바보가 된 주변인들까지……

여기에 곁들여진 것들도 있다. 재치만 넘치는 대사들에 추임새처럼 덧붙여진 여성 혐오 발언들, 뻔한 인생론에 담길 만한 문장들과 일화들, 가령 "정신 수양을 위하여 자기가 싫어하는 일을 매일 두 가지씩 하는 게 좋다고 충고한 사람이 누구였던가? 어떤 현자의 말인데 누구였는지 생각이 안 난다. 나는 그 가르침을 아주 꼼꼼하게 따르고 있다. 날마다 아침에 잠자리에서 일어나고, 밤에는 잠자리에 드는 것이다."(16쪽) "나는 이런 생각이 든다.

어떤 사람들은 자기가 태어날 곳이 아닌 데서 태어나기도 한다고."(253~54쪽) 그리고 보장된 출세길을 거부하고 세상 외진 곳에서 이름 없는 의사로 행복하게 사는 우등생 의학도와 그가 떠난 덕분에 대신 출세길을 밟는 만년 2등짜리 의학도의 삶을 대비한 일화 같은 것.

천재의 비범한 삶이 일상에 파묻혀 허우적거리는 필부들에게 추앙받는 이유는 그들이 필부들의 그 평범하기 그지없는 일상을 견디지 못하고 고뇌하다가 자신만의 족적을 남기기 때문이리라. 우리로 하여금 일상을 다른 시각으로 바라보게 해주고 삶을 대하는 태도 또한 다양하게 만들어주는 족적. 이런 천재들의 공통점은 일상적인 삶을 무시하기보다 버거워했다는 것. 그런데 이 소설의 주인공은 일상적인 삶을 죄다 무시하고 멸시하면서 자신만의 길을 홀로 걸어갈 뿐이다. 맨 앞에 인용한 문장처럼 스트릭랜드는 자신만의 세계를 만들고 마치 여호와 하나님처럼 만족해한 뒤 경멸을 표하며 파괴해 버린다. 이런 인물은 천재라기보다 별종이라고 불러야 마땅하리라. 그리고 이런 별종들은 추앙받기보다 일상을 사는 필부들의 흥밋거리로 소비되곤 한다. 이 소설처럼.

새로운 출발을 맞아 읽은 소설이 씁쓸한 뒷맛만 남기고 말았다. 우울증을 돌아보게 만드는 소설이 있는가 하면, 우울증을 도지게 만드는 소설도 있다.

# 유럽 백인 남성을 위한 자기계발서

『인간의 굴레에서』 1·2
서머싯 몸, 송무 옮김
민음사, 2012(1998)

노라와 행복해지고 싶기보다 밀드레드와 불행해지
고 싶은 것이다. (2권 54쪽)


『달과 6펜스』를 읽고 쓰면서 너무 혹평한 것 같아 미안한 마음에 『인간의 굴레에서』(1915)도 읽었다. 예전에 읽고 메모해 둔 내용은 『달과 6펜스』의 독후감과 크게 다르지 않다. 이번엔 멋진 반전이 펼쳐지길 기대하며 다시 읽었다.

한쪽 발에 장애를 갖고 태어난 필립은 어린 시절 고아가 되어 큰아버지인 교구사제 케어리 씨 집에서 자란다. 권위적인 케어리 씨에게 정을 느끼지 못한 필립은 서재의 책들을 읽는 낙으로 지낸다. 학교에서는 장애 때문에 친구들에게 놀림을 당하고, 우정을 나누던 친구는 결국 자신을 동정한 것에 지나지 않았음을 알게 되어 상처받는다. 옥스퍼드 대학에 진학해 사제가 되라는 큰아버지의 조언을 무시하고 필립은 독일 하이델베르크에 가서 하숙집에 머물며 공부한다. 문학적 감수성이 뛰어난 데다 인문학에 조예가 깊은 헤이워드를 만나 책 이야기를 나누지만, 헤이워드는 게으른 관념론자에 지나지 않았고 다른 하숙생들과의 논쟁을 지켜보면서 필립은 그간 자신을 짓누르던 종교의 굴레에서 벗어난다. 큰아버지 집으로 돌아온 필립은 회계사가 되기 위해 런던으로 가지만 회계사가 자신의 일이 아니라는 생각에 어렸을 때부터 관심 있던 그림을 제대로 공부하고자 케어리 씨의 반대에도 불구하고 큰어머니가 몰래 지원해 준 돈으로 파리 생활을 시작한다. 필립은 자신이 천재 화가가 되리라고 자신한다. 하지만 그림은 뜻대로 되지 않고 폐쇄적인 성격의 여성 동료 프라이스가 자신을 남몰래 좋아하다가 목을 매 자살한 데다 살롱에 출품한 작품이 낙선하자 필립은 그림을 그만둔다.

그 무렵 큰어머니의 부음을 접한 필립은 아버지처럼 의사가 되겠노라며 런던의 의학교에 입학한다. 학교 근처 찻집에서 일하는 밀드레드라는 여성을 알게 되는데, 대화도 통하지 않고 지극히 세속적이어서 자신과는 맞지 않는 걸 알면서도 이상하게 끌린 필립은 학교 시험에도 떨어지면서 매달리지만, 밀드레드는 필립의 애를 태우게 해놓고는 다른 남자와 결혼한다며 떠나 버린다. 헛된 사랑의 노예가 되었던 자신에게 실망한 필립은 밀드레드와는 딴판이어서 자신을 따뜻하게 품어주는 노라라는 여성을 만난다. 하지만 어느 날 밀드레드가 임신한 몸으로 필립을 찾아와 남자와 헤어졌다고 말하자, 필립은 다시는 엮이지 않겠다고 굳게 마음먹으면서도 어쩔 수 없이 빠져들어 노라를 버리고 밀드레드와 같이 산다. 밀드레드는 딸을 낳고, 필립은 의학교에서 만난 친구 그리피스를 밀드레드에게 소개하는데, 그만 두 사람이 눈이 맞고 만다. 필립은 우연히 노라의 소식을 듣고 찾아가 용서를 구하지만 노라는 이미 약혼한 뒤다. 필립은 의학 공부에 매진하는 한편 환자로 입원한 애설니라는 남성을 치료하면서 친해져 그의 가족들까지 만나는데, 그러던 어느 날 거리의 여자가 된 밀드레드와 맞닥뜨린다. 필립은 다시 한 번 밀드레드를 집으로 데려와 같이 사는데 이번엔 이성으로서가 아니라 고용인으로서다. 집안일을 해주던 하녀 대신 들인 것. 런던에 맡겼다는 아이의 양육비까지 대주지만 밀드레드는 전처럼 자신에게 빠져들지 않는 필립에게 화가 나 하숙집을 온통 뒤집어엎고는 사라져 버린다. 설상가상으로 주식에 투자했다가 파산한 필립은 의학 공부도 그만두고 노숙인처럼 지낸다. 다행히 애설니의 선처로 의류 회사에 취직해 일하다가 큰아버지가 사망하자 유산을 상속받은 필립은 의학교로 돌아가 의사가 된다.

필립은 스페인 여행을 하고 선의(船醫)가 되어 동방의 여러 나라를 돌아보자는 야심 찬 계획을 세우며 그사이 돈을 벌 요량으로 어촌의 한 의사를 돕기로 하는데, 괴팍한 노의사는, 환자를 잘 다루며 궁핍한 어촌 사람들과도 스스럼없이 어울리는 필립에게 병원을 같이 운영해 보자고 제안한다. 하지만 필립은 이제부터 제대로 된 삶을 시작할 마음에 거절한다. 휴가를 맞아 애설니네 가족과 홉을 따라 갔다가 필립은 애설니의 큰딸 샐리를 다시 보게 된다. 어느새 처녀가 다 된 데다 건강하고 생활력 강하면서도 성숙한 태도를 보이는 샐리 또한 필립에게 애정을 표한다. 두 사람은 급속도로 가까워져 샐리가 임신한 것 같다고 말하자 고민 끝에 필립은 스페인 여행과 동방에서의 삶을 포기하고 결혼을 결심한다. 임신이 아니었다고 안심하라면서 활짝 웃는 샐리를 보며 결혼 결심을 굳힌 필립은 어촌에서 지역 의사로 살 꿈에 젖는다.

안타깝게도 드라마틱한 반전은 없었다. 인상적인 이야기를 많이 담고 있지만 좋은 소설이라고 하기엔 아쉬운 점이 적지 않아서다. 아무리 성장 소설이라지만 작가는 자전적인 이야기에 허구를 덧씌우기에 바쁘고 서술자는 자신이 소설을 쓰고 있다는 사실을 잊기 일쑤인 데다 주인공마저 자신이 소설을 이끄는 주요 인물이라는 사실을 외면하고 있기 때문이다. 이야기의 시간과 서술의 시간이 부딪는 긴장감을 좀처럼 느낄 수 없는 단선적인 진행은 물론, 이른바 악한소설이나 모험소설도 아니면서 주인공의 여정이 바뀔 때마다 전혀 다른 양상의 이야기가 전개되는 듯한 모습도 소설을 읽는 재미를 떨어뜨린다. 주인공 필립이 방황 끝에 깨달은 내용이 '삶은 무의미하다'여서 미성숙한 청년이 삶의 의미를 찾아가는 이야기라고 포장하기도 어렵다. "모퉁이 저편에 경찰이 있다는 것을 명심하되, 마음이 원하는 바를 따르라"(1권 429쪽)라는 모토는 얼핏 그럴듯하게 들리지만 개인적인 고뇌를 담고 있지 않아 말 그대로 특정 집단의 캐치프레이즈처럼 들릴 뿐이다. 고생만 있고 고뇌는 없는 청춘 이야기에 걸맞은 문구랄까.

필립의 여성 편력도 요란하기만 할 뿐 이야기에 큰 도움을 주지 못한다. 처음 관계를 갖는 윌킨스라는 연상의 여성에겐 별 계기도 없이 빠져들었다가 관계를 맺고 나서는 혐오감을 느끼고, 밀드레드와의 관계도 이성적인 호감보다 육욕 때문에 끌린 데다, 노라나 샐리의 경우는 어릴 때 잃은 어머니의 모습이 투영된 듯하다. 밀드레드와의 왜곡된 관계가 인상적인데, 안타까운 점은 밀드레드와의 관계가 반복될수록 전체 이야기는 균형을 잃는다는 점이다.

그럼에도 이 소설을 끝까지 읽게 만드는 건 캐릭터를 창조하는 작가의 뛰어난 능력 덕분이다. 모든 인물이 생생하게 살아 있는 듯 그려진 데다 각각의 일화들 또한 인상적이다. 다만 그 모든 요소가 이 긴 소설에 파노라마처럼 이어져 있다는 게 안타까울 뿐. 강렬한 인상의 짧은 이야기들이 여러 편 들어 있는 소설이라는 인상을 받게 될까. 차라리 장애 때문에 차별을 당하다가 그림을 그리기 위해 파리로 가서 고군분투하는 젊은 예술가의 이야기와, 밀드레드와 노라 사이에서 자신조차 납득하기 어려운 관계의 늪에 빠져드는 청년의 이야기, 그리고 생명력 넘치는 애설니 가족과 샐리를 만나면서 개인적인 야망을 접고 의사로서 소박하지만 의미 있는 삶을 선택하는 젊은 의사 이야기 등으로 나누어 썼더라면 어땠을까 하는 아쉬움이 남는다.

해설에 따르면 이 소설은 '교양소설(Bildungsroman)'에 속한다는데, 동의하기도 어렵지만 '교양소설'이라는 말 자체가 억지스럽다. 마치 소설의 태생적인 천박함(?)을 가리기 위해 '교양'이라는 외투를 억지로 걸쳐 놓은 듯하달까. 역설적이게도 이런 억지스럽고 교양 넘치는 이름 붙이기에 멋지게 한 방 날리는 순간이야말로 서머싯 몸의 소설이 빛나는 순간이 아닐까 싶다. 적당한 교양을 적당한 재미와 적당한 긴장을 갖춘 인생 이야기에 버무려서 비교적 읽기 쉬운 문장으로 전하고 있는 데다 그 소설이 대중들에게 사랑받게 만들었으니 말이다.

대니얼 디포의 『로빈슨 크루소』(1719)가 18세기 유럽의 남성들, 특히 차남들을 위한 경제경영서 성격을 띠는 것처럼, 이 소설은 유럽의 중간 계급 백인 남성을 위한 자기계발서 성격이 짙다. 귀족이 아닌 신분이어서 직업을 갖지 않으면 삶을 영위하기 어려운 존재들에게 사제와 회계사, 화가, 의류 회사 디자이너, 의사로 끊임없이 진로를 바꾸는 주인공의 인생 역정이 의미하는 바는 적지 않으리라. 여러 여성과의 관계에서 실패를 반복하다 자신의 짝을 찾는 이야기 또한 당시의 남성들에겐 자기계발을 위해 빠져서는 안 되는 요소였을 테고.

이 책은 1998년에 처음 번역되어 2012년 이미 36쇄를 찍었다. 지금은 어떤지 모르겠지만 오자와 표기법에 어긋나는 표현들이 간간이 눈에 띈다. 이 정도로 쇄를 거듭해서 찍었다면 한번쯤 다시 교정을 봐서 내야 하지 않을까 싶다.

# '인생의 소설'

『예브게니 오네긴』
알렉산드르 푸시킨, 김진영 옮김
을유문화사, 2019(2009)

> 오, 운명은 많고 많은 것들을 앗아 갔느니!
> 가득 찬 술잔을 비우지도 못한 채
> 인생의 축제를 일찌감치 떠나간 자,
> 내가 지금 오네긴과 헤어지듯,
> 인생의 소설을 다 읽기도 전에
> 돌연히 작별을 고할 수 있었던 자,
> 행복하여라. (285~86쪽)

『세계 문학 전집을 읽고 있습니다』 첫째 권 교정지를 받았다. 작년 6월 말부터 올해 2월까지 작업한 원고를 교정지에 앉혔다. 아무리 내가 쓴 원고라 해도 교정지는 교정지인지라 기껏 이룬 심신의 안정 상태를 다시 무너뜨릴까 봐 아주 천천히 들여다봤다. 일주일쯤 봤지 싶다. 여러 군데를 고쳐 쓰고 빼기도 하고 덧붙이기도 하면서, 대전 생활 첫해를 이렇게 보냈구나 하고 잠깐 감상에 젖기도 했다. 처음 약을 끊었을 때도 떠오르고 쉬이 잠들지 못했던 겨울도 생각났다. '연필이'가 집에 오던 날도 잊을 수 없고. 정작 내가 읽은 책들은 그다지 생생하게 기억나지 않았다. 그런 거지 뭐.

오랜만에 옥천에 가서 출판사 대표와 점심으로 냉면을 먹고 수정 사항을 설명하고 표지 작업 이야기도 나누고 돌아오는 길에 병원에도 들렀다. 한 달 동안 약을 먹지 않고도 잘 잔 데다 잠의 질도 좋아졌을뿐더러, 덕분에 부정적인 생각도 거의 하지 않게 되었노라는 내 말에 의사는 자기 일처럼 좋아해 주었다. 일시적인 현상인지 아니면 그만큼 내 상태가 좋아진 건지 궁금했는데, 당연히 좋아진 거라는 의사 말에 비로소 안심이 되었다.

집에 돌아와서 손에 든 책은 러시아 작가 알렉산드르 푸시킨(1799~1837)이 1833년에 펴낸 운문소설 『예브게니 오네긴』이었다. 거짓된 사랑과 의미 없는 삶에 지친 댄디 청년 오네긴이 타티아나와의 어긋난 사랑 때문에 절망한다는 이야기다.

페테르부르크 사교계의 총아로 무도회를 쫓아다니던 댄디 청년 오네긴은 아버지가 빚을 남기고 사망하자 빚잔치를 하고, 시골 영주인 숙부마저 사망하자 시골로 내려가 영주 노릇을 한다. 사교계나 무도회의 화려한 삶과 거짓된 사랑에 지칠 대로 지친 오네긴은 이웃의 젊은 영주인 시인 렌스키의 낭만적인 세계관에 심드렁해하면서도 맞장구를 쳐 준다. 렌스키는 이웃에 사는 발랄한 여성 올가와 사랑에 빠지는데, 올가와 달리 내성적인 언니 타티아나는 남몰래 오네긴을 마음에 품는다. 타티아나는 용기를 내 오네긴에게 편지를 보내지만 오네긴은 타티아나를 만나 자신은 사랑에 목매는 사람도 아니고 결혼 생각도 없는 사람이니 다른 사람을 찾아보라면서 훈계를 늘어놓는다. 타티아나의 명명식 무도회에 참석한 오네긴은 렌스키의 사랑 타령에 진저리를 치며 일부러 올가와 계속해서 춤을 추면서 렌스키를 자극한다. 질투가 난 렌스키는 오네긴에게 정식으로 결투를 신청하고 결투 끝에 오네긴의 총에 맞아 사망한다. 올가와 타티아나는 슬픔에 빠지지만 얼마 안 가 올가는 경기병과 사랑에 빠져 집을 떠나고 오네긴은 영지를 버리고 세상을 떠돈다. 혼자 남은 타티아나는 오네긴이 떠난 집을 찾아 그가 남겨두고 간 책들을 읽으며 그의 흔적을 더듬는다. 타티아나의 어머니는 딸의 결혼 상대를 찾아 주려고 타티아나를 데리고 모스크바로 떠난다. 모스크바 사교계에 참신한 인물로 이름을 알린 타티아나는 전쟁에서 공훈을 세운 장군과 결혼해 공작부인이 되는데, 모스크바에 온 오네긴이 타티아나를 보고 예전과 달리 사랑을 느껴 고뇌하다가 편지를 보낸다. 시골에서의 상황과 반대가 된 것. 타티아나는 오네긴이 자신에게 그랬듯이 정중히, 그러나 왜 이제야 마음이 바뀌었느냐고 질책하며 여전히 사랑하지만 이젠 그 사랑을 받아들일 수 없노라고 거절한다.

    한 번 읽고 바로 다시 한 번 더 읽었다. 시 형식으로 쓴 소설이라기에 썩 내키지 않아 미뤄 두었는데, 의외로 흥미로운 데다 완성도도 높아서 어느 소설에 견줘도 밀리지 않는 작품이었다. 서술자가 아니라 시의 화자라고 불러야 할 텐데, 견지하는 태도가 독특해서 주인공이 한 명 더 있는 듯했다. 자신이 들려주는 이야기와 그 이야기 속 인물들에 거리를 두는 화자나 서술자는 드물지 않지만, 이 소설의 화자처럼 거의 비아냥거리다시피 하는 화자는 흔치 않다. 마치 문학적으로 포장된 이야기 따위엔 관심도 없고 의미도 두지 않는다는 듯이.

문학이 지금처럼 작가와 작품, 독자를 거느린 형태를 띠게 된 건 낭만주의로 말미암은 결과이리라. 물론 그전에도 문학이라고 이름 붙일 만한 작품이 없진 않았겠지만 온전히 문학의 역할만 하진 못했을 터. 누가 지었는지 알 수 없다는 식의 이야기들을 통해 민중을 교화하거나 반대로 집단의 의지를 드러내는 역할이 더 컸을 테니까. 낭만주의로 인해 비로소 작가가 탄생하고 창작이라는 개념도 생겨난 셈. 물론 '작가의 창작'이라는 생각이 지나쳐 천재 운운하는 부작용도 만만치 않았지만. 어쨌든 문학이 더 이상 떠도는 이야기가 아니라 엄연히 소유자가 있는 작품에만 붙일 수 있는 장엄한 이름이 된 건 낭만주의의 세례를 받고 난 뒤부터라고 해야겠다.

작품에 작가의 개성이라는 옷이 입혀지고 천재성이 그 옷의 명품 여부를 판단하는 기준이 되면서 문학은 예술적 가치를 얻는 대신 삶에서는 점점 멀어질 수밖에 없었다. 문학은 보편적인 삶을 대변하는 이야기가 아니라 천재적인 작품에 어울리는 강렬한 경험을 찬양하는 수단이 되었고, 보편적이고 일상적인 삶은 강렬한 경험을 위해 벗어 버려야 하는 굴레나 조롱의 대상으로 전락했다.

작가는 더 이상 세상만 바라보고 있을 수 없게 되었다. 경쟁 상대인 다른 작가의 작품을 눈여겨봐야 개성 있는 작품을 쓸 수 있을 테니까.

낭만주의로 무장한 문학이 삶에 가하는 충격은 처음엔 신선하고 의미 있어 보이겠지만, 시간이 지나면서 문학이 삶에 등을 돌리고 저희끼리 시시덕대는 것처럼 비치게 되면 삶도 더는 참지 못하고 문학에 똑같은 비아냥거림을 되돌려 주게 마련이다. 가령 이 작품에서 낭만주의자 렌스키가 결투 끝에 열여덟 나이에 사망하자 화자는 이렇게 말한다. "그러나 어쩜 시인의 운명은/ 평범했을 수 있으니,/ 청춘이 지나면서/ 불같은 영혼도 식었을 것이다./ 여러모로 달라진 그는/ 뮤즈와 결별한 후, 결혼하여/ 시골서 솜 넣은 가운 두른 채/ 바람피우는 아내와 행복하게 살았을 것이다./ 인생의 진정한 의미도 알고,/ 마흔에는 통풍을 앓고,/ 먹고 마시며 지겨워하다, 뚱뚱하고 쇠약해져/ 결국에는 침대에서 자식들,/ 약사들, 흐느끼는 아낙들에 에워싸여/ 자신의 최후를 맞이했을 것이다."(201~02쪽)

화자는 말한다. "사랑은 사탄의 장난일지니"(125쪽) "헛된 환영을 좇는 자여,/ 존경해 마지않는 나의 독자여!/ 괜한 힘 낭비 말고/ 자신이나 사랑하소!/ 가치 있는 대상인 자신보다 더/ 좋은 상대는 어디에도 없을 테니"(126쪽)라고. 심지어 렌스키가 결투를 신청했노라고 오네긴에게 전하는 입회인 자레츠키는 응하겠다는 답을 듣자 바로 일어서는데 그 이유는 "집안일이 쌓여 있던 터라/ 오래 머무르고 싶지 않았"(183쪽)기 때문이란다.

화자는 삶의 편에 서서 경솔한 낭만성을 한껏 비웃고 있다. 그렇다고 전적으로 진지한 삶만을 칭송하는 것도 아니다. "그러나 우리에게 젊음은 헛되이 주어졌음을,/ 우리는 언제나 젊음을 배반하고/ 젊음은 우리를 기만했음을,/ 최상의 욕망들과 신선했던 꿈들이/ 비 내리는 가을날 낙엽처럼/ 하나하나 순서대로 썩어 갔음을/ 생각하면 슬프"(254쪽)지만, "우리 앞에 똑같은 식사의/ 기나긴 행렬만 남아 있고,/ 인생을 의례로 간주하여/ 견해도 열정도 공유하지 않으면서/ 격식 차린 군중 뒤를 따라가야 한다는 건/ 견디기 어렵"(254~55쪽)다고 토로하고 있으니까.

화자 스스로 말하듯 이 작품은 '인생의 소설'이라고 이름 붙일 만하다. 하지만 인생과 삶을 견제할 낭만주의의 힘은 여전히 필요하다. 왜냐하면 우리의 치기 어린 경솔함에 삶은 눈살을 찌푸리겠지만, 삶 또한 우리에게 경솔한 판단을 내리고 경솔한 짓을 서슴없이 행하기도 하니까. 게다가 우리를 가르치려고 들 뿐만 아니라, 언제든 대체 가능한, 전체를 위한 부분으로만 취급할 때도 적지 않고. 그럴 땐 잘난 척하는 삶을 향해 낭만주의의 펀치를 힘껏 날리고 싶어진다. 비록 그 펀치가 부메랑처럼 고스란히 내게 와 꽂힌다고 해도. "그래서? 그냥 그렇다는 말"(123쪽).

# 긍정의 힘을 키우랬지,
# 누가 환상을 품으랬어?

『대위의 딸』
알렉산드르 푸시킨, 심지은 옮김
펭귄클래식코리아, 2009

> 젊은이들이여! 내 수기가 혹여 그대들 손에 들어가게 된다면 이 점은 기억해 주게나. 최선의 그리고 항구적인 변화는 강제와 폭력으로 얼룩진 온갖 변혁을 통해서가 아니라 풍속의 개선으로만 이루어진다는 사실을. (80쪽)

병원에 다녀온 다음날부터 다시 우울감이 찾아들었다. 뚜렷한 이유도 없다. 하긴 이젠 이유 따위 애써 찾지도 않는다. 쓸데없는 짓이라는 걸 아니까. 그냥 받아들이는 게 상책이다. 상태가 좋아졌다고 방심했거나 아니면 마음이 저 스스로 진자운동을 하며 균형을 찾는 모양이라고 여겼다. 다행히 맥이 빠져 걷기도 힘들거나 아무것도 먹지 못할 정도는 아니었다. 그저 가슴이 약간 답답하고 소화가 잘 안 되고 머릿속이 미지근해지면서 기분이 가라앉는 정도에 그칠 뿐.

우울감에 빠지면 흡사 리셋되는 기분이다. 모든 게 원

위치로 돌아간달까. 직전까지 좋은 일로 기대감에 넘쳤든, 안 좋은 일로 전전긍긍했든 다 의미 없어지는 상태. 심지어는 내가 가진 것은 물론 내 존재조차도 버거워진다. 심해지면 집 안에 가만히 있지 못하고 밖으로 나가 안절부절못한 채 걷게 되고, 더 심해지면 저 멀리 마치 투명 막 같은 게 세상을 뒤덮고 있어서 빨리 달려가서 막을 찢고 빠져나가지 않으면 내가 어떻게 될 것 같다는 이상한 압박에 시달리게 된다. '더 심해진 경우'를 이제까지 두 번 경험했는데, 아파트에서 창문 밖으로 떨어져 내리는 사람들의 심리를 그때 이해했다. 어디로든 일단 밖으로 빠져나가지 않으면 안 될 것 같은 불안이 극에 달했을 테니까.

모든 걸 원위치로 돌린다는 의미에서 우울감은 집안일과 비슷하다. 집안일도 매번 처음 상태로 되돌리는 공허한 미션이잖은가. 청소하기, 음식하기, 빨래하기 다 그렇다. 그래서 빨래해서 널고, 청소하고, 쌀을 씻어 안쳐 밥을 하고, 국이며 찌개도 끓이고, 설거지도 했다. 서두르지 않고 천천히, 마음의 진자가 흔들리지 않도록, 그래 꼭 너 같은 일을 지금 하고 있으니 너도 안심하고 천천히 움직이렴, 하고 말하듯이, 그렇게, 하나씩 하나씩, 했다.

그러고 나서 푸시킨이 1833년부터 1836년까지 4년 동안 연재한 소설 『대위의 딸』을 천천히 읽었다. 『예브게니 오네긴』처럼 시 형식으로 쓴 소설이 아니라, 산문으로 쓴 소설이다. 게다가 18세기 말 예카테리나 여제에 맞서 농민 봉기를 이끌다 체포돼 참수당한 푸가초프의 반란을 소재로 한 역사소설이다.

　나, 표트르 안드레예비치 그리뇨프는 어머니 배 속에 있을 때 이미 군적에 이름을 올린다. 태어나 학업을 마칠 무렵이면 이미 군 경험이 쌓여 장교로 입대할 수 있기 때문이다. 하지만 퇴역군인인 아버지는 학업에 정진하지 않고 말썽만 부리는 아들을 시골 벽촌인 오렌부르크에서 군 복무하게 조치한다. 하인 사벨리치 영감과 길을 떠난 그리뇨프는 주린이라는 대위를 만나 내기 당구를 쳐 1백 루블을 잃는다. 그리고 중간에 눈보라 때문에 길을 잃는데 남루한 옷차림을 한 나그네의 도움으로 곤경에서 벗어난다. 그리뇨프는 사벨리치의 반대에도 불구하고 자신의 토끼가죽 외투를 나그네에게 선물한다.

　오렌부르크에 도착해 벨로고르스크 요새를 찾은 그리뇨프는 사령관인 나이 든 대위 이반 쿠즈미치와 그의 아내인 여걸 바실리사 예고로브나, 중위를 칼로 살해하고 벽지로 끌려온 장교 시바브린, 애꾸눈 이반 이그나티이치 등을 소개받고 대위의 딸 마리야 이바노브나와도 인사를 나눈다. 마리야에게 마음이 있던 음흉한 시바브린이 그리뇨프를 경계하던 중 그리노프가 쓴 시를 혹평해 둘은 결투를 하게 되고 그리뇨프가 부상을 입는다. 겨우 의식을 되찾은 그리뇨프는 마리야의 간호를 받으면서 결혼을 결심하고 집에 편지를 쓰는데 아버지는 절대 안 된다는 답장을 보낸다.

　그 무렵 푸가초프가 황제를 참칭하며 무리를 이끌고 봉기를 일으킨다. 벨로고르스크 요새까지 쳐들어온 푸가초프 일당은 사령관인 대위와 그의 아내 그리고 이그나티이치를 처형하는데, 그리뇨프는 다행히 목숨을 부지한다. 마리야 또한 게라심 신부의 부인 아쿨리나 펌필로브나의 배려로 사제관에 몸을 피한다. 푸가초프와 대면한 그리뇨프는 그가 자신을 도와준 나그네임을 알아본다. 푸가초프 또한 그리뇨프를 알아보고 자신과 함께하자고 제안하지만 그리뇨프는 여제의 신하로서 그럴 수 없노라며 자신을 오렌부르크로 보내달라고 청하고 허락을 얻은 뒤 사벨리치와 함께 오렌부르크 성으로 몸을 피한다.

하지만 푸가초프는, 어느새 자신에게 빌붙은 시바브린을 벨로고르스크의 사령관으로 임명하고 오렌부르크를 공격한다. 대치전이 이어지던 중 마리야가 시바브린에게 고통을 당한 끝에 강제로 결혼하게 되었다는 편지를 받고 그리뇨프는 말을 몰아 벨로고르스크로 향한다. 하지만 중간에 농부들에게 붙잡혀 푸가초프에게 끌려간 그리뇨프는 사정을 설명하는데, 푸가초프는 함께 벨로고르스크로 가 마리야를 구하고 시바브린에게 경고를 한 뒤 통행증을 써 주어 그리뇨프와 마리야가 무사히 빠져나갈 수 있도록 돕는다. 소도시에서 경기병 부대와 맞닥뜨린 그리뇨프는 경기병 대장이 주린임을 알아보고 마리야를 자신의 고향집으로 보낸 뒤 주린과 함께 부대에 남는다.

마침내 푸가초프가 붙잡히고 그리뇨프는 체포당한다. 푸가초프를 도왔다는 죄목으로 심문받는데 그리뇨프를 고발한 건 이미 체포되어 족쇄를 찬 채 몰골이 말이 아닌 시바브린이었다. 한편 그리뇨프의 고향집에서 환대를 받은 마리야는 그리뇨프의 소식을 듣고 고민 끝에 여제가 있는 궁을 찾아 우연히 예카테리나 여제와 맞닥뜨려 사정을 설명하고, 여제의 명령으로 그리뇨프는 무사히 풀려난다. 그리고 이제까지의 글이 그리뇨프의 수기임을 밝히는 발행인의 문장이 이어진다.

두 번 읽을 소설은 아닌 듯해서 한 번만 읽고 말았다. 『예브게니 오네긴』을 읽고 기대를 너무 많이 한 탓인지 실망이 컸다. 이것도 진자운동 같은 걸까? 시로 쓴 소설에 감탄했다가, 산문으로 쓴 소설에 실망하고. 세상도 왔다 갔다, 나도 왔다 갔다, 소설도 왔다 갔다……

푸가초프의 난을 소재로 소설을 쓴다면 푸가초프나 푸가초프에 동조했다가 배신하는 인물이 주인공이고, 맞붙는 세력 간의 정치적 갈등이나 황제를 참칭하는 자의 개인적 고뇌가 주된 내용을 이루리라고 예상하게 된다. 그런데 주인공은 진압군에 속한, 정치적 입장도 분명치 않은 장교인 데다, 딱 한 번 베푼 선행 덕분에 살육이 자행되는 양쪽 진영을 무시로 오갈 뿐만 아니라, 그렇게 오가는 이유 또한 팽팽한 긴장 속에서 중요한 임무를 수행하기 위해서가 아니라 사랑하는 여인을 구하기 위해서라면…… 자신이 쓰는 소설의 정체를 작가 스스로 불분명하게 만들었다고 해야 하지 않을까. 정치적 긴장감이라곤 찾아볼 수 없는 내용에 제목까지 '대위의 딸'로 정한 것도 납득하기 어렵고.

마치 궁정의 요청을 받고 억지로 쓴 것만 같은 이 소

설을 천천히 읽으면서 푸시킨이 원래 쓰고 싶었던 내용은 뭐였을까 상상해 보았다. 푸가초프에 대해 자료 조사도 하고 그 나름의 연구도 한 데다 푸가초프에 동조한 장교 이야기에도 관심을 보였다니, 아마도 푸시킨은 처음에 시바브린을 주인공으로 하는 소설을 구상하지 않았을까 싶다. 푸가초프에 동조한 장교이자 상관 살해자. 그의 수기 형식이었거나 아니면 그리뇨프가 지켜본 시바브린과 푸가초프의 갈등을 주축으로 하는 이야기. 마리야는 시바브린의 선택 때문에 비극을 맞았다가 그리뇨프의 배려로 목숨을 구하게 되거나.

『예브게니 오네긴』과 달리 서술자의 개입도 거의 없이 짧고 간명한 문장으로 사건을 빠르게 전개한 것도 공연히 트집 잡고 싶어진다. 푸시킨은 유배를 다녀온 뒤 권력의 감시와 검열에 시달렸다는데, 그 탓이었을까. 아무리 수기 형식이라지만 서술자의 개입이 맨 앞에 인용한 문장 정도인 것도 의심을 더하게 만든다. 저 문장도 "됐지?" 하는 소리처럼 들린다면, 상상이 지나친 걸까.

아무려나 클라이스트의 「미하엘 콜하스」(1810)를 연상케 하는 탁월한 역사소설이 될 뻔했는데 여러모로 아쉽다. 이 소설도 아쉽고 내 상태도 아쉽고. 의사가 걱정하는 소리가 들리는 듯하다. "긍정의 힘을 키우랬지, 누가 환상을 품으랬어요?"

# 거리두기가 답이다!

『아버지와 아들』
이반 투르게네프, 이항재 옮김
문학동네, 2020(2011)

"나도 그렇게 생각하오. 우리가 충돌하게 된 진짜 원인을 따져보는 건 별로 적절한 일이 아니라고 생각하오. 지금 우리는 서로를 참을 수가 없으니 그 이상 뭐가 더 필요하겠소?" (237쪽)

7월이 되자마자 어머니 병원 때문에 부천에 갔다가 다음 날엔 동생이 사는 도시에 다녀오느라 바빴다. 게다가 본격적인 장마가 시작되기 전 반짝 폭염이 이틀 동안 이어지는 통에 몸이 더 지쳤다. 어머니는 검사 수치가 좋지 않아 다시 약을 바꿨고, 동생은 임시로 머물던 곳에서 회사와 가까운 원룸으로 이사했다. 어머니 때문에 마음이 더 지쳤다가 동생이 잘 적응하며 사는 걸 확인하니 좀 나아졌다. '연필이'와 '몽당이'는 6월 말일에 미리 물을 주었다. 비록 서향집이지만 예전 집에서보다 햇빛을 더 많이 받아서 그런지 두 친구 다 싱싱하게 잘 자라고 있다. 가시 같은 이파리들이 꽤 많이 움튼 것만 봐도 그렇지 싶다.

7월이 되기 전에 읽은 책은 러시아 작가 이반 투르게네프(1818~1883)가 1862년에 발표한 소설 『아버지와 아들』이었다.

러시아에서 농노 해방이 이루어지기 한 해 전인 1859년 봄, 대학에서 학위를 받은 아르카디는 친구이자 스승이기도 한 바자로프를 데리고 고향집을 찾는다. 아내를 잃고 젊은 여성 페네치카와의 사이에서 아들을 얻은 니콜라이는 새로운 학문을 익힌 아들 아르카디의 귀향으로 영지 관리에 도움을 얻으리라고 기대한다. 하지만 아르카디의 큰아버지 파벨은 귀족의 명예와 원칙을 옹호하는 입장에서, 아르카디는 물론 자연과학과 의학을 공부하며 모든 권위를 인정하지 않고 의미 없다고 느끼는 이른바 '니힐리스트'인 바자로프도 못마땅하다.

니콜라이는 대학 시절 아내를 만나고 그 나름 자유주의자로 자처했으나 지금은 능력 없는 지주일 뿐이고, 파벨은 군에서 장교로 근무하며 경력을 쌓았으나 어느 공작부인을 사랑하면서 군 생활도 접고 공작부인이 사망하자 방황하다가 동생의 영지에서 함께 살게 된 완고한 귀족주의자다. 바자로프는 파벨과 논쟁을 벌이다 아르카디와 근처 현으로 놀러 가서는 무도회에서 과부인 오딘초바 부인을 만난다. 난봉꾼 아버지 밑에서 여동생 카챠와 어렵게 자라다 부자 남편을 만나 유산을 물려받은 오딘초바 부인은 학문과 예술에도 관심이 많은, 독립적이고 자존심이 강한 여성이다. 평소 여성을 혐오했을 뿐만 아니라 낭만주의를 경멸했던 바자로프는 사랑이니 연애니

하는 장난에 빠져들 것 같지 않았으나 그만 오딘초바 부인에게 사랑을 느끼고 만다. 어렵게 사랑을 고백했으나 오딘초바 부인은 바자로프를 흔쾌히 받아들일 수 없어 주저한다. 스스로를 혐오하면서 고향집으로 간 바자로프는, 군의로 복무했으며 아들을 어려워하는 아버지와 유일한 자식인 아들을 위해 모든 걸 희생하는 어머니의 보살핌을 받는 것이 불편하다. 비록 영지를 가지고 있지만 가난하기 그지없는 살림을 아르카디에게 보여주는 것도 마뜩잖고. 아르카디는 아들만 생각하며 사는 바실리 이바니치에게 바자로프가 앞으로 러시아를 이끌 인물이 될 것이라고 추어주고, 부모에게 냉정하게 대하는 바자로프와 말싸움을 벌인다.

둘은 다시 아르카디의 집으로 돌아가는데, 아르카디는 오딘초바 부인과 자신의 죽은 어머니가 친하게 지냈으며 편지를 주고받았다는 사실을 알게 되고 집에서 편지를 발견하자 급히 오딘초바 부인에게 달려가고, 바자로프는 페네치카와 친해져 정원에서 키스까지 하는데, 그 장면을 파벨에게 들키고 만다. 파벨은 정중히 바자로프에게 결투를 신청하고, 결투 끝에 부상당한다. 바자로프는 의사로서 파벨을 돌보고 파벨은 동생에게 정치적 견해 차이로 자신이 결투를 신청했으며 바자로프는 신사답게 처신했노라고 두둔한다. 파벨의 상태가 안정된 걸 확인한 뒤 악수를 나누고 집을 떠난 바자로프는 오딘초바 부인 집에서 아르카디가 오딘초바 부인이 아닌 여동생 카챠에게 청혼한 사실을 알게 되고, 오딘초바 부인과 자신은 이제 나이가 들었으며 젊은 세대인 아르카디와 카챠를 이해하기 어렵다는 걸 깨닫는다.

고향집으로 다시 돌아간 바자로프는 아버지를 도와 영지의 농노들을 치료해 주는데, 발진티푸스에 걸려 죽은 환자를 해부하는 데 참여했다가 그만 자신도 티푸스에 걸려 죽는다.

6개월 뒤 니콜라이와 페네치카, 아르카디와 카챠가 함께 결혼식을 올리고, 오딘초바 부인은 모스크바에서 유력 인사를 만나 재혼하고, 파벨은 독일에서 살며 여전히 귀족의 품위를 유지하고, 바실리 부부는 아들의 무덤을 찾아 오열한다.

한 번 읽고 나서 뭔가 찜찜해, 부천에 갔다가 동생에게 다녀온 뒤 천천히 다시 읽었다. 이십 대에 처음 읽었을 땐 이런 소설인지도 몰랐다. 아마도 완역이 아니었지 싶기도 하다. 찜찜했던 건 세대 간 갈등을 그린 소설치고는 부모들이 영 제 주장을 펼치지 못해서였다. 낭만주의의 세례를 받은 바로 직전 소설들과 다른 점도 다시 한 번 확인하고 싶었고.

다시 읽고 느낀 점은 확실히 세대 간 갈등만 그린 소설은 아니라는 것과, 사실주의 기법에 충실한 소설이라는 것. 이 소설에서 반복적으로 부딪치는 인물은 바자로프와 파벨뿐이다. 아르카디의 부모는 물론 바자로프의 부모 모두 아들을 떠받들다 못해 두려워하는 존재들이다. 게다가 아르카디는 바자로프처럼 자신의 주장을 관철하기 위해 부모와 척을 지거나 결투를 감행하지도 않는다. 세대 간 갈등을 다룬 소설이라고 규정하기엔 민망할 지경이다.

파벨은 귀족 출신의 원칙을 숭상하는 자유주의자이고, 바자로프는 평민 출신의 급진적 민주주의자라고 규정한다지만, 중요해 보이지 않는다. 세대 간 갈등은 어제오늘 일도 아니고 지역과 문명의 차이를 고려하지도 않으니까. 따지고 보면 인류의 발전이 세대 간 갈등을 동력 삼았다고 해도 과언이 아닐 텐데 그걸 특화한다는 건 '사람은 서로 다르다'라고 주장하는 것만큼이나 뜬금없잖은가. 외려 이 소설을 통해 얻을 수 있는 교훈, 갈등은 해소할 수 있을 뿐 해결될 수 없고, 조화로운 삶이나 아름다운 화해는 낭만주의의 환상일 뿐이어서 자칫 부작용만 초래한다는 사실 아닐까.

이 소설에서 가장 인상적인 부분인 24장의 결투 이야기는 갈등을 해소하는 방법을 소름 끼칠 정도로 정확하게 보여준다. 파벨은 비록 상대가 나이도 어리고 세상모르고 설치는 어린것에 불과하다고 여기지만 정중하게 예의를 갖추어 결투를 청하고 격식과 절차에 맞게 결투를 치르고는 그 결과에 승복한다. 그리고 자신에게 부상을 입힌 상대를 끝까지 존중하고 그가 떠날 땐 악수를 청하지만, 그렇다고 상대의 주장에 백기를 들거나 거짓 화해를 바라지 않는다. 마치 그 모든 과정을 통해 자신의 원칙을 그대로 보여주기라도 한 것처럼. 한편 바자로프는 얼떨결에 자신이 혐오하는 귀족과 지주들의 위선적인 결투에 말려들지만, 조롱하거나 거부하지 않고 치명상을 입히지 않을 만한 부위를 겨누어 결투를 끝내고는 바로 의사로서 상대를 치료한 뒤 헤어지면서 악수를 나눈다. 마찬가지로, 그렇다고 상대의 신념을 인정할 생각은 추호도 없다.

살아온 환경과 생각이 다른 사람들과 함께 사는 것이 세상살이다. 서로 생각을 달리하는 건 아무런 문제가 되지 않는다. 문제는 함께 살아야 한다는 것. 그러니 예의를 갖추고 정해진 규칙을 따르면 그뿐이다. 예의란 거리두기에서 나오는 법이니 거리를 두고 규칙을 존중하며 자신의 생각을 고수하면 될 일이다. 어차피 해결되는 갈등은 존재하지 않고 설령 가능하다 해도 의미는 없으니까(맨 앞의 인용문은 파벨이 결투를 청하면서 바자로프에게 한 말이다. 말 그대로 '서로를 참을 수가 없'는 존재들인데 해결은 무슨!).

이 소설에 등장하는 다른 갈등, 즉 바자로프와 오딘초바 사이의 갈등과 바자로프, 오딘초바 커플과 아르카디, 카챠 커플 사이의 갈등은 이른바 세대 간 갈등에 비해 가려져 있으나 갈등의 양상은 더 지독해 보인다. 바자로프와 오딘초바는 여성이 독립적이며 자존감이 뛰어난 경우 볼 수 있는 남녀 간의 갈등이라면, 오딘초바와 카챠 그리고 바자로프와 아르카디 사이의 갈등은 나이 차이가 많이 나지 않지만 관계를 주도하는 자와 늘 끌려다니는 자가 새로운 국면을 맞을 때 빚어지는 갈등이다. 앞서 보여준 파벨과 바자로프 사이의 갈등처럼 전면적으로 드러나지 않는 데다 '세대 갈등'이라는 보편적인 이름을 부여받지도 못한 터라 단지 예의를 갖추어 대결하는 식으로 해소할 수도 없다. 실제로 바자로프는 아르카디와 카챠를 두고 오딘초바에게 "요즘 젊은이들은 아주 교활해졌어요"(282쪽)라고 말한다. 파벨의 대사가 아니다!

투르게네프는 이 복잡다단한 갈등들을 군더더기 없이 들려준다. 과장도 없고 비약도 없어서, 현실 속 인물들의 실제 이야기를 따라가는 듯한 느낌을 받는다. 서술자는 함부로 이야기의 흐름을 바꾸지 않고, 심지어는 인물의 속마음을 무람없이 들여다보지도 않는다. 소설이 주인공의 고뇌에만 끌려가지 않게끔 시간 안배를 적절히 해서 각각의 인물들이 처한 상황을 균형 있게 드러내 보여줄 뿐만 아니라, 대화를 통해 성격을 드러내면서도 인물들의 과거를 간간이 정리해 들려준다. 그로 인해 소설 속 갈등에서 부딪치는 것이 한 순간의 강렬한 열정이나 격정적인 불화가 아니라 인물 각자의 삶 전체라는 것 또한 잘 보여준다. 세태를 보는 작가의 안목과 삶을 들여다보는 깊은 시선이 빛나는 작품이다.

공동건물에 살고 있어 나 또한 '살아온 환경과 생각이 다른 사람들과 함께 살고' 있는 셈이다. 주로 혼자 사는 이삼십 대 청년들이 많은 듯한데, 내가 이들과 함께 규칙을 준수하며 사는 방법은 그들에게 함부로 가까이 가지 않는 것이라고 믿고 있다. 특히나 젊은 여성들이라면 더 그렇다. 다행이라고 하긴 뭣하지만, 요즘은 코로나 때문에 거리두기가 전혀 이상할 것이 없어 편하다. 가령 엘리베이터를 탈 때도 젊은 여성이 탄다 싶으면 나는 다른 엘리베이터를 이용한다. 내가 혼자 사는 이삼십 대 젊은 여성이라면 같은 건물에 사는 오십 대 중반의 남성에게 바라는 건 오직 한 가지, 함부로 가까이 접근하지 않는 것이지 싶다. 물론 나 또한 그들에게 바라는 것이기도 하고. 말하자면, 거리두기가 답인 셈이다!

# 환상의 집

「인형의 집」,『인형의 집』
헨리크 입센, 김창화 옮김
열린책들, 2019(2010)

> 노라: 내가 가장 신성하게 지켜야 할 의무가 어떤 거라고 생각하세요?
> 헬메르: 꼭 말해야 알겠어? 남편과 아이들 아닌가?
> 노라: 나에겐 다른 의무가 있어요. 똑같이 신성한.
> 헬메르: 아냐, 그런 게 어딨어. 도대체 그게 뭐야?
> 노라: 나 자신에 대한 의무죠. (124쪽, 제3막)

강연차 광주에 다녀왔다. 글쓰기를 지도하는 고등학교 선생님들을 대상으로 한 강연이었다. 광주는 정말 오랜만에 간 데다 강연차 찾은 건 이번이 처음이었다. 장마 때문에 남부 지방에 폭우가 쏟아져 기차가 연착하지 않을까 걱정했는데 다행히 무사히 도착해 강연도 잘 마쳤다. 다만 학교를 나오자마자 다시 폭우가 쏟아져 신발 안이 다 젖고 말았다. 택시를 타고 가까운 전철역으로 가서 휴지로 신발도 닦고 양말도 갈아 신었다. 전철로 이동해 '김대중 컨벤션 센터'를 둘러보고 우산을 쓴 채 상무지구를 돌아다니다 중고서점에서 책을 세 권 샀다. 간단히 저녁을 먹고 기차를 타고 대전으로 돌아와 비에 젖은 신발을 빨아 베란다 한쪽에 세워두고 샤워한 뒤에 뒤척이다 잠들었다.

광주에 가기 전에 읽은 책을 오가는 기차 안에서 다시 읽기 시작해 돌아와서 마저 읽었다. 노르웨이 극작가 헨리크 입센(1828~1906)이 각각 1879년과 1881년에 발표한 희곡 「인형의 집」과 「유령」이 담긴 『인형의 집』이었다.

「인형의 집」은 저 유명한 노라 이야기다. 남편 헬메르와의 사이에 세 아이를 둔 노라는 가정에서 남편에게 늘 종달새니 다람쥐라고 불리며 인형 취급을 당하다 남편이 죽을병에 걸리는 바람에 오랫동안 힘든 시기를 겪는다. 건강을 되찾은 남편 헬메르가 은행장이 되자 노라는 그동안의 고생이 끝난 듯해 날아갈 것만 같다.

크리스마스이브에 파티를 준비하던 노라에게 과부가 된 어린 시절 친구 크리스티네가 찾아온다. 어머니와 동생들을 돌보느라 안 해 본 일이 없을 정도로 고생하다 재산깨나 있는 남자와 결혼하지만 남편이 아무것도 남기지 않고 죽어 버려 여전히 가난의 굴레를 벗지 못한 크리스티네는 노라의 도움으로 헬메르를 통해 은행에 일자리를 얻는다. 노라는 크리스티네가 자신을 고생 한 번 못 해 본 철없는 어린아이처럼 대하자 자신도 만만치 않게 고생했음을 강조하기 위해, 남편의 요양 생활에 필요한 경비를 사실은 죽은 아버지에게서가 아니라 다른 곳에서 개인적으로 빌렸으며 그 돈을 갚기 위해 지금까지도 애써오고 있노라고 말한다. 노라가 돈을 빌린 대상은 곧 은행에서 쫓겨날 처지에 놓인 크로그스타로, 헬메르의 친구였지만 서명을 위조해 곤경에 처했다가 대금업을 하며 아이들을 부양하다 다시 은행에 취직한 인물이다. 헬메르는 전임 행장에게 서류를 인계받아 크로그스타를 해임하고 그 자리에 크리스티네를 앉히려고 한다. 크로그스타는 노라에게 찾아와 보증인인 아버지의 사인을 위조해 돈을 빌린 사실을 알고 있다면서 남편에게 말해 자신의 자리를 보전해 주지 않으면 차용증을 당국에 보내 고발하겠다고 협박한다. 노라는 헬메르가 크로그스타에게 해고통지서를 보내자 헬메르는 물론 자신과도 오랜 친분을 유지하던 랑크 박사에게 도움을 청하려다 그만둔다. 랑크 박사는 척추결핵으로 곧 죽음을 앞둔 처지인데 마지막 검사만 남았으며 결과가 나쁘게 나오면 우편함에 십자가를 그린 명함을 넣어놓겠노라고 말한다.

   해결 방법이 없다고 깨달은 노라는 가족의 안녕을 위해 집을 나갈 결심을 하는데, 크리스티네가 크로그스타를 만나 보겠다며 안심시킨다. 사실 크리스티네는 크로그스타와 연인 사이였지만 가족을 부양하기 위해 다른 남자와 결혼했던 것. 크리스티네는 크로그스타에게 아이들의 엄마가 되겠노라고 제안하고 크로그스타는 그제야 행복을 찾았다고 기뻐한다. 파티를 마치고 집에 돌아온 헬메르는 우편함에서 십자가가 그려진 랑크 박사의 명함과 함께 크로그스타의 편지를 발견하는데, 우편함 옆엔

우편함을 억지로 열려고 애쓴 흔적과 함께 노라의 머리핀이 부러진 채로 놓여 있다. 전후 사정을 알게 된 헬메르는 격분해 노라는 물론 노라의 죽은 아버지마저 비난하다가 크로그스타가 차용증을 우편으로 보내오자 그제야 살았다며 아내를 위로하려 한다. 남편이 자신을 위해 기꺼이 모든 죄를 뒤집어쓰는 기적을 바랐던 노라는 남편의 이중적인 태도에 실망해 남편의 그늘에서 벗어나 자신을 찾기 위해 집을 나간다.

여성 해방까지는 몰라도 여성의 권리를 논할 때 빠지지 않고 거론되는 작품이다. 어린 시절엔 아버지의 인형이었다가 결혼해서는 또 남편에게 인형 취급을 당하느라 자신만의 삶이 저당 잡혔다고 느껴 아이들까지 버리고 집을 나가는 노라의 자기 발견 선언이 상징적이다. 실제로 노라가 살아온 집은 제목처럼 인형의 집이었다. 처음엔 그런 생각으로 읽다 보니 뒷부분의 노라의 대사에 자연스레 감정 이입하게 됐는데, 뭔가 어색했다.

노라가 집을 나갈 결심을 한 건 남편의 위선적인 모습을 확인하기 전이었다. 자신이 다시 한 번 희생할 결심을 했던 것. 하지만 남편은 자신이 바라던 기적 같은 반응을 보이기는커녕 배은망덕한 태도를 드러내다 위기를 넘기자 언제 그랬냐는 듯 원래의 모습으로 돌아온다. 남편은 왜 그랬을까? 남편 헬메르에게 가정은 종교와 사회 제도가 가르친 대로 자신이 다스리는 왕국이어야 했다. 당연히 아내 노라와 아이들은 자신의 신민일 수밖에 없었고. 자신의 뜻대로 생활하면서 자신의 보호를 받는 신민. 그러니 노라의 행위는 비록 자신을 구하기 위해 어쩔 수 없었다 할지라도 자신의 허락 없이 행했다는 데 문제가 있을뿐더러 위법 행위여서 자신의 가정을 위험에 빠뜨린 무모한 행위다. 무엇보다 자신, 그러니까 남편의 위신을 깎는 행위여서 용서할 수 없다.

그렇다면 노라가 아이들까지 버리고 집을 나가는 건 더는 남편이 만든 왕국의 신민으로 살아갈 수 없다는 의미일까? 당시엔 여성이 혼자 돈거래를 할 수 없었던 모양이다. 노라는 남편의 요양비를 남편 몰래 빌려야 했기에 죽어가는 아버지(즉 남자)의 보증이 필요했다. 결국 아버지가 죽고 나서 아버지의 서명을 위조할 수밖에 없었다. 아버지와 남편 둘 다 자신을 인형처럼 여긴 남자들이다. 그런데 죽어가는 남편을 돌보기 위해 죽은 아버지를 대신해 자신이 돈을 구한 것이다. 그 순간 노라는 자신이 더는 이들의 인형이 아니라는 생각을 품었을 만하다. 더 나아가 남성 중심의 사회 제도가 얼마나 부당한지 깨달았을 법도 하다. 하지만 노라의 실망과 분노는 자신이 바라던 기적이 이루어지지 않은 데 머문다. 아버지가 자신을 위해 모든 걸 안고 죽어 간 것처럼(비록 자의에 의한 건 아니지만) 남편 또한 자신을 위해 모든 죄를 뒤집어쓰고 희생한다는 기적 같은 결말. 물론 노라가 바라는 기적엔 자신이 그 모습을 그냥 지켜만 보고 있지 않으리라는 결심까지 포함된다. 하지만 기적은 이루어지지 않는다. 그저 환상이었을 뿐임을 자각한 노라에게 집은 더 이상 의미가 없어진 셈이다. 인형의 집이 아니라 환상의 집이었으니까. 노라에게도 헬메르에게도.

두 번째 읽으면서는 두 커플이 자연스럽게 비교되었다. 헬메르, 노라 커플과 크리스티네, 크로그스타 커플. 크리스티네와 크로그스타에게 결혼은 환상에 기반을 두지 않는다. 가정 또한 각자 스스로를 기만해야 유지할 수 있는 공간이 아니다. 둘 다 이미 실패를 겪기도 했지만, 무엇보다 서로의 결합이 스스로를 되찾는 과정에서 이루어진다는 점에서 그렇다. 크리스티네는 노라에게 품은 열등감에서 벗어나 자신을 찾고, 크로그스타는 차용증을 돌려줌으로써 비열한 짓을 통해서라도 헬메르를 넘어서겠다는 야망에서 벗어나 자신만의 행복을 찾는다. 이들의 결합은 헬메르, 노라 커플의 파경과 자연히 비교된다. 현실이 지은 집과 환상에 기반을 둔 집의 차이. 게다가 노라는 자신이 어떤 짓까지 해야만 그 환상을 유지할 수 있는지 잘 알고 있었다(남편 몰래 우편함을 열어 남편에게 보내는 크로그스타의 편지를 빼내려다 머리핀을 부러뜨린 노라를 떠올려 보면 그렇다).

「인형의 집」은 노라의 이야기로도 유명하지만 근대극의 시작을 알린 희곡이라는 점에서도 의미를 갖는단다. 실제로 그전의 희곡과 달리 등장인물은 운명에 맞서는 고결한 신분의 귀족이나 영웅이 아니라 평범하기 그지없는 일반인이다. 배경 또한 일상적인 공간인 데다 공간의 이동도 거의 없고, 과장된 대사나 몸짓도 찾아볼 수 없다. 극의 진행 또한 비약 없이 자연스럽게 이어진다. 극의 상황과 인물의 성격은 주로 대사로 전해지는데, 지문이 많지 않아서 그런지 아니면 대사가 지극히 일상적이어서 그런지 마치 소설을 읽는 듯하다. 하지만 이 책에 수록된 두 편의 희곡 가운데 완성도가 높은 쪽은 「인형의 집」이 아니라 「유령」이다.

# 유령의 집

「유령」, 『인형의 집』
헨리크 입센, 김창화 옮김
열린책들, 2019(2010)

> 알빙 부인: (전략) 그리고 목사님, 곧이어 우리 모두가 유령인지도 모르겠다는 생각이 들었어요. 우리들이 부모님으로부터 물려받은 기질뿐 아니라 모든 낡은 이론, 낡은 신념, 낡은 사물들이 우릴 따라다녀요. 살아 있는 건 아니지만, 떠나지 않고 우리 몸에 박혀 있지요. (후략) (188쪽, 제2막)

「유령」은 유령 이야기가 아니라, 유령 같은 낡은 통념과 사회 제도 속에서 서서히 파멸해 가는 한 가정의 이야기다.

 육군 대위이자 의전 장관이었던 알빙이 죽고 나서 알빙 부인은 만데르스 목사의 도움을 받아 알빙의 이름으로 고아원을 짓고자 한다. 몇 날 며칠 비가 내리는 가운데 만데르스 목사는 알빙 부인 집을 찾아 다음날 있을 고아원 개원 행사와 관련한 일들을 의논한다. 만데르스 목사는 알빙 부인이 기증한 고아원 건물을 보험에 들지 말자고 설득하는데, 알빙 부인은 얼마 전 벌어진 화재 사건 때문에 개운치 않다. 하지만 만데르스 목사는 지역 여론을 거론하며 뜻을 굽히지 않는다. 화재는 알빙 부인 집에서 일하던 목수 엥스트란드가 톱밥에 성냥불을 떨어뜨리는 바람에 일어났다.

 엥스트란드는 여전히 알빙 부인 집에서 일하는 딸 레지네를 찾아와 마을에 집을 얻어 선원들이 머물러 쉴 곳을 지을 예정이니 함께 일하자고 청하지만 레지네는 일언지하에 거절하며, 엄마가 불륜으로 낳은 자식이라며 자신에게 상처를 준 아버지를 내쫓는다. 알빙 부인의 아들 오스왈드는 오랫동안 파리에서 화가로 활동하다 오랜만에 집에 돌아온다. 자유주의자들의 불온한 책을 즐겨 읽는 알빙 부인이 못마땅했던 목사는 오스왈드의 삶의 태도까지 지적하며, 알빙 부인이 남편과 아들을 버리고 집을 나왔다가 자신의 충고대로 다시 돌아간 예전 일을 언급한다. 그러자 알빙 부인은 남편이 외부에서는 존경받는 인물이었지만 가정에서는 욕망을 참지 못하고 부도덕한 짓을 반복했음을 폭로한다. 심지어 하녀였던 요한나를 범해 레지나를 낳게 했다는 것. 결국 요한나는 외국 선원과 사귀다 임신한 채 헤어졌다고 둘러대며 엥스트란드와 결혼한다. 대화 도중 알빙 부인은 식당에서 오스왈드가 레지나에게 추근거리는 소리를 듣고 아연실색한다.

 만데르스 목사는 그럼에도 종교와 법 그리고 제도 안에서 건전한 가정을 유지해야 한다고 설교하고, 알빙 부인은 그런 건 다 유령에 불과할 뿐이라며 그렇게 살 생각이 없노라고 말한다. 한편 오스왈드는 어머니에게 파리에서 돌아온 건 병이 나서 더 이상 그림을 그릴 수 없었기 때문이라며, 의사가 '아버지의 방탕함을 아들이 대신 속죄'하는 것이라고 했다면서 자신이 알고 있는 아버지는 그런 인물이 아니어서 이해할 수 없노라고 토로한다. 그러면서 오스왈드는 레지나가 자신을 따라 파리에 가고 싶어 하는데 자신 또한 레지나가 마음에 든다고 말한다. 그 순간 마을에 큰불이 난다. 바로 고아원 건물에 불이 난 것. 불길이 어느 정도 잡힌 뒤 알빙 부인 집에 찾아온 만데르스 목사는 알빙 부인이 정원에 나간 사이 엥스트란드와 이야기를 나눈다. 엥스트란드는 고아원에서 목사가 등불 심지를 손으로 끊어 대팻밥에 던지는 걸 봤다고 말한다. 고아원 부지는 결국 교구로 넘어가게 되고 엥스트란드는 선원들의 집을 짓는 데 도움을 받고 싶어 한다. 마침 집 안에 들어온 알빙 부인에게 사후 처리를 부탁 받은 목사는 엥스트란드와 함께 떠난다.

어차피 알빙 부인에게 고아원과 관련한 기부금은 남편의 돈이어서 한 푼도 남기거나 아들에게 넘기고 싶지 않았다. 오스왈드는 사실 자신의 병은 뇌의 문제여서 심각한 발작을 겪은 적이 있는 데다 다시 발작이 일어날 경우 살지 못할 거라고 고백한다. 알빙 부인은 레지나도 있는 자리에서 남편과 요한나의 일을 들려주는데, 레지나는 오스왈드와 결혼해 파리로 갈 생각이었지만 기왕 이렇게 된 거 병자와 함께할 수 없노라면서 목사를 따라가서 엥스트란드에게 자신의 몫을 받겠다며 떠난다. 오스왈드는 사실 모르핀을 지니고 있는데 다시 발작이 일어 날 경우 레지나에게 부탁해 편안히 죽게 해달라고 할 생각이었는데 다 틀려 버렸다고 실망한다. 알빙 부인은 오스왈드를 설득해 함께 살고 싶어 하지만 맥이 빠진 채 의자에서 축 늘어진 아들을 보며 모르핀 주사를 놓을 수도 없고 가만히 보고만 있을 수도 없어 절망한다. 오스왈드는 "햇빛…… 햇빛을……" 하고 중얼거린다.

「인형의 집」과 마찬가지로 모두 3막으로 구성된 희곡이다. 길이도 비슷하고 배경이 되는 공간이 주인공의 집 한 곳뿐이라는 것까지 같다. 하지만 갈등의 양상은 다르다. 「인형의 집」이 단순한 구조라면 「유령」은 좀 더 복잡하달까. 「유령」은 언뜻 노라가 집을 나갔다가 다시 돌아간 뒤의 이야기처럼 보이지만, 기적에 기댔던 노라와 달리 알빙 부인은 법과 제도는 물론 사회적 통념과 종교의 허상까지 날카롭게 지적한다. 알빙 부인의 논쟁 대상인 만데르스 목사는 노라의 남편과, 무슨 역할인지 의아했던 랑크 박사가 겹쳐진 채로 크로그스타의 역할까지 부여받은 인물이다. 말하자면 알빙 부인은 노라와 달리 자신의 의견을 피력할 제대로 된 대상을 얻은 셈이며, 그 항변은 단지 남편에 그치지 않고 아들 오스왈드에게까지 이어진 무기력하고 무책임한 남자들을 견뎌 낸 경험치가 그대로 쌓인 결과물이기도 하다.

무엇보다 가정을 박차고 나가면서 자신을 찾고자 했던 노라와 달리 알빙 부인은 나가 봐야 사회는 더 큰 가정에 불과하다는 걸 인식한 듯, 유령과도 같은 사회 통념의 핵심이 되는 가정이 어떻게 망가지는지 직접 보여준다. 단지 알빙 부인의 가정뿐만 아니라 붕괴의 조짐을 안고 시작한 엥스트란드의 가정도 결국 공모자들의 결합 형태로 바뀌고.

시종일관 비가 그치지 않아 우중충한 날씨가 계속되는 가운데 벌어진 두 번의 화재, 아니 방화 사건은 유령의 집을 더욱 을씨년스럽게 만들 뿐 공간 배경을 바꾸지 못하는데, 그만큼 작가에게는 가정이 갖는 상징성이 컸던 모양이다. 다만 사회진화론의 영향인 듯 「인형의 집」, 「유령」 모두에서 아버지의 나쁜 성향이 자식에게 질병으로 나타난다는 설정은 지금으로선 설득력이 떨어져 읽기 민망하다. 그래도 다음 세대인 오스왈드와 레지나의 태도에서, 오스왈드가 죽어 가며 중얼거린 "햇빛"이 비칠 가능성을 볼 수 있는 건, 진화가 됐든 진보가 됐든 변화의 신호라고 해야겠다. 오스왈드는 젊은 남자가 아이를 키우는 이혼녀와 함께 사는 가정도 얼마든지 행복한 가정이 될 수 있으며, 외려 건전하다고 알려진 가정의 남자들이 파리에서 얼마나 추한 짓을 거리낌 없이 저지르는지 고발한다. 한편 레지나는 남편을 위해 희생하는 아내 역할을 단호히 거부하고 당당히 자신의 몫을 찾기 위해 사회로 나간다. 이들이 사회라는 큰 가정에 햇빛을 비춘다면 유령의 집들도 단지 화마가 일렁이는 불길이 아니라 환하고 따듯한 햇빛을 받게 되지 않을까.

같은 건물에 사는 청년들과는 대화는커녕 인사조차 나눌 일이 없지만, 할머니들은 예외다. 옆 건물에 살 때도 한 번 얼굴을 익히고 나면 이것저것 물어보시곤 했다. 때로는 내 쪽에서 무거워 보이는 물건을 들어드릴 때도 있었고. 이곳에서도 같은 층에 사는 할머니 한 분이 대뜸 휴대전화를 들이밀면서 가족인 듯한 아무개에게 전화를 좀 걸어달라고 부탁하길래 걸어 드렸는데, 두 번째 맞닥뜨렸을 땐 통화가 끝날 때까지 기다렸다가 전화 목록을 찾아 원하는 사람에게 전화를 거는 방법을 알려드렸더니 할머니 표정이 어두워진다. "다음에도 걸어 드리고 또 설명도 해드릴게요" 했더니 그제야 웃으신다.

    휴대전화로 대부분의 생활이 가능해진 세상에서 일부 노인들은 점점 소외될 수밖에 없다. 진보해 가는 세상의 발목을 잡고 늘어지는 낡은 제도와 통념만이 유령은 아니리라는 생각이 든다. 누군가에겐 진보해 가는 세상 자체가 유령처럼 비치기도 하지 않을까. 음식점 키오스크 앞에서 어떻게 주문해야 할지 몰라 눈앞이 깜깜해지는 노년층에겐 디지털 세상이 햇빛으로 충만한 밝은 세상이 아니라 그저 을씨년스럽기만 한 유령의 세상일지도 모르니까.

# 삶의 풍경

「갈매기」, 『체호프 희곡선』
안톤 파블로비치 체호프, 박현섭 옮김
을유문화사, 2019(2012)

트레플레프: 난 오늘 야비한 짓을 했어요. 갈매기를 죽였습니다. 이걸 당신 발밑에 놓겠어요.
니나: 왜 그러세요? (갈매기를 집어 들고 바라본다.)
트레플레프: (잠시 말이 없다가) 머지않아, 바로 이런 식으로 나 자신을 쏠 겁니다. (48쪽, 제2막)

본격적인 폭염은 아직 시작되지도 않았다는데 습도가 높아서 그런지 벌써 지친다. 게으름을 피우는 것도 힘에 부칠 정도다. 그래도 하루도 빼먹지 않고 걷는 걸 보면 이젠 밥 먹고 자는 것만큼이나 습관으로 굳어진 모양이다. 대전으로 이사 온 뒤부터 밥 먹고 자고 화장실 가는 걸 제외하고 두 가지를 일상적으로 반복하고 있는데, 하나는 수시로 걷는 일이고 나머지 하나는 책을 읽고 이렇게 끼적이는 일이다. 둘 중 시작하길 잘했다 싶은 일은 당연히 걷기다. 불안 증세 때문에 시작했지만 어느새 습관이 되어 다리에 근육도 붙고 몸도 한결 가벼워졌다. 물론 목표 지향적인 인간이 못 되는지라 거리를 늘리거나 시간을 단축하려고 애써 본 적은 없다. 늘 걷는 길을 비슷한 속도로 걷고 있을 뿐. 내겐 그저 밥 먹고 자는 일처럼 일상을 이루는 한 가지에 지나지 않는다. 그러니 오늘 세 끼를 먹었으니 내일은 다섯 끼에 도전하고 언젠가는 하루에 백 끼를 먹고 말 테야, 라고 다짐하지 않듯이 걷는 일을 가지고도 다른 목표 같은 건 세우지 않는다. 그냥 걸을 뿐.

「인형의 집」을 읽은 김에 희곡 작품을 더 읽어 보자 싶어 고른 책은 러시아 극작가 안톤 파블로비치 체호프(1860~1904)의 대표적인 네 편의 희곡「갈매기」,「바냐 삼촌」,「세 자매」,「벚나무 동산」이 수록된『체호프 희곡선』이다. 각각 다른 책을 통해 접했던 작품들인데 이 책엔 함께 실려 있어 할 수 없이 네 작품을 따로 다루기로 했다. 무더위 속에서 게으름을 피우기 위한 꼼수이기도 하고. 일단 네 작품을 모두 읽고 다시 처음으로 돌아가「갈매기」를 천천히 읽었다. 체호프가 1896년에 발표한 희곡이다.

남편을 잃고 소설가 트리고린과 동거 중인 왕년의 여배우 아르카디나는 오빠 소린의 영지를 찾아 머문다. 아르카디나의 아들 트레플레프는 새로운 형식의 희곡과 소설을 쓰고자 애쓰는 청년 예술가다. 연극이 시작되면서 극중극 형태로 트레플레프의 소극이 상연된다. 주인공 역은 근처 부유한 지주의 딸 니나가 맡았다. 지주인 아버지가 죽은 어머니의 재산을 새로 얻은 아내에게 넘기고는 딸 니나를 억압하고 홀대하는 통에 잠깐 짬을 내 달려와 트레플레프의 식구들 앞에서 대사를 읊는다. 20만 년 후의 지구를 그린 내용이다. 하지만 아르카디나는 데카당하다고 비난하고 다른 사람들도 별 흥미를 느끼지 않자 트레플레프는 화를 내며 공연을 중단한다.

트레플레프가 흠모하는 니나는 소설가 트리고린에게 관심을 갖는다. 평소 그의 소설을 재미있게 읽은 데다 예술가를 동경하는 연극배우 지망생인지라 트리고린의 일거수일투족이 신기하기만 하다. 트레플레프는 그런 니나에게 근처 호수에서 사냥한 갈매기를 던져 주며 자신은 자살할 거라고 엄포를 놓는다. 한편 소린 영지의 관리인인 퇴역 중위 샤므라예프의 딸 마샤는 트레플레프를 마음에 품고, 그의 어머니 폴리나 안드레예브나는 의사 도른과 애정을 나눈다.

트레플레프는 자신의 연극 공연이 무산된 데다 소설가 트리고린에 대한 질투 때문에 자살을 결심하고 총을 쏘지만 총알이 빗나가 머리에 가벼운 부상을 입는다. 마치 햄릿처럼 트레플레프는 어머니 아르카디나와 트리고린이 함께 사는 것도, 그들의 예술도 모두 증오하며 비난한다. 아들을 위해서, 그리고 니나에게 추파를 던지는 트리고린을 다잡기 위해 아르카디나는 오빠 소린의 영지를 떠나 모스크바로 간다.

2년 후 다시 소린의 영지를 찾은 아르카디나와 트리고린. 트레플레프는 그사이 소설가로 이름을 알린다. 니나는 모스크바로 가 트리고린을 만나 동거하며 아이도 낳지만 배우로서는 성공하지 못한 채 아이도 죽고 트리고린은 아르카디나에게 돌아가고 만다. 고향으로 잠시 돌아와 있던 니나는 트레플레프와 조우하는데, 자신이 가는 곳마다 따라다녔다는 트레플레프의 고백에 자신은 여전히 트리고린을 사랑한다고 말한다. 교사인 메드베덴코와 결혼해 아이까지 낳았음에도 여전히 트레플레프를 연모하는 마샤는 남편이 다른 곳으로 전근 가게 되어 이제는 잊을 수 있게 되었노라고 자위한다. 한편 샤므라에프는 트리고린에게 트레플레프가 사냥했던 갈매기를 박제해 달라고 하지 않았느냐며 부탁한 대로 해 놓았노라고 말하지만 트리고린은 기억조차 하지 못한다. 모두 카드놀이를 하는 가운데 총성이 들리자 도른은 자신의 왕진 가방에서 뭔가 터졌을 거라며 밖으로 나갔다가 돌아와서는 트리고린을 한쪽으로 불러 트레플레프가 자살했다고 속삭인다.

체호프의 소설이나 희곡을 읽을 때면 나도 모르게 '삶의 풍경'이란 표현이 떠오른다. 그러고는 고개를 갸웃하게 된다. '삶'과 '풍경'이 하나의 표현으로 섞이는 게 영 이상해서다. 풍경이라면 '여행지 풍경'이나 '풍경 묘사'처럼 자연의 모습이나 어떤 정경을 나타낼 때 쓰이는 낱말인데, 과연 삶을 그렇게 볼 수 있을까 싶어서. 하긴 그리 못 볼 건 또 뭐 있겠나. 자연의 모습이나 정경을 감상할 때처럼 삶에서 한 발짝 뒤로 물러나 내가 빠진 그 모습을 바라본다면 풍경이랄 수도 있으리라.

「갈매기」는 그야말로 풍경 같다. 특정 인물이나 특정 상황에 집중해 감정 이입하게 만드는 기존의 희곡과는 달리 전체를 마치 어떤 정경을 바라보듯 보게 만드니까. 심지어는 현대극에 해당하는「인형의 집」보다도 더 거리를 두게 만든다. 실제로「갈매기」의 등장인물들은 하나같이 무대 위에서 자신의 삶을 살고 있을 뿐 연극을 위해 애쓰지 않는다. 과장된 대사도 몸짓도 없고 사건조차도 모두를 꿰지 못한다. 심지어는 연극 속에서 상연되는 연극을 조롱하기까지 하고. 그 연극이 20만 년 후를 다루어서라지만, 이들 또한 백 년, 2백 년 뒤의 세상을 논하기는 마찬가지다. 10년 뒤 자신의 삶이 어떻게 변할지가 아니라 백 년, 2백 년 뒤 세상이 어떻게 바뀔지를 상상하다니! 삶이 이들에게 이미 풍경이 돼버렸다는 방증인 셈. 그나마 자신들의 삶에 대해 진지하게 고민하고 인생을 건 시도를 해보는 트레플레프나 니나의 경우도 맥없이 풍경의 한 부분을 이룰 뿐 독자나 관객의 시선을 집중시키지 못한다. 니나의 고군분투는 지난 일로 치부되어 다른 인물의 대사로 전해지고, 트레플레프의 자살 시도와 실제 자살 장면조차 무대 뒤에서 처리되고 만다. 어디 그뿐인가. 트레플레프가 사냥해서 니나에게 던져 주는 갈매기조차 자신의 삶에서 벗어나 풍경이 돼버리지 않는가. 바다에 사는 갈매기가 호수에 와서 그것도 얼마 뒤 자살하게 되는 사람에게 잡혀 박제가 돼버렸으니.

   '삶의 풍경'이란 말은 삶에 더 이상 중심점이 없을 때 가능한 표현이리라. 풍경엔 중심 같은 건 없으니까. 풍경을 이루는 대상들이 적절히 나열되어 있을 뿐. 그렇다면 삶 또한 그저 이런저런 관계와 사건들의 나열에 지나지 않다고 느낄 수 있어야 풍경처럼 대할 수 있으리라. 말하자면 삶의 한가운데가 따로 없는 것. 허무한 삶이랄 수도 있지만, 달리 생각하면 모든 순간이 삶의 한가운데라고 생각할 수도 있지 않을까. 중심을 지워버린 삶, 어떤 것도 중심적인 사건이나 관계라고 인정하지 않는 삶, 그리하여 풍경이 되는 삶. 이 작품뿐만 아니라 나머지 작품들에도 반복적으로 등장하는 '사이'라는 지문이 마치 유일하게 남은 중심인 것처럼, 하여 풍경의 안쪽을 들여다볼 수 있는 통로라도 되는 것처럼, 이 희곡이 이루는 무대는 삶의 풍경으로 가득하다.

# 다른 것이 없지는 않다

「바냐 삼촌」, 『체호프 희곡선』
안톤 파블로비치 체호프, 박현섭 옮김
을유문화사, 2019(2012)

소냐: 그래도 어쩌겠어요, 살아야지! (199쪽, 제4막)

옥천 포도밭출판사 사무실에서 줌으로 북토크를 진행했다. 서울, 그것도 내가 4년 동안 산 동네 책방에서, 포도밭출판사에서 낸 잡문집 『오후 네 시의 풍경』을 가지고 북토크를 진행하기로 약속이 잡혀 있었는데, 서울 수도권 코로나 상황이 악화되는 바람에 하는 수 없이 옥천에서 진행했다. 대전으로 이사 온 뒤로는 한 번도 가보지 않은 터라 내심 예전 살던 동네를 다시 방문해 보리라는 기대에 부풀었는데, 아쉽게 서울행은 무산되었다.

　줌으로 강연은 몇 차례 해봤지만 북토크는 처음이었다. 분할된 화면에 참석자들의 얼굴이 보이고 목소리도 들리는 게 신기했다. 코로나 상황이 종식되더라도 이런 방식으로 모임이 이루어지면 좋겠다는 생각이 들었다. 사는 곳이 어디든 불편을 겪지 않고 참석할 수 있으니 좋고, 모임을 주최하는 쪽에서도 굳이 넓은 장소를 확보하지 않아도 되고 번거롭게 이런저런 준비를 하지 않아도 되니 말이다. 북토크를 무사히 마치고 지난번 작업한 내용을 수정해 다시 앉힌 새 교정지를 들고 대전으로 돌아와 체호프가 1898년에 발표한 희곡 「바냐 삼촌」을 다시 읽었다.

 교회 일꾼의 아들로 태어나 신학교에서 학위를 받고 원로원 의원의 사위가 된 세레브랴코프는 장인과 아내가 죽자 젊은 여성과 재혼해 살다가 통풍에 걸린 뒤 전처의 영지에 와 머문다. 영지에는 세레브랴코프의 장모와 처남 보이니츠키(바냐), 그리고 전처에게서 낳은 딸 소냐가 살고 있다. 바냐와 소냐는 쥐꼬리만 한 대가를 받고 영지를 관리하면서 도시에 살던 세게브랴코프에게 마치 소작인처럼 돈을 부쳐 주었을 뿐만 아니라, 교수 사위를 신봉하다시피 하는 장모와 함께 지난 25년 동안 세게브랴코프의 논문을 번역해 주는 등 온갖 궂은일을 도맡아 왔다. 젊고 아름다운 여성과 함께 영지에 들어와서는 그곳에서 일하는 사람들은 개의치 않고 저 편한 대로 생활하는 세레브랴코프와 젊은 아내 엘렌 때문에 영지 사람들의 생활은 엉망이 된다. 의사로서 채식을 하고 미래를 위해 숲을 가꾸며 살던 아스트로프도 영지에 와 살다시피 하며 바냐와 함께 술을 마셔대는데, 이유는 엘렌을 보기 위해서다. 바냐 또한 엘렌에게 마음을 품으면서도, 뻔뻔스럽고 하등 쓸모없는 지식인인 매부 세레브랴코프에게 분노하는 한편 그런 늙은이와 결혼해 사는 엘렌조차 혐오

한다.

　소냐는, 사람들을 치료해 주고 공동체의 미래를 위해 나무를 심고 숲을 가꾸는 의사 아스트로프에게 오래전부터 마음을 두었지만 자신이 못생겼다는 자책으로 괴로워하다가 젊은 새언니 엘렌에게 도움을 청한다. 엘렌은 아스트로프를 만나 소냐의 마음을 전하지만 아스트로프는 엘렌에게 영악하다고 비난하며 자신이 관심을 두고 있다는 걸 뻔히 알면서도 그런 청을 받아들인 이유가 뭐냐고 되묻는다. 그러면서 따로 만나자고 유혹하며 끌어안는데 그 모습을 바냐가 지켜본다.

　어느 날 세레브랴코프가 영지의 가족들을 불러 모아 영지를 파는 것이 이롭겠다는 생각을 피력하자 바냐가 발끈한다. 지난 25년 동안 어머니와 조카와 자신이 뼈 빠지게 고생하며 지킨 영지를 당신이 무슨 권리로 파네 마네 하는 것이냐며 화를 내던 바냐는 총을 들고 세게브랴코프를 향해 두 번이나 발사하는데 다행히 총알은 모두 빗나간다. 아수라장이 진정되고 난 뒤 아스트로프는 바냐가 자신의 진료 가방에서 모르핀을 챙긴 사실을 확인하고 돌려달라고 채근한다. 바냐는 자신이 잘못 살았다면서 새로운 삶을 시작할 수 있을지 묻는다. 아스트로프는 백 년, 2백 년 뒤의 사람들이 본다면 이렇게 어리석고 따분하게 산 우리를 경멸할 거라면서 삶을 끝낼 요량이면 숲으로 들어가 총으로 끝내고 모르핀은 돌려달라고 채근한다. 바냐는 거부하다가 소냐가 다시 채근하자 하는 수 없이 모르핀을 돌려준다.

아스트로프는 원래의 생활로 돌아가기 위해 영지를 떠나고, 세레브랴코프와 엘렌도 다시 도시로 떠난다. 바냐는 세레브랴코프에게 앞으로도 매달 같은 액수의 돈을 받게 될 거라고 말한다. 소냐는 바냐 삼촌에게 우리는 다시 전과 다름없이 살아가다가 때가 되면 쉬게 될 거라고 위로한다.

북토크에선 이런저런 대화를 나누었을 뿐만 아니라, 책의 한 대목을 낭송하기도 했다. 「다른 것이 없지는 않다」라는 꼭지의 일부였다. 예전에 어머니를 간병하며 교정 교열 일도 함께 할 때, 교정지가 든 가방을 둘러메고 합정역을 지날 때마다 가방을 내려놓고 한쪽 벽에 걸려 있던 최하림 시인의 「마음의 그림자」라는 시를 읽곤 했는데, 그때의 감상을 적은 글이었다. 얼른 집에 돌아가 몸이 불편한 노모에게 저녁을 지어 드려야 해서 마음이 바쁜데도 불구하고 잠깐 땀을 식히며 그 시를 읽곤 했다. 가을 저녁의 스산한 풍경을 읊은 시의 한 대목, "모든 것이 지난해와 다름없이 진행되었으나/ 다른 것이 없지는 않았다"라는 시구에 끌려서였다.

"시인은 왜 '다른 것이 있었다'고 하지 않고 '다른 것이 없지는 않았다'라고 했을까. 그건 아마도 다른 것이 있었다, 라고 말할 수 없었기 때문이리라. 그 다른 것이 대관절 무엇이냐고 묻는다면 바로 이것이라고 제시할 것이 딱히 없었기 때문. 그렇다고 없다고 말할 수도 없는 것, 그것이 시인의 딜레마다. '있음'과 '없음' 사이에서 '없지는 않음'의 세계를 건져 올리게 만든 딜레마. (중략)

어제와 크게 다를 것 없는 오늘이고, 대개의 삶과 별 다를 것 없는 삶이지만 그래도 내 몫의 다름이 없지 않다는 것, 그 차이가 우리를 살게 하는 것은 아닐는지. 두렵지만 위안을 주는, 그림자이면서 동시에 그늘인 마음처럼.

다른 것이 없지는 않다. 그럼 됐지 뭐, 그럼 된 거야. 나는 혼잣말을 중얼거리며 다시 무거운 가방을 힘차게 둘러메고 노모가 기다리는 집으로 향한다. 씩씩하게, 밥을 하러 간다."

나는 이렇게 썼다. 다른 것이 없지는 않다는 사실에 위안을 받고 싶었던 시절이었다. 체호프의 희곡을 다시 읽으면서 그 시절이 떠올랐다. 나로서는 감히 상상도 할 수 없는 시인의 탁월한 감수성으로 길어 올린 '다른 것이 없지는 않은' 바로 그 세계를 역시 산문으로 시를 썼던 체호프 또한 고스란히 구현하고 있는 듯해서였다.

바냐 삼촌이나 소냐는 물론 다른 인물들의 삶도 전혀 달라진 게 없다. '모든 것이 지난해와 다름없이 진행'될 것이다. 하지만 '다른 것이 없지는 않다.' 바냐는 자신의 지난 삶에 대해 회의를 품어 보았고, 소냐는 오랜 시간 홀로 간직해 오던 자신의 속내를 털어놓았다. 일상은 여느 때와 다름없이 이어지겠지만, 아무리 나누려 해도 나눌 수 없는, 하여 나 혼자 짊어져야 하는 내 몫의 짐 같은 마음의 그림자, 그 온전히 개별적인 그늘을 들여다본 경험을 통해, 그 고통이자 선물 같은 발견을 통해, 그들은 '다른 것이 없지는 않'은 자신만의 삶을 비로소 느꼈으리라.

그리고 그 사실에 위안을 받고 쉴 수 있을 때까지 다시 힘을 내 살아가리라. 그럼 됐지 뭐, 그럼 된 거야.

# 그럼에도 불구하고 살아가야 한다

「세 자매」, 『체호프 희곡선』
안톤 파블로비치 체호프, 박현섭 옮김
을유문화사, 2019(2012)

올가: (전략) 오, 사랑하는 내 동생들아, 우리 삶은 아직 끝나지 않았어. 살아가는 거야! 음악이 저리도 명랑하고 즐겁게 울리는 걸 들으니, 우리가 왜 사는지, 왜 고통을 받는지 알게 될 날도 머지않은 것 같아……. 그걸 알 수만 있다면, 알 수만 있다면! (325쪽, 제4막)

머릿속에서 또 무슨 변화가 일어났는지 열흘 전부터 짜고 단 걸 먹지 못하게 됐다. 어릴 때부터 자극적인 맛에 길들여진 터라 나이 들어서 소화 기능에 문제가 생긴 뒤에도 어느 정도는 짜고 맵고 달게 먹는 편이었는데, 갑자기 변화가 생겼다. 늘 먹던 김치도 입에 안 들어가 가위로 아주 잘게 조각내서 두세 개 정도 겨우 집어 먹고, 오이고추는 쌈장에 찍지 않고 그냥 먹게 됐다. 요즘 같은 무더위라면 벌써 막대 아이스크림을 여러 개 사다 놓고 수시로 꺼내 먹으며 더위를 식혔을 텐데 그것도 사 먹을 엄두를 내지 못한다. 콩나물국을 최대한 싱겁게 끓여서 차갑게 식힌 뒤에 밥을 말아 먹고 방울토마토를 한두 개 정도 먹거나 달걀을 삶아서 소금에 찍지 않고 그냥 먹고 있다. 이젠 딱히 원인을 따질 생각도 없다. 그러려니 한다. 그나마 이번 변화는 몸에 해롭지 않으니 다행이라고 여기고 있다. 실제로 속이 아주 편해졌다. 다만 이번 변화는 또 언제까지 이어질지 그게 궁금할 따름이다.

교정지를 보고 수정 사항을 메일로 보낸 뒤, 체호프가 1901년에 발표한 희곡 「세 자매」를 다시 읽었다.

아버지가 죽고 1년이 된 시점에 세 자매 올가와 마샤, 이리나는 오빠 안드레이의 집에서 막내 이리나의 명명일을 맞는다. 이들 남매는 11년 전 아버지가 연대장이 되면서 고향인 모스크바를 떠나왔다. 성인이 된 뒤 안드레이는 교수가 될 준비를 하고, 올가는 학교에서 학생들을 가르치는 한편, 마샤는 이른 나이에 고등학교 선생인 쿨리긴과 결혼했으며, 이리나는 일을 하고 싶어 한다. 그리고 이들 모두 모스크바를 그리워한다. 결혼한 마샤는 어쩔 수 없지만 올가와 이리나는 어서 모스크바로 돌아가길 바란다. 안드레이는 모스크바 대학의 교수가 될 희망을 품지만 이웃 처녀 나타샤를 사랑해 결혼하고자 한다.

이들이 사는 지역엔 군대가 주둔해 있어 장교들과 군의관이 수시로 집에 드나드는데, 이등대위 솔료니와 아마추어 사진가인 소위 페도티크, 고등학교 체육 코치인 소위 로데, 군의관인 체부티킨, 남작인 중위 투젠바흐가 그들이다. 게다가 중령인 베르니쉰이 새로운 중대장으로 부임해 오기도 한다. 나이가 많은 체부티킨은 자신이 짝사랑했던, 오래전 사망한 남매의 어머니를 추억하고, 베르니쉰은 모스크바 시절 이들 가족과 함께했던 과거를 되새긴다. 베르니쉰에겐 재혼한 아내와 두 딸이 있는데, 아내가 반복적으로 음독자살을 기도해 곤란을 겪고, 솔료니는 늘 엉뚱한 말을 내뱉어 분위기를 깨뜨리는가 하면, 페도티크는 사람들의 사진을 찍는다고 부산하다.

귀족인 투젠바흐는 평생 일을 해 본 적이 없어 불행하다면서 미래엔 모두 일을 하게 될 거라고 주장하는 한편 그럼에도 사람들은 여전히 불행에서 벗어나지 못할 거라고 강변한다. 반면 베르니쉰은 2, 3백 년 뒤엔 세상이 지금보다 훨씬 나아지겠지만 그러기 위해 지금 살아 있는 사람들이 더 애써야 하는데, 안타깝게도 행복은 먼 훗날의 후손들 몫일 뿐 자신들 몫은 아니라고 말한다.

시간이 흘러 안드레이는 결국 나타샤와 결혼해 두 아이를 낳는다. 마샤는 눈치 없는 남편이 일이 있을 때마다 교장 집에 데려가려고 해 결혼 생활에 회의를 느낀다. 안드레이는 교수의 꿈을 접고 자치회 위원을 맡는 한편 도박으로 돈을 잃곤 한다. 올가는 올케 나타샤의 이기적인 행동에 실망하고, 이리나는 전신국에서 일하다가 시 자치회에서 일하게 된다. 그러던 어느 날 이웃에서 큰 화재가 발생해 소동이 일어나는데, 그 과정에서 등장인물들은 각각 숨겨왔던 속내를 드러낸다. 안드레이는 자신이 교수가 되지는 못했지만 자치회 위원으로 보람을 느낀다면서 누이들이 나타샤를 마음에 들어 하지 않는 것에 불만을 표하는 한편 자신이 도박 빚 때문에 집을 저당 잡혔음을 고백한다. 올라는 새로운 교장 후보에 오른 것이 전혀 즐겁지 않다고 말하고, 이리나는 정작 일을 하게 되자 적응을 못 하고 힘들어한다. 마샤는 자매들에게 울면서 베르니쉰을 사랑한다고 고백한다. 베르니쉰 또한 마샤를 사랑하지만 역시 이러지도 저러지도 못한다. 한편 전역원을 제출한 투젠바흐는 이리나에게 청혼하고, 이리나는 투젠바흐를 사랑하지도 않으면서 함께 모스크바로 간다는 생각에 결혼을 결심한다.

마침내 주둔하던 군대가 이동하게 되면서 장교들도 남매들에게 작별을 고한다. 체부티킨은 1년 뒤 제대해 다시 돌아오겠다는 의사를 전하고, 베르니쉰은 마샤와 입을 맞추며 안타까운 이별을 고하는데, 그 모습을 지켜본 쿨리긴은 마샤에게 그래도 우리는 여전히 행복하게 살 수 있노라고 말한다. 한편 이리나는 투젠바흐와 함께 떠나기로 했지만, 이리나를 흠모하던 솔료니가 투젠바흐와 말다툼을 벌이다 결투 끝에 투젠바흐를 살해하는 바람에 발이 묶인다. 세 자매는 서로에게 기대어 그럼에도 살아가야 한다면서 위로의 말을 나눈다.

아직「벚나무 동산」이 남았지만, 이제까지 읽은 세 편의 희곡만 두고 보면 내용이 거의 비슷하다는 느낌을 받는다. 이런저런 사연으로 영지에 살게 된 가족과 그들을 찾는 손님들, 즉 예술가와 교수, 의사, 군인(퇴역 군인까지)이 빠짐없이 등장하고, 가족 간의 갈등과 엇갈린 사랑이 등장하고, 2, 3백 년 뒤의 삶에 대한 논쟁이 이루어지고, 갈등을 해결하거나 해소하는 수단으로 총이 등장하고, 종국에는 등장인물들이 영지를 떠나거나 저당 잡힌다는 공통점(「벚나무 동산」의 경우는 영지가 팔린다).

마치 연작 희곡 같은 느낌을 주는데, 작가가 의도한 결과인지는 알 수 없다. 다만 세 작품 모두 이른바 '극적 효과'를 피하려고 애쓴 흔적은 역력하다. 그나마 극적 효과를 줄 만한 총이 등장하는 상황을 봐도 그렇다. 「갈매기」와 「세 자매」에선 실제로 사람이 총에 맞아 사망하지만 무대 밖에서 일어나는지라 무대 위에서는 아예 총이 등장조차 하지 않고, 「바냐 삼촌」에선 무대에 총이 등장하지만 사람이 다치지 않는다. 심지어 첫 발사는 무대 뒤에서 소리로만 전해진다. 결국 세 작품 모두에서 사람이 죽는 장면은 아예 무대에 등장조차 하지 않는 셈이다.

또 하나, 등장인물들의 삶에서 가장 극적인 변화가 이루어진 시기도 이미 지난 일이나 막과 막 사이에 벌어진 일로 치부해 버린다. 「갈매기」에서는 트레플레프가 작가로 이름을 떨치는 일이 그렇고, 「바냐 삼촌」에서는 바냐와 소냐가 세레브랴코프를 위해 기꺼이 희생한 날들과 세레브랴코프가 젊은 여성과 재혼한 일 등이 그렇고, 「세 자매」에선 안드레이가 결혼해 두 아이를 낳고, 사람은 일을 해야 한다고 그렇게 강변하던 이리나가 일을 하게 되는 과정 등이 그렇다. 말하자면 무대 위에서 보여주기에 가장 부합하는 사건이나 사연들을 일부러 피하고 대신 큰 변화랄 것 없는 일상만 보여주려고 애쓴 것 같달까.

체호프가 전하려는 삶의 진실은 '극적이랄 것이 없기에 더 극적인 것'이 아닐까 싶다. 소설 같은 삶이니 영화 같은 삶이라고 말하기도 하지만, 소설이나 영화에서 봄 직한 사건으로 점철될 때 삶은 오히려 제 모습을 숨기고 있는지도 모르니까. 젊은 시절 겪은 사건을 무용담처럼 떠벌리며 평생을 사는 사람에게나 기억에서 지워 버리고 싶은 참혹한 사건에 사로잡혀 평생을 고통 속에 몸부림치는 사람에게나 삶의 비애는 '그럼에도 불구하고 하루하루를 또 살아가야 한다는 사실'이리라. 체호프가 등장인물들로 하여금 2, 3백 년 뒤의 삶에 대해 별 의미 없는 논쟁을 벌이게 만든 것도 결국 '그럼에도 불구하고 살아가야 한다는 사실'은 변함이 없다는 걸 전하기 위해서가 아니었을까. 올가의 대사처럼 우리가 왜 사는지, 왜 고통을 받는지 알 수 없더라도.

# 노을 지다

「벚나무 동산」, 『체호프 희곡선』
안톤 파블로비치 체호프, 박현섭 옮김
을유문화사, 2019(2012)

마치 하늘에서 그러는 것처럼 저 멀리서 줄이 끊어지는 소리가 울렸다가 슬프게 잦아든다. 다시 정적이 찾아온다. 그리고 멀리 동산에서 도끼로 나무를 찍는 소리만 들린다. (426쪽, 제4막)

서향집의 좋은 점은 소파에 누운 채로 베란다 창 밖으로 보이는 노을 풍경을 감상할 수 있는 것이다. 오후의 햇빛을 한껏 받은 '연필이'와 '몽당이'도 하늘 한쪽을 선홍빛으로 물들이는 노을을 향해 가만히 손을 흔든다. 매일 반복되는, 그저 해가 지는 풍경일 뿐인데, 노을이 지는 모습은 매번 지켜보는 사람의 마음마저 지게 만든다. 여름날 뜨거운 태양을 견뎌낸 몸과 마음에 스며드는 하루치 선홍빛 위로.

『체호프 희곡선』의 마지막 작품인「벚나무 동산」을 다시 읽는다. 체호프가 1904년에 발표한 희곡으로「벚꽃 동산」이란 제목으로 더 익숙한 작품이다.

류보피 안드레예브나는 5년 만에 자신의 영지를 찾는다. 양녀인 바랴와 가정교사 샤를로타, 젊은 하인 야샤가 함께했다. 류보피는 남편이 죽고 어린 아들이 강에 빠져 익사하자 영지를 떠났었다. 파리에서 새로 만난 남자의 병수발까지 들었으나 남자는 류보피를 배신하고 다른 여자를 찾아 떠났다. 남자는 영지에 와 있는 류보피에게 편지를 보내 용서를 빌며 돌아와 달라고 애원한다. 영지에는 류보피의 오빠 가예프와 류보피의 딸 아냐, 사망한 어린 아들의 가정교사였던 나이 많은 대학생 트로피모프, 회계 업무를 보는 예피호도프, 그리고 여든이 넘은 하인 피르스와 하녀 두냐샤가 살고 있다. 가난한 농부의 아들로 이제는 상인이 되어 돈을 번 로파힌이 들락거리며, 경매로 넘어간 영지와 벚나무 동산을 잃지 않으려면 별장 주인이 되고 싶어 하는 적임자에게 얼른 팔아야 한다고 채근한다. 하지만 류보피와 가예프는 물론 식구들 중 누구도 안타까워만 할 뿐 어찌해야 좋을지 모른다. 특히 씀씀이가 헤픈 류보피는 행인에게 금화를 적선하거나 악단을 불러 무도회를 여는 등 대책 없는 행동만 반복한다.

류보피는 양녀 바랴와 로파힌을 연결해 주려 하지만, 바랴는 로파힌이 변죽만 울릴 뿐 고백하지 않는 것이 불만이다. 그런가 하면 아냐는 트로피모프와 가까워지지만 러시아의 미래를 걱정하며 늘 철학적인 주장을 펼치곤 하는 트로피모프는 자신들의 관계는 사랑이 아니라 그 위에 있는 어떤 것이라고 항변한다. 한편 로맨스를 꿈꾸는 하녀 두냐샤는 늘 불행이 닥칠 것을 걱정하는 예피호도프의 청혼을 받지만, 야샤에게 마음을 두다가 상처를 받는다.

　무도회가 열리는 날 경매장에 갔던 가예프와 로파힌이 돌아와서 결국 로파힌이 영지와 벚나무 동산을 매입했음을 알린다. 로파힌은 영지에서 소작하던 농부의 아들이 마침내 그 영지의 주인이 된 사실에 흥분하고, 류보피를 비롯한 식구들은 실망을 감추지 못한다. 봄이 올 때까지 영지와 벚나무 동산은 비워둔 채 벚나무를 벨 예정이어서 식구들은 모두 영지를 떠난다. 일단 시내에 집을 얻어 나가서는 각각 자신의 길을 찾아 떠나게 되는데, 류보피는 다시 파리로 돌아가 남자를 돌볼 예정이고, 가예프는 은행에 취직했으며, 바랴는 다른 집의 살림을 봐주게 되었고, 아냐는 진학하기로 했다. 모두 떠난 벚나무 동산에 도끼로 나무 베는 소리가 들려온다.

　한 시대가 저물고 새로운 시대가 쿵쾅쿵쾅 요란한 발소리를 내며 다가오는 모습을 이다지도 맥없이 표현해 내다니, 체호프답다는 생각이 절로 든다. 늙은 하인 피로스는 농노해방이 이루어지던 해를 떠올리며 자신이 영주를 떠나지 않았다는 데 자부심을 느끼며 끝까지 가예프의 외투를 챙기며 걱정한다. 반면 영지에 속했던 농부의 아들 로파힌은 상인으로 성공해 영지를 손에 넣는다. 로파힌은 물론 영지 식구들 모두에게 엄청난 변화인 셈이다. 그런데 로파힌을 제외하곤 모두 어쩐지 심드렁하다. 로파힌의 흥분조차 눈치 없는 군식구의 엉뚱한 행동처럼 비칠 뿐이고.

영지와 벚나무 동산이 넘어가기 전에도 마찬가지였다. 류보피는 영지 상황에는 관심도 없고 여기저기 돈을 쓰며 파리에 있는 자신의 남자에게만 신경을 쓸 뿐이고, 가예프는 당구 얘기만 늘어놓다가 돈 많은 고모에게 돈을 빌릴 수 있을 거라며 태평하다. 아냐와 바랴 또한 이자를 내지 못하는 상황을 잠깐 걱정하는 게 고작이다.

싸움도 없고 분열도 없고 그 흔한 배신도 없다. 체호프는 다른 세 편의 희곡과 달리 총소리 한 번 울리지 않고 한 시대가 저무는 걸 알리고 있다. 하지만 그럴듯한 소동이 없다고 해서 아픔이 없는 건 아닐 터. 벚나무 동산을 떠나는 인물들의 마음속엔 벚나무들이 도끼에 찍혀 베어지는 소리가 오랫동안 공명하리라. "마치 하늘에서 그러는 것처럼 저 멀리서 줄이 끊어지는 소리가 울렸다가 슬프게 잦아"들 것이고, "다시 정적이 찾아"올 것이며, "그리고 멀리 동산에서 도끼로 나무를 찍는 소리만 들"릴 것이 분명하다. 그들의 마음속엔 도끼 자국까진 아니어도 피멍이 오래도록 가시지 않을 것이다.

다 읽고 나니 노을이 달리 보인다. 고단한 하루를 보낸 자들에게 하늘이 건네는 선홍빛 위로가 아니라, 힘든 하루를 보낸 하늘 한쪽에 맺힌 피멍이라고. 이제 곧 어둠이 시나브로 내려앉으리라는 생각 때문에 마음 또한 노을과 마찬가지로 지고 있는 것이 아니라, 하늘과 마찬가지로 마음 또한 하루치 피멍을 확인하는 시간이기 때문이라고. '연필이'와 '몽당이' 그리고 체호프가 함께하는 여름 저녁, 하늘에 맺힌 선홍빛 피멍을 멀거니 바라보다가, 나도 모르게, 울컥하고 말았다.

# 빛나는 조연, 돈 압본디오!

『약혼자들』 1·2
알레산드로 만치니, 김효정 옮김
문학과지성사, 2004

'(전략) 좋은 일을 하는 자들은 일을 대충 한다고. 만족을 느끼고 그것으로 충분하면, 성가시게 모든 결과를 책임지려고 하지 않아. 하지만 나쁜 일을 하는 자들은 더욱 부지런히 하고, 끝까지 책임을 지며, 결코 휴식을 취하지 않아. 그들에겐 그들을 갉아먹는 지병이 있기 때문이지. (후략)' (2권 89쪽)


7월 마지막 주에 코로나 백신 1차 접종을 마치고 『세계문학 전집을 읽고 있습니다』 1권의 마지막 교정을 피디에프 파일로 보고 나서, 긴 휴가에 들어갔다. 어차피 무더위 탓에 책에 집중할 수도 없는데 읽어 봐야 소용없겠다 싶어서였다. 더위에 지치기도 했고. 그사이 P의 어머니가 돌아가셨다. 오랫동안 치매를 앓으셨는데 그예 돌아가시고 말았다. 코로나 상황에다 이런저런 사정이 겹쳐 조문조차 가지 못한 탓에 내 상태도 안 좋아졌는데, P와 다시 통화가 되어 무사히 상을 치렀음을 알고 나서도 후유증인지 식사를 못 하는 날이 이어졌다. 수면 리듬도 깨져서 결국 약을 복용하고 대전에 와서 처음으로 혼자 술을 마시기도 했다. 겨우 63킬로그램대로 올려놓은 체중은 59킬로그램대까지 속절없이 내려가 버렸다. 그나마 광복절이 지나고 더위가 한풀 꺾이면서 컨디션이 조금씩 나아졌다. 책도 나와서 편집자도 만나고 대전 책방에 가서 판매할 책에 사인을 해주고 오기도 했다. 하지만 식욕은 좀처럼 다시 돌아오지 않아 체중은 60킬로그램대 초반에서 움직이질 않고 있다.

8월 셋째 주 후반, 다시 작업을 시작하면서 읽은 책은 이탈리아 작가 알레산드로 만초니(1785~1873)가 1842년에 펴낸 소설 『약혼자들』이었다. 17세기 스페인의 지배를 받던 이탈리아 북부 지방에서 벌어진 어느 약혼자들의 이야기를 역사가의 기록을 토대로 작가가 대신 전하는 형식의 소설이다.

30년 전쟁(1617~1648)의 소용돌이에 빠져든 유럽. 밀라노를 비롯한 이탈리아 북부 지역은 스페인의 지배를 받고 있다. 1628년 11월 어느 날 밀라노에서 멀지 않은 레코 지방의 방적공 렌초 트라말리노와 루치아 몬델라의 결혼식을 주례하게 된 신부 돈 압본디오는 포악한 스페인계 귀족 돈 로드리고가 고용한 불한당들의 협박을 받고 주례를 포기한다. 길에서 루치아를 본 돈 로드리고가 추파를 던지면서 사촌인 이탈리아 백작과 루치아를 놓고 내기를 했던 것. 돈 압본디오 신부가 이런저런 핑계를 대며 결혼식을 미루려 하자 화가 난 렌초는 신부의 하녀

페르페투아를 다그쳐 이유를 알아낸다. 루치아의 어머니 아녜제가 마을 변호사에게 부탁해 보자고 제안하지만 렌초의 이야기를 들은 변호사는 렌초를 내쫓는다. 그 또한 돈 로드리고와 한패였던 것. 하는 수 없이 프란체스코파 수도사인 크리스토포로 신부에게 사정을 설명하는데, 돈 로드리고를 찾아간 크리스토포로 신부는 말이 통하지 않자 돈 로드리고에게 독설을 내뱉고 성을 나온다. 크리스토포로 신부 또한 부잣집 아들이었지만 횡포한 귀족을 칼로 찔러 살해한 뒤 수도원에 숨어들었다가 회개하고 신부가 된 인물이어서 불쌍한 민중을 위해서는 늘 팔을 걷어붙이고 귀족들의 횡포엔 분연히 맞서 싸우는 신부로 유명했던 것.

한편 불안해하는 렌초와 루치아에게 아녜제가 꾀를 내는데, 증인 두 명을 데리고 몰래 성당에 들어가 돈 압본디오 신부가 정신없는 사이 결혼을 끝내 버리자는 제안이었다. 렌초는 반대하는 루치아를 설득해 두 명의 증인과 함께 겨우 성당에 침입하지만 성공하지 못하고 쫓겨나오고, 마침 돈 로드리고의 불한당들이 그들의 집에 잠입해 루치아를 납치하려 한다는 정보를 얻은 크리스토포로 신부의 연락을 받고 가족들은 수도원으로 피신한다. 그뒤 아녜제와 루치아는 몬차라는 지역의 수도원으로, 렌초는 신부의 편지를 들고 밀라노 수도원으로 향한다.

밀라노에서 렌초가 맞닥뜨린 건 굶주림에 들고일어난 백성들이었다. 전쟁이 길어지면서 물가가 폭등하자 스페인의 지배 권력은 빵 가격 조정에 나서지만 오히려

빵가게 주인이나 밀가루 업자는 물론 귀족과 관료들의 배만 채우게 되자 백성들이 폭동을 일으킨 것. 그 와중에 렌초는 짧은 연설로 자신의 의견을 개진했다가 폭동을 선동했다는 이유로 수배를 받는다. 그 사실을 안 돈 로드리고는 정부 고위 관료인 아틸리아의 백부를 통해 크리스토포로 신부를 다른 지역의 수도원으로 쫓아낸다.

렌초가 간신히 베르가모로 피신해 사촌에게 의탁하며 지내는 동안, 수도원에 기거하던 루치아는 돈 로드리고의 부탁을 받은 포악한 성주 무리에게 납치된다. 자신만의 무리를 거느리고 온갖 악행으로 이름을 날린 성주는 루치아를 납치한 뒤 자괴감을 느낀다. 이제껏 행한 일들에 회의감이 들어 고민하던 성주는 아랫마을에 찾아온 추기경을 찾아가 고해하고 개종하기에 이른다. 한편 루치아는 납치돼 있는 동안 두려움에 떨며 성모 마리아에게 평생 처녀로 살겠다고 서원하는데, 실제로 마음을 바꾼 성주의 도움으로 풀려난다. 루치아는 엄마와 함께 마을로 돌아와 살지만 전쟁이 격화되어 독일 용병들이 쳐들어오면서 마을은 쑥대밭이 될 지경이다. 하는 수 없이 돈 압본디오의 식구들과 함께 성주의 성으로 피신했다가 안정된 뒤 돌아오는데 이번엔 페스트가 나라를 휩쓸고 지나간다.

한편 정부의 추적을 피해 이름을 바꾸고 살던 렌초는 페스트에 걸렸다가 간신히 살아난 뒤 루치아를 찾아 떠난다. 이미 아녜제와의 편지 왕래를 통해 루치아가 서원을 했다는 사실을 알게 되었을뿐더러 추기경의 도움으로 그들이 받은 돈의 반을 건네받은 렌초는 목숨을 걸고 페스트로 황폐화된 밀라노로 향한다. 렌초가 목격한 것은 페스트로 죽은 시신들이 산더미를 이룬 모습과 고통 속에 고립되어 죽어가는 사람들의 끔찍한 참상이었다. 페스트는 돈 로드리고도 피해 가지 않았다. 돈 로드리고는 부하의 배신으로 병원으로 끌려가고 부하 또한 페스트로 사망한다. 페스트 환자들을 돌보는 병원에서 크리스토포로 신부를 만난 렌초는 죽음을 앞둔 돈 로드리고와 맞닥뜨리고, 수소문 끝에 그 병원에서 환자를 돌보던 루치아를 만난다. 하지만 이미 서원을 한 루치아는 요지부동이다. 렌초는 크리스토포로 신부를 통해 루치아의 서원을 되돌리고 먼저 베르가모로 돌아가 세 사람이 함께 살 집을 구한 뒤 나중에 돌아온 루치아와 돈 압본디오의 주례로 결혼한다. 돈 로드리고가 죽었다는 사실을 확인한 돈 압본디오가 태도를 바꾼 것. 크리스토포로 신부는 결국 환자들을 돌보다가 페스트로 사망하고, 렌초와 루치아는 딸을 낳아 마리아라고 이름 짓고 행복하게 산다.

작가가 이 작품을 쓴 19세기 초 이탈리아는 낭만주의의 영향으로, 여러 공국으로 나뉘어 외세의 침략과 지배를 당했던 아픈 역사에서 벗어나 새로운 이탈리아를 재정립하자는 논의가 거셌던 시기다. 이른바 근대 의식이 싹튼 시기였던 것. 만초니는 역사소설 형식을 통해 이탈리아의 근대 문학을 열어젖히는 이 장편소설을 발표한다. 17세기 이탈리아의 상황을 전하면서 독자로 하여금 당대 이탈리아가 처한 현실에 눈뜨게 하려는 의도였겠다.

작가는 서문을 통해 어느 역사가의 기록을 인용하며 그 기록에 이야기를 덧붙이겠다면서 소설을 시작한다. 그러고는 아무 잘못도 하지 않았는데 갑자기 예정된 결혼을 할 수 없게 된 두 약혼자가 결혼할 방법을 찾으면서 겪는 우여곡절을 통해 17세기 이탈리아 민중이 당한 고통을 차례대로 보여준다. 스페인의 지배를 받은 데다 귀족과 교회 권력의 횡포에 시달렸을 뿐만 아니라, 전쟁으로 삶의 터전을 잃은 것은 물론 페스트로 목숨을 잃기까지 한 것. 참다못해 폭동을 일으키기도 하지만 그때뿐, 권력은 숫자놀음으로 민중을 현혹하다가 제자리로 돌리기 일쑤다. 게다가 전쟁과 역병으로 저항할 힘조차 뺏기고 만다. 결혼할 권리마저 뺏긴 채 권력자들의 암투에 휘말려 들어가 갖은 고초를 겪는 그야말로 잠삼이사(張三李四)인 렌초와 루치아가 당시의 민중을 상징하는 셈이다.

이탈리아 문학 작품은 영국이나 프랑스, 독일 작품에 비하면 그다지 많이 접해 본 기억이 없다. 단테의 『신곡』, 조반니 보카치오의 『데카메론』(1351), 가브리엘레 단눈치오의 『무고한 존재』(1892), 이탈로 스베보의 『제노의 의식』(1923), 알베르토 모라비아의 『무관심한 사람들』(1929)이 고작이다. 흥미진진함과는 거리가 멀고 뭔가 칙칙하고 끈적끈적하다는 느낌밖에 받지 못했던지라 이 소설도 큰 기대 없이 읽었는데, 뜻밖에 흥미로워서 놀랐다. 인물들이 현실적이면서도 개성 있게 그려진 데다, 역사 기록에 의존해 자칫 산만하게 이어질지도 모를 이야기가, 결혼하기 위해 애쓰는 두 남녀의 고군분투를 주요 테마로 삼음으로써 탄탄하게 중심이 잡혔다.

특히 후미진 마을의 작은 성당을 지키는 돈 압본디오 신부는 정말 독특한 캐릭터여서 기억에 남는다. "평온한 삶만을 생각하는 돈 압본디오는 자신의 몸을 바침으로써, 그리고 다소 위험을 무릅씀으로써 얻어지는 그런 이익엔 관심이 없었다. 그의 삶의 방식은 주로 모든 대립을 회피하는 것이었고, 피할 수 없는 대립에는 굴복하는 것이었다"(27쪽). 교회 권력의 중심에 놓인 추기경이나 특별한 사건을 통해 소명의식을 키운 크리스토포로 신부와 달리 교회 권력의 말단을 차지한 돈 압본디오는 악행에도 선행에도 관심이 없고 다만 보신(保身)만 추구하는 인물이다. 이 소설에서 첫 번째로 등장해 사건의 시작을 알리는 인물이자 사건을 증폭시키고 인물들을 연결하면서 종국에는 마무리까지 짓는 주요 인물이면서도, 정말이지 아무 일도 하지 않는 특이한 인물이기도 하다. 말하자면 소설에서 사건과 인물을 끊임없이 이어주는 역할을 하면서도 스스로는 어떤 사건과도 또는 누구와도 연결되지 않으려고 애쓰는 인물이기도 한 셈. 따지고 보면 대부분의 평범한 사람들과 전혀 다르지 않은 삶을 산 인물이랄까. 맨 앞에 인용한 문장들도 돈 압본디오의 생각에서 따온 문장들이다. 이런 인물을 개성 넘치는 캐릭터로 구현하기가 쉽지 않은데, 결과적으로 만초니의 작가적 역량을 그대로 구현해 낸 인물이기도 하다.

돈 압본디오에 매력을 느껴 한 번 더 읽어 보고 싶었

는데, 1권만 다시 읽고 말았다. 세계 문학 전집이란 게 일반 단행본하고는 달라서 한 면에 많은 글자를 앉히는 데다 행 길이도 길고 더러는 행과 행 사이가 더 좁기도 하다. 게다가 이 책은 2004년에 나온 터라 글자 크기가 더 작다. 한창 교정지를 들여다볼 때처럼 책을 읽는 내내 몸이 힘들어서 고생을 하다 보니 1권만 다시 읽고 2권은 다시 읽기를 포기하고 말았다. 해당 출판사가 요즘 전집을 새로운 판형으로 내는 모양인데 이 책도 잘 팔려서 읽기 더 편한 판형으로 다시 나오면 좋겠다.

# 1인칭 시점의 유혹

『전염병 연대기』
대니얼 디포, 박영의 옮김
신원문화사, 2006

런던 페스트에 병들다.
때는 1665년,
저세상에 입적한 그 수 몇 십만이랴.
그러나 나는 살아남았도다. (421쪽)

뒷북 장마 때문인지 비가 오락가락하는 날이 이어지고 있지만, 그래도 무더위가 지나간 것만은 분명하다. 무시로 안겨 오던 열기와 습기가 몸에서 떨어져 나가 한 발짝 멀어진 느낌이랄까. 그 사이로 제법 선선한 바람이 분다. 동네 헤어숍에 가서 작년처럼 귀밑 2센티미터 정도까지 잘랐다. 이젠 연례행사가 돼버렸다. 올해는 작년보다 일찍 잘랐는데, 샤워할 때마다 긴 머리를 말리는 게 귀찮아서 선선한 바람이 불자마자 달려갔다. 그래도 아주 짧게 깎고 싶은 생각은 아직 없는 걸 보면 어느덧 긴 머리에 적응한 모양이다.

　『약혼자들』을 읽고 나서 문득 떠올라 영국 작가 대

니얼 디포(1660~1731)가 1722년에 펴낸 소설 형식의 르포르타주 『전염병 연대기』를 꺼내 들었다. 1664년 12월부터 1665년 겨울까지 페스트가 런던을 초토화한 기록을 1인칭 화자의 목소리로 전하는 작품이다.

1664년 12월 런던 서부 지역인 롱 에이커에 살던 시민이 페스트로 사망하면서 이후 일 년간 런던을 초토화한 역병이 퍼지기 시작한다. 네덜란드에서 들여온 무역품인 비단을 담은 상자를 통해 페스트균이 퍼져 나갔다는 게 화자의 설명이다. 런던 동쪽 지역에서 마구상(馬具商)을 운영하는 화자는 페스트를 피해 런던을 떠나자는 형의 강권에도 불구하고 이런저런 사정 때문에 런던에 남기로 한다. 소설은 런던에 남은 화자가 가족을 데리고 피신한 형의 집을 들여다보거나 음식물을 구하기 위해 런던 거리를 오가며 보고 들은 내용, 그리고 런던 시에서 주마다 펴낸 〈사망주보〉 기사를 토대로 당시의 참상을 전하는 형식으로 이어진다.

12월 첫 사망자를 기록한 뒤 다음해 봄이 올 때까지 페스트는 어쩐 일인지 더 이상 사망자를 내지 않고 잠복한다. 사람들은 평소와 다름없이 일상을 이어가지만 봄이 되면서 양상이 달라져 사망자가 속출하기 시작한다. 페스트는 런던 서쪽 지역에서 무서운 속도로 동진하면서 런던 전체를 지옥으로 만들어버린다. 화자가 전하는 바에 따르면 가장 먼저 이루어진 당국의 조치는 페스트 환자가 발생한 집을 봉쇄하는 가옥 폐쇄다. 문을 못질해 출입을 막고 감시인을 동원해 하루 종일 지키게 하는 것. 가족 구성원 가운데 페스트에 걸린 환자는 그렇다 쳐도 나머지 구성원은 꼼짝없이 갇힌 상태에서 운명을 같이할 수밖에 없다. 감시인의 눈을 피해 도망치거나 감시인을 폭행하는 사태가 벌어진 건 어쩌면 당연한 일인지도 모른다. 한편 사망자를 실어 나르는 시체 운반인들은 주로 밤에 작업하는데 — 『약혼자들』에서는 '모나토'라고 불리며, 발목에 방울을 달고 다니면서 페스트로 죽은 시체들을 운반해 커다란 구덩이 안에 던져 넣는 일을 담당한 사람들이다 — 간혹 술에 취해 길에서 잠든 주정꾼들을 시체인 줄 알고 실어 가기도 하고, 죽은 시신에서 비싼 옷가지며 귀금속들을 훔치기도 한다. 교회 묘지에 파놓은 구덩이는 사망자가 늘면서 점점 커져 12미터 길이에 너비는 4미터, 깊이는 6미터에 달하기도 한다. 물론 이런 구덩이가 한두 개가 아니다. 때로는 고통에 몸부림치던 환자가 감시인의 눈을 피해 집을 빠져나와서는 직접 구덩이를 찾아 그 안으로 뛰어들기도 한다.

사이비 종교인과 돌팔이 의사들은 혼란을 틈타 부적과 엉뚱한 약재를 팔아 돈을 벌기도 하고, 신의 복수라며 대중을 호도하기도 한다. 무엇보다 중산층 이상의 여유 있는 시민들은 대부분 런던을 빠져나가지만 하층민들은 그럴 여유도 없는데다, 특히 하인과 하녀들의 경우 지옥 같은 런던에 남아 간호 인력이나 감시인 혹은 시체 운반인으로 일한 걸 보면 난리라고 해도 모두의 난리는 아니었던 모양. 페스트에 걸려 집에 남은 아내와 아이들을 위해, 배를 타고 다니며 강으로 피신한 시민들에게 보급품을 구해 주는 대가로 돈을 벌어서는 집 앞 돌멩이 위에 돈과 음식물을 올려놓고 멀찍이서 가족을 지켜보는 사내의 이야기는 눈물을 자아낸다.

　물론 런던을 빠져나간 시민들이 모두 부자들은 아니었다. 어쩔 수 없이 밀려난 사람들은, 부자들처럼 외지의 별장으로 이동할 수도 없어 교외 지역을 떠돌며 주변 마을 사람들에게 페스트균을 옮기는 위험한 자들이라는 욕을 먹어 가면서 숲이나 늪지대에 텐트를 치고 연명하기도 한다. 이마저도 불가능했던 거리의 부랑인들은 페스트균의 표적이 되어 거리에서 죽어갔는데, 화자는 안타깝다면서도 천만다행이었노라고 말한다. 이들이 살아서 돌아다녔다면 런던 시민의 피해는 더 컸을 테고 무엇보다 거리로 몰려다니면서 당국의 조처에 반발하는 집단행동을 벌이기라도 했다면 그로 인한 혼란이 페스트보다 더 치명적이었으리라는 것.

　다행히 1665년 겨울부터 사망자 수가 급격히 줄면서 페스트는 진정되지만, 바로 다음해 런던은 역사에도 기록될 만한 대화재로 그야말로 쑥대밭이 된다.

　역사는 페스트가 유럽 전역을 휩쓸어 이른바 '팬데믹' 현상을 보인 건 두 번 정도라고 전한다. 물론 그 사이 또는 그 뒤로도 간간이 지역적으로 페스트가 발병하긴 했지만 팬데믹 규모의 발병은 14세기와 17세기에 벌어졌다. 세계 문학 전집에 수록된 작품 가운데 그 시대를 배경으로 하는 작품이 없을 리 없다. 이탈리아 작가 조반니 보카치오의 『데카메론』(1351)은 14세기 처음으로 이탈리아를 통해 페스트가 유럽 전역으로 번진 시점을 배경으로 하고 있고, 알레산드로 만치니의 『약혼자들』(1842)은 17세기 다시 이탈리아를 시작으로 팬데믹이 벌어진 때를 그리고 있으며, 이 소설 『전염병 연대기』(1722)는 17세기의 팬데믹이 유럽 전역으로 퍼진 뒤 영국을 마지막으로 강타한 사건을 기록하고 있다. 알베르 카뮈의 『페스트』(1947)도 있지만, 실제 사건이나 팬데믹을 그린 건 아니어서 포함시키기가 뭣하다.

세 작품, 그러니까 『데카메론』과 『약혼자들』, 『전염병 연대기』 가운데 페스트의 참상을 직접적으로 그린 작품은 『약혼자들』과 『전염병 연대기』이고, 그중에서도 『전염병 연대기』는 제목에서 풍기는 것처럼 아예 르포르타주 형식으로 페스트가 퍼져 나간 상황을 그대로 기록한 작품이다. 원제가 'A Journal of the Plague Year'이니 '역병의 해를 기록한 일지' 정도로 옮길 수 있겠다. 최근엔 '코로나 19' 때문인지 『페스트, 1665년 런던을 휩쓸다』라는 제목으로 새롭게 번역되어 나오기도 했다.

작가가 대니얼 디포라는 게 신기하기도 하고 놀랍기도 하다. 생몰년도에서 확인할 수 있듯 디포는 1660년생이다. 1665년엔 다섯 살에 불과했으니 이 소설의 화자가 작가 자신의 분신일 리 없다. 그렇다면 일부러 이런 설정을 했다는 건데, 굳이 1인칭 화자를 내세운 이유가 궁금하다. 어차피 자료에 근거해 써야 했다면 3인칭을 택해야 더 다양한 시점의 이야기를 전할 수 있을 텐데, 특별한 역할도 할 수 없는 데다 가택 격리자나 다름없는 1인칭 화자를 내세운 건 이해하기 어렵다. 그러다 디포의 다른 소설 『로빈슨 크루소』(1719)를 떠올렸다. 그래, 『로빈슨 크루소』도 1인칭 시점의 소설이었지. 무인도에 난파한 주인공이 원주민에 해당하는 프라이데이를 교육하며 정체 모를 섬을 홀로 경영하는 이야기에 어울리는 시점은 3인칭일 텐데 디포는 이 소설에서도 역시 1인칭을 고집했다. 난파당한 섬에서 고향과 가족을 그리워하며 홀로 고생하다가 천신만고 끝에 구조되는 이야기도 아닌데 말이다.

두 가지 추측이 가능하다. 하나는 두 작품 다 당시에 유행하던 정치 팸플릿이나 식민지 경영을 위한 정보 책자가 아닌 엄연한 문학 작품임을 강조하기 위해서라는 추측이고, 나머지 하나는 작가 자신을 투영하기 위한 방편이라는 것. 둘 다 일리 있어 보인다. 연보를 살펴보면 디포가 평생 동안 관심을 가진 건 정치와 사업이었음을 알 수 있다. 사업을 벌이다 파산하기를 반복한 데다 토리당과 휘그당 양쪽에 선을 대고 정치 팸플릿을 쓰면서 스파이 노릇을 하기도 했다니까. 물론 양당 모두에서 인정받지 못했고 사업도 기울어 종국에는 채권자에게 쫓기다가 객사한 것으로 전해진다.

『로빈슨 크루소』와 『전염병 연대기』 모두 자신의 실패를 인정하고 싶지 않았던 작가가 각각 경영과 정치에 대한 자신의 감각과 소신을 밝히려고 쓴 작품은 아니었을까 하는 상상을 해 본다. 섬에 난파한 로빈슨 크루소나 런던에 남을 수밖에 없었던 이 소설의 화자 모두 실패한 작가 자신의 모습을 투영한 인물은 아닌가 하는 상상까지 덧붙여서. 1666년의 런던 대화재가 아니라 그 전해에 벌어진 페스트 발병을 소재로 택한 것도 그 때문이라고 여긴다면 억측이겠지? 1인칭 시점으로 무언가를 쓰고 싶은 유혹은 대개 이럴 때 내치기 어렵다는 걸 잘 알기에 말도 안 되는 억측을 해 본다.

그렇더라도 팬데믹 현상을 꼼꼼히 기록한 문학 작품으로서 이 소설이 갖는 의미마저 줄어들지는 않는다. 예전에 읽을 땐 참혹하다고 느끼면서도 공감하기는 쉽지 않았는데 '코로나 팬데믹' 상황이 길어지다 보니 두 번째 읽으면서는 남 이야기 같지 않았다. 실제로 이 소설에 등장하는 격리 기간이나 무증상 감염자, 여름에 감염이 줄어 일부러 도시 곳곳에 불을 피웠다는 이야기 등은 공감을 넘어 그 참상을 함께 겪는 것처럼 느끼게 만드니까. 물론 '백신'의 유무라는 엄청난 차이가 존재하니 1665년 런던 시민들이 겪은 참상이 지금 현실화하리라는 두려움을 느낄 필요까지는 없겠지만.

# 풍경에는 중심이 없다

『천변풍경』
박태원
문학과지성사, 2013(2005)

아무리 시골서 처음 올라온 소년의 마음에라도, 결코 그다지는 신기로울 수 없고, 또 아름다울 수 없는 이곳 '천변풍경'이, 오직 이곳이 서울이라는 그 까닭만으로, 그렇게도 아름다웠고, 또 신기하였다. (47쪽)


P가 다녀갔다. 둘 다 백신 2차 접종까지 마치고 볼 계획이었는데, 접종이 2주 연기되는 바람에 일정을 당겼다. P가 상을 치른 뒤 처음 보는 거라 위로를 전하고 상세한 이야기도 들었다. 선물로 받아놓고는 받침을 못 구해서 한 번도 피워 보지 못한 향을 꺼내 고인을 위해 조심스럽게 불을 댕겼다. 집 안에 은은하게 번지는 향 냄새를 맡으며 나는 속으로 고인의 명복을 빌었다. '어머님, 사시느라고 고생 많이 하셨어요. 이젠 좋은 곳에 가셔서 편안하게 지내시고 P가 앞으로 무탈하게 살 수 있도록 살펴주세요'. 가만히 앉아 있던 P가 '연필이'와 '몽당이'를 발견하고는

"아니, 저렇게 많이 자랐어요?" 하고 놀란 표정을 지었다. 내가 봐도 화분이 감당이 안 될 만큼 자라긴 했다. 조만간 가지치기를 해 줘야 할 모양이라고, 말쑥해지면 사진 찍어 보내 주겠노라고 했다.

역까지 P를 배웅하고 돌아와서 손에 든 책은 박태원(1909~1986)이 1938년에 펴낸 소설 『천변풍경』이었다. 여름의 마지막을 장식하는 작품으로 『천변풍경』을 골랐다. 1930년대 식민지 조선 경성 청계천변에서 다양한 계층과 직업군의 시민들이 살아가는 모습을 파노라마 형식으로 서술한 작품이다.

소설은 청계천변 빨래터를 찾은 여성들의 수다로 시작된다. 외동딸 이쁜이의 결혼을 앞둔 이쁜이 엄마와 한약국집에서 숙식하며 집안일을 해주는 안잠지기 귀돌어멈, 민주사댁 안잠지기 칠성어멈, 다 큰 아들 점룡이와 함께 사는 점룡이 어머니. 이들의 수다 주제는 신발을 팔아 돈을 벌었지만 고무신이 나온 뒤 장사가 안 돼 결국 강원도로 낙향하게 된 이웃부터 기생이 되어 돈을 버는 게 나을 텐데 굳이 결혼을 택한 이쁜이 이야기, 첩에게 집까지 얻어주고 들락거리면서 일종의 자치의원인 부회의원에 출마하려는 민주사 이야기 등 동네 사람들의 집안 사정이다. 거기다가 이제 막 상경한 티가 역력해 빨래터에서 돈을 내야 하는 것도 모르는 만돌어멈을 두고 하는 뒷담화까지.

한편 이발소에서 허드렛일을 하는 소년 재봉은 이발소 창밖으로 천변 풍경을 내다보며 이웃 사람들 관찰하는 걸 즐기는데, 그 덕분에 천변 사람들의 소식을 꿰고 있다. 어느 날 아버지 손에 이끌려 한약국집에 들어온 시골 소년 창수를 알게 된 것도, 천변 거지들이나 그 사이로 언제나 중절모를 위태하게 쓰고 다니는, 부회의원의 처남이자 포목전 주인을 지켜보는 것도 이발소 창을 통해서였다.

    만돌어멈은 술에 취해 폭력을 휘두르는 남편을 피해 아이들을 데리고 상경하는데, 곧 따라 상경한 남편과 맞닥뜨려 하는 수 없이 함께 한약국집에서 드난을 살게 되지만, 남편이 또 난동을 부려 결국 다른 곳으로 옮겨 갈 수밖에 없다. 더는 이렇게 못 살겠다 싶어 도망치고 싶어도 아이들 때문에 그러지도 못한다. 결혼한 이쁜이는 남편 강가의 외도에다 시어머니의 구박을 이기지 못하고 엄마를 찾아오지만 엄마는 눈물을 머금고 딸을 다시 돌려보낸다. 하지만 술집에서 결혼 전 이쁜이를 마음에 품고 있던 점룡이가 다른 여자와 술을 마시던 강가를 혼찌검 내주는 바람에 이혼당하고 집으로 돌아온다. 카페 '평화'의 여급 하나꼬는 어느 날 손님 중 돈깨나 있는 집안의 남자가 열렬히 청혼하자 팔자를 고쳐볼 요량으로 승낙하지만, 결혼 생활은 맵차기 그지없다. 남편은 청혼할 때와는 딴판이 된 데다가 여급 출신이라는 이유로 시어머니는 물론 하인들까지 무시하는 가운데 하나꼬는 입술을 깨물어가며 고된 시집살이를 견딘다. 그런가 하면 시골에서 나이 어린 남편을 맞은 금순은 남편이 어린 나이에 죽고 시어머니마저 사망하자 시댁에서 도망치지만, 친정

어머니가 죽고 나서 아버지와 남동생이 먹고살 궁리를 하기 위해 떠나 버린 뒤라 마땅히 갈 곳도 없다. 서울 공장에 취직시켜 준다는 사기꾼 말에 속아 서울로 따라와 천변 하숙집에 기거하는데, 볼일 보러 나간 사기꾼은 그날 밤 마작을 하다 경찰에 잡혀가고 만다. 카페 '평화'의 나이 많은 여급 기미꼬가 그 사연을 듣고 하나꼬와 함께 방을 얻어 금순을 데리고 산다. 하나꼬가 결혼한 뒤로는 우연히 화신백화점 근처에서 맞닥뜨린 금순의 남동생 순동마저 불러들이는데, 그사이 금순의 아버지는 재혼했으나 새어머니 성품이 순동을 품을 만하지 못해 순동은 누이와 함께 살며 당구장에서 일해 착실히 돈을 모은다. 기미꼬는, 아내를 잃고 카페에 찾아와 오열하다가 기미꼬의 설득에 다시 돌아가 착실히 딸을 키우는 나이 든 남자에게 금순을 소개할 생각을 품는다. 유일하게 풍파를 겪지 않는 인물은 한약국집 아들 내외다. 동경 유학을 다녀온 아들과 이화여전을 나온 며느리는 다른 세상 사람들처럼 화목한 가정을 유지한다.

한편 부회의원 선거에 떨어진 민주사는 여전히 여우 같은 첩의 눈을 피해 나이 어린 여성과 어울리고, 매부가 다시 부회의원에 당선된 포목전 주인은 마침내 중절모를 청계천 똥물에 빠트리고 만다. 낙향했다가 다시 상경한 창수가 월급을 많이 주는 당구장에서 일하게 됐다고 뽐내자 월급도 없이 일하는 자신의 처지를 비관하던 이발소의 재봉은 마침내 그 장면을 목도하고 묘한 쾌감을 느낀다. 봄의 빨래터였다가 여름 장마 때 물이 넘쳐 천변 집들의 가재도구들을 쓸어간 뒤 가을과 겨울을 지나 다시 봄 풍경을 되찾은 천변의 일 년이 그렇게 지나간다.

박태원은 이른바 '월북 작가'로 규정돼 1980년대 후반 복권되기 전까진 작품을 구경하기도 어려웠던 작가였다. '구인회'를 함께 이끌었던 이태준도 마찬가지고 정지용, 김기림 등도 그렇다. 카프 계열 작가들인 이기영, 한설야 등도 나중에야 남쪽에서 작품 출판이 가능해졌다. 그런 시절이 있었다. 실제로 중고등학교 시절 야금야금 읽었던 60권짜리 한국 문학 전집에서도 이 작가들의 이름은 구경조차 해 보지 못했다.

북으로 간 뒤에는 어떤지 모르지만 남쪽에서 작품 활동을 할 때 박태원은 모더니즘 작가로 이름을 날렸다. 이상과 함께 문단의 양대 '모던 보이'로 유명했단다. 이른바 '고현학(考現學)'을 구현한 단편소설 「소설가 구보씨의 일일」은 물론, 수많은 쉼표를 거느린 단 하나의 문장으로 이루어진 실험적인 엽편소설 「방란장 주인」을 쓰기도 했다.

가장 잘 알려진 「소설가 구보씨의 일일」은 모더니스트로서의 박태원의 진면목은 물론 쉼표의 미학을 구현한 그의 독특한 문장들을 접할 수 있는 작품이다. 작품 안에서도 언급된 '고현학'은 'Modernology', 말 그대로 당대의 일상을 고찰하는 학문이다. 과거의 사건들을 현재의 시점에서 고찰하는 역사는 사후에, 그러니까 결과를 알고 그 사건들을 연쇄작용의 일환으로 파악하는 것인 반면, 고현학은 당대의 일상을 인과관계와 관계없이 그저 기록하는 것이다. 과거의 사건들을 고찰하는 역사가 현재의 입장에서 과거 사건들에 차등적인 의미를 부여해 '마땅히 있어야 할 현재'를 끌어낸다면, 고현학은 당대의 일상에서 의미와 중심을 지움으로써 '그냥 있는 현재'를 고찰하는 것이겠다. 그러니 박태원에겐 중심 사건이나 주인공은 물론, 결과를 미리 알고 이야기를 전개하는 전통적인 서술자도 의미가 없었을 터. 그렇게 탄생한 소설이 「소설가 구보씨의 일일」이다.

이 소설에서 구보는 이야기의 주인공도 아니고 서술자도 아니다. 그저 당대 경성의 하루 일상을 가감 없이 전하는, 말하자면 '서술하는 풍경'이랄까. 이 정도로도 안심이 안 되었는지 작가는 수많은 쉼표로 문장을 분절해 문장에서마저도 중심을 지움으로써 스스로 풍경이 되게 만들었다. 어떤 것도 이야기의 중심이 되지 못하도록 한 셈이랄까.

과연 장편소설에서도 이 방법이 통할까? 그 대답이 『천변풍경』이었으리라. 비록 「소설가 구보씨의 일일」과 달리 다양한 인물들의 절절한 사연이 전통적인 이야기와 다를 바 없이 전개된 듯 보이지만, 대신 어느 사연도 중심적인 의미를 부여받지 못하게끔 무려 50개의 절로 분절해 놓았다. 이 소설이 하나의 긴 문장이라면 50개의 절은 50개의 쉼표에 해당하는 셈. 그렇게 해서 얻은 것이 1930년대 식민지 경성의 청계천변에서 다양한 계층과 직업군의 사람들이 만들어낸 신산스러운 삶의 풍경이다. 이들의 삶이 훗날 어떻게 정의되고 어떤 의미를 부여받게 될지, 누가 의미 있는 삶을 살았고 누가 그렇지 못했는지를 따지는 건 이 소설의 관심사항이 아니다. 아니, 최소한 이 소설 안에서는 그런 질문은 의미가 없다. 식민지 경성의 지식인이 계급의식이나 역사의식도 없이 이런 소설을 쓰는 게 옳은 일이냐는 지적도 마찬가지다. 그렇게 따지면「소설가 구보씨의 일일」에서도 거론된『율리시스』(1922)의 작가 제임스 조이스에게도 같은 지적을 해야만 하니까.『율리시스』의 배경은 아일랜드가 잉글랜드의 지배를 받던 시기인 1904년 6월 16일의 더블린이고, 제임스 조이스는 아일랜드의 작가가 아닌가. 오히려 두 작가는 실제 풍경이든 의식의 풍경이든 풍경에는 중심이 없음을 보여줌으로써 이른바 의미 있는 질문들의 의미를 다시 묻고 싶었던 건 아니었을까.

2021, 가을/겨울

# 새로운 이야기는 가능한가?

『내 이름은 빨강』 1·2
오르한 파묵, 이난아 옮김
민음사, 2008(2004)

당신들처럼 주의 깊은 사람이라면 발자국만 보고 도둑을 잡아내듯 내 말투와 색깔로 내가 누구인지 알아낼 수 있을 것이다. 이것은 최근 커다란 쟁점이 되고 있는 '스타일'의 문제로 우리를 이끈다. 세밀화가는 자신만의 독특한 방식이나 색깔, 소리가 과연 있는가, 혹은 있어야 하는가? (1권 40~41쪽)

9월 초에 어머니 병원 때문에 부천에 다녀왔다. 어머니 검사 수치는 그전보다 훨씬 좋아졌다. 여름 내내 식단 조절을 한 덕분이다. 전화로 계속 잔소리 아닌 잔소리를 늘어놓은 보람을 느낄 수 있어서 다행이었다. 대전에 돌아와서 코로나 백신 2차 접종을 받았다. 1차 접종 땐 병원에서 대기하는 동안 잠깐 까무룩 기운이 빠지고 식은땀이 난 것 말고는 멀쩡했는데, 2차 땐 만 하루가 지난 뒤부터 감기 몸살 증세가 시작되더니 이틀 정도 앓았다. 그래도 2차 접종까지 마치고 나니 안심이 된다.

개운해진 뒤에 펼쳐 든 책은 터키 작가 오르한 파묵(1952~ )이 1998년에 발표한 소설 『내 이름은 빨강』이었다. 16세기 말 혹은 17세기 초 오스만 튀르크 제국 이스탄불에서 벌어진 세밀화가 살인 사건을 통해, 인간의 시선을 반영한 서구의 화법(畫法)과 신의 시선을 고집하는 이슬람 전통 화법의 충돌이 빚은 가치관의 변화와 세밀화가들 간의 배신과 갈등을 그린 소설이다.

스물네 살의 카라는 이제 열두 살밖에 안 된 이종사촌 동생 셰큐레에게 사랑을 고백했다가 이모부 에니시테와 이모의 반대로 오스만 튀르크 제국의 수도 이스탄불을 떠나 페르시아 지역을 전전한다. 12년 만에 카라는 에니시테의 편지를 받고 이스탄불로 돌아온다. 술탄의 명령으로 새로운 방식의 그림들이 들어간 책을 만드는 데 카라의 도움이 필요하다는 편지였다. 그사이 셰큐레는 기마병과 결혼해 아들 둘을 낳았지만, 남편은 페르시아와의 전쟁에 나갔다가 4년 동안 돌아오지 않고 있다. 시아버지와 시동생 하산과 함께 시댁에서 지내던 셰큐레는 하산이 자신에게 연정을 품고 욕망을 드러내자 아이들을 데리고 아버지의 집으로 돌아온다.

한편 카라가 이스탄불로 돌아오기 사흘 전 세밀화가 엘레강스가 살해당한 뒤 우물 안에 버려지는 사건이 발생한다. 엘레강스는 카라는 물론 나비, 황새, 올리브 등과 함께 궁중 화원에서 원장 오스만에게 지도를 받으며 세밀화가가 된 인물이다. 술탄의 후원으로 이슬람 전통 화법을 고수하면서 대대로 전해 내려오는 이야기책에 들어

갈 그림을 그리며 대가가 되기를 꿈꾸던 그들은 술탄의 관심과 후원이 줄어들자 삿된 그림들을 그리며 생계를 유지한다. 삿된 그림이란 커피하우스에서 이슬람 근본주의자들을 비꼬는 이야기로 대중의 환심을 사는 이야기꾼들을 위한 그림이나 음화(淫畫) 등을 말한다. 그러면서 그들은 술탄의 비밀 명령을 받은 에니시테에게 따로따로 불려가 필요한 그림을 그리기도 한다. 베네치아에서 서구 화가들이 그린 각종 초상화와 원근법에 기반한 그림들을 보고 충격을 받은 에니시테가 술탄에게 술탄의 초상화가 들어간 책을 만들자고 제안하자, 술탄이 신의 시점으로 이야기를 빛내기 위해 그리는 그림이 아닌 인간의 시점으로 그린 그림은 그 자체로 신성모독이며 더구나 초상화라면 우상 숭배의 대상이 될 거라고 반대하면서도 은밀히 책의 제작을 허락했던 것. 하지만 원장 오스만은 물론 세밀화가 사이에서도 에니시테의 불경스러운 작업에 대한 불만이 제기되고 이슬람 극단주의자들 또한 공공연하게 분노를 표출한다. 안 그래도 잦은 전쟁과 역병, 기근은 물론 대형 화재까지 잇따르는 데다 베네치아에서 들어오는 위조 주화로 인해 물가도 치솟는 형편이라 정국은 불안하기 이를 데 없다.

그러던 중 엘레강스를 살해한 자가 에니시테마저 잔인하게 죽이고는 세밀화가들이 따로따로 그린 배경 그림의 중심에 놓일 술탄의 초상화를 훔쳐 달아난다. 아버지를 잃은 슬픔에다 갑자기 남자 보호자를 잃은 불안감에 시달리는 한편, 남편에 대한 그리움과 원망, 하산에 대한 양가감정 속에서도 자신을 여전히 사랑하는 카라를 잃고 싶지 않은 셰큐레는, 아버지의 시신을 숨기고 카라에게 법적 절차를 밟게 해 이혼과 재혼을 황급히 마무리한 뒤 아버지가 밤새 사망했다고 알리고 장례를 치른다. 재무 대신을 찾아가 전후 사실을 알린 카라는 오스만과 함께 살인범을 찾는데, 죽은 엘레강스가 갖고 있던 말 그림을 토대로 같은 화풍을 가진 세밀화가를 찾기 위해 술탄의 보물들을 보관한 국고(國庫)에서 각종 고서들의 그림을 뒤진다. 오스만은 대가들의 그림에 빠져들다가 전설적인 이슬람 화가 비흐자드가 스스로 장님이 되려고 눈을 찔렀다는 바늘로 자신의 눈을 찌르고, 카라는 동료 세밀화가들을 찾아다니며 범인을 찾는다. 결국 동료 중 하나가 범인으로 밝혀지고, 카라와 동료들을 공격한 뒤 이란으로 도망가던 범인은 카라와 한패라고 오해한 하산의 칼에 목이 잘린다.

그 뒤 세상이 바뀌어 이슬람 전통 그림은 더 이상 관심을 받지 못하고 세밀화가들 또한 다른 일로 생계를 유지한다. 하산은 이스탄불에서 도망치고, 셰큐레와 아이들과 함께 살던 카라는 26년 뒤 우물가에서 쓰러진 채 심장마비로 사망한다.

이 작품은 이 책을 쓰면서 지금까지 읽어 온 문학작품 가운데 가장 최근에 쓰인 작품이다. 게다가 좀처럼 접하기 어려운 터키 작가의 작품이기도 하다. 다 읽고 나서 곧바로 한 번 더 읽었다. 접하기 어려운 작품이라 귀해서가 아니라, 뭔가 집중이 안 돼서였다. 이제까지 읽어 온 작품들과 달리, 이른바 '포스트-모던' 기법으로 쓰인 작품을 읽어선지 아니면 이슬람 문화 배경이 낯설어서였는지, 아무튼 이야기에 집중하기가 쉽지 않았다.

소설은 16세기 말(혹은 17세기 초) 오스만 튀르크 제국의 수도 이스탄불에서 벌어진 살인 사건을 다루고 있다. 추리소설인 셈이다. 그런데 사건의 배경이 종교 문화적 금기와 그것을 둘러싼 논쟁이다. 여기까지는 움베르토 에코의 소설 『장미의 이름』(1980)과 비슷하다. 그런가 하면 존 파울즈의 『프랑스 중위의 여자』(1969)를 연상케 하는 카라와 셰큐레의 이상한 사랑 이야기도 끼어 있다. 그러니 두 소설이 가진 재미와 의미를 모두 취하자는 게 작가의 의도였으리라. 성공했을까?

이렇게 묻는 건 포스트-모던 소설을 이해하지 못하는 태도이리라. 성공과 실패를 따진다는 건 곧 흥미진진한 이야기와 그렇지 못한 이야기뿐만 아니라 이야기하는 방식이 적절한지 평가하는 모종의 기준을 가지고 있다는 뜻일 테니까. 고전적인 '스타일'에서 벗어나지 못했다는 방증인 셈이다. 모더니즘이 기존 이야기의 척추에 해당하는 시간을 뒤섞거나 분절하거나 하염없이 늘려서 현실의 시간과 동떨어진 고전적인 이야기의 시간을 그나마 현실의 감수성에 맞게 재배치했다면, 포스트-모더니즘은 거기서 더 나아가 동시대성 자체에 의문을 제기한다. 모더니즘을 주창할 때만 해도 세상은 조각난 거울처럼 산산이 깨어져 버려 더는 현실 전체의 모습을 반영할 수 없다지만, 그래도 각각의 조각들을 어떻게 재결합하느냐에 따라 일정 부분은 복원할 수 있었다. 마치 퍼즐처럼 조각들은 어차피 같은 층위에 흩어져 있을 뿐이니까. 하지만 이젠 조각들이 성질도 다를 뿐만 아니라 서로 다른 층위에 놓여 있다는 사실을 깨닫게 되었다. 적절하게 다시 모은다고 해결할 수 있는 상태가 아닌 것. 과연 시간은 과거에서 현재로 그리고 다시 미래를 향해, 시곗바늘이 움직이듯 그처럼 균일하게 흘러가고 있을까? 어쩌면 현재의 모습은 다양한 시간의 지층이 층위를 달리하며 켜켜이 쌓여 만들어진 건 아닐까?

『장미의 이름』과 『프랑스 중위의 여자』 그리고 이 소설 모두 오래된 과거의 이야기를 들려주고 있으니 역사소설에 해당하는데, 전혀 그렇게 읽히지 않는다. 마치 층위를 훌쩍 뛰어넘어 오래된 현재로 건너가서 이야기의 조각들을 접하는 느낌이 들도록 쓰였기 때문. 이 소설에선 추리소설의 형식을 빌려 이야기에 집중하게 만들면서도, 다양한 화자의 서술을 교차해 들려줌으로써 외려 집중을 방해하는 한편(화자 가운데는 그림에 등장하는 개와 말, 나무나 동전, 죽음과 악마, 심지어는 색깔도 있다), 사랑 이야기를 전하면서도 이슬람 미술에 대한 전문적인 논쟁을 반복적으로 들려줌으로써 사랑 이야기를 세속적인 그림의 한 부분처럼 만들어 버렸다.

이런 새로운 방식의 이야기, 아니 이야기를 들려주는 방식에 대한 이야기가 어떤 의미가 있는지는 잘 모르겠다. 꾸준히 이어질 수 있는 방식인지도 알 수 없다. 게다가 『프랑스 중위의 여자』를 제외하면 두 작품 다 내용적으로는 고전적인 방식에서 온전히 벗어나지도 못했다는 생각이다. 살인 사건을 다루는 방식이 그렇고, 사랑 이야기를 전하는 방식도 그렇다. 비록 지적인 내용이 현란하게 나열되고 있지만, 새로운 이야기 방식에 걸맞은 새로운 내용인지는 확신이 서지 않는다. 하긴 새로운 이야기를 찾는다는 것 자체가 구태의연한 독자라는 방증이겠지만.

# '대체 난 내 인생으로 뭘 한 거지?'

『등대로』
버지니아 울프, 최애리 옮김
열린책들, 2019(2013)

이렇게 흩어진 조각들을 어떻게 한데 모은다지?
(194쪽)

지난여름부터 기미가 보이기 시작하더니 추석이 지나면서 컨디션이 엉망이 되었다. 마음 어딘가에 요철을 뿌려 놓은 듯 뾰족뾰족하고 몸에도 이런저런 증세들이 지나가느라 덜컹덜컹 요란했다. 병원에 가서 상황을 설명하고 세로토닌을 하루 두 알씩 먹으라는 처방을 받아 왔다. 의사는 곧 괜찮아질 거라고 안심시키지만 나는 자꾸만 불안해진다. 다시 예전으로 돌아가는 건 아닌지……

그사이 영국 작가 버지니아 울프(1882~1941)가 1927년에 펴낸 소설 『등대로』를 천천히 두 번 읽었다. 런던에서 8남매를 키우는 램지 부부가 제1차 세계대전 전후 스코틀랜드 스카이 섬 하구 마을 핀레이에서 여름휴가를 보내는 이야기다.

줄거리는 간단하다. 각각 육십 대 초반과 오십 대 초

반인 철학 교수 램지 씨 부부와 8남매 그리고 그들을 따라온 램지 씨의 친구 식물학자 윌리엄 뱅크스, 램지 씨를 따르는 청년 탠슬리, 나이 든 시인 카마이클, 그림을 그리는 여성 릴리 브리스코 등이 스코틀랜드의 섬마을 핀레이에서 여름을 보내고는 10년이 지난 뒤 다시 섬을 찾은 램지 씨와 여섯 아이들 중 막내아들 제임스, 그리고 누나 캠이, 죽은 램지 부인과 큰딸 프루, 큰아들 앤드루를 추모하며 10년 전 날씨 때문에 가지 못했던 등대로 향하는 동안 릴리는 10년 전에 미처 마무리하지 못한 램지 부인의 그림을 완성한다는 이야기다.

줄거리는 의미가 없다. 사건이 전혀 없는 소설이니까. 일부러 그렇게 쓴 듯하다. 예전에 읽은 기억을 더듬으며 읽었으니 다시 읽을 필요 없는데도 한 번 더 읽었다. 그러고도 글 한 줄 쓰지 못한 채 그저 시간이 지나가는 걸 지켜보며 멀거니 손 놓고 있었다. 의사를 다시 찾아가기 전 이틀 동안은 뭐라고 설명할 수 없을 만큼 기분이 안 좋았다. 밥을 거의 먹지 못하는 데도 배도 고프지 않고 기운이 빠지지도 않았다. 그냥 기분만 내내 안 좋았다. 밥을 거의 먹지 못했는 데도 하루 여섯 번 모두 두 시간을 걸었다. 아무렇지도 않았다. 걸음이 느려지지도 않았고 쉬이 지치지도 않았다. 다만 기분만 좋지 않았을 뿐. 이런 경험이 처음이었다면 놀라서 당장 병원으로 달려갔으리라. 하지만 놀라지 않았다. 기분만 안 좋았을 뿐.

자연스러운 기분 나쁨이 아니라는 건 처음부터 눈치채고 있었다. 약을 안 먹다가 다시 복용한 데다 수면제 반알까지 먹었더니 사달이 나고 말았다. 자연스럽지 않은 기분 나쁨? 써 놓고 보니 이상하다. 내가 느껴 놓곤 자연스럽지 않다니. 기분 나쁠 이유가 없는데 기분이 나빠서인가, 아니면 기분 나쁜 느낌이 이제껏 느껴 보지 못한 것이어서인가? 자연스럽지 않긴 뭐가 자연스럽지 않다는 거야 대체!

특정한 틀에 갇혀서 보면 대부분이 자연스럽지 않아 보인다. 내가 이곳 대전에서 똑같은 집에서 밥을 먹고 똑같은 침대에 누워 자고 똑같은 천장을 쳐다보며 깨는 일도 따지고 보면 일정한 통념으로 봐야 자연스러워 보이지 그렇지 않으면 기이하기 이를 데 없는 모습인지도 모른다. 소설을 읽고 이런 글을 꾸역꾸역 쓰는 것도 그렇고.

가령 원근법 같은 것은 어떤가. 공간은 원래 원근법에 따라 배치되는 걸까? 그럴 리가. 공간은 그냥 나열돼 있을 뿐이다. 내가 하루를 보내며 하는 이런저런 행위들이 그냥 아무렇게나 벗어 놓은 옷가지들처럼 나열되어 있듯이. '나'라는 시점을 빼면 그 행위들은 납득하기 어려운 기괴한 행위들의 연속일 테니까. '나'라는 시점엔 '내 시간'이 개입된다. 원근법도 마찬가지. 특정 시점을 통해 공간을 재배치한다는 건 이를테면 공간에 특정 시간을 집어넣는 것이리라. 한 가지 시간으로 수렴되는 공간. 그렇다면 모두의 시점, 즉 모두의 시간이 개입된 공간은 과연 어떤 모양일까?

그렇게 따지면 '왕자가 경쟁자들을 물리치고 마침내 공주와 결혼해 행복하게 살았답니다'라는 이야기는 얼마나 기괴한가. '왕자가 경쟁자를 물리쳤다'는 것과 '공주와 결혼했다', 그리고 '둘이 행복하게 살았다'는 전혀 다른 차원의 사건들이다. 다만 특정 시간이 개입되는 바람에 한 차원으로 묶여 버렸을 뿐. 가령 왕자의 시간을 통해 다시 배치하면 '경쟁자들을 물리치고 공주와 결혼해야만 내 나라를 지킬 수 있다. 이제부터 내 행복 같은 건 없다. 나라를 위한 일이다'가 될 수 있고, 공주의 시간을 개입하면 '저들이 서로 저렇게 경쟁하는 건 나를 얼마나 사랑하느냐와는 아무런 관계도 없다. 설사 그렇더라도 내 입장하고 무슨 상관이란 말인가. 이런 식으로 결혼하게 되다니 나처럼 불행한 여자가 또 있을까'가 될지도 모른다. 거기에 경쟁자들의 시간까지 개입되면 상황은 또 달라질 테고.

가장 자연스럽지 않은 건 어쩌면 원근법에 따라 재배치된 공간이거나 마치 원근법처럼 누군가의 시간에 따라 기술된 이야기인지도 모른다. 매년 이맘때쯤이면 벼들이 익어가며 이루는 이른바 황금 들녘 풍경처럼. 그 모습이 아름다운 자연 풍경으로 보이는 건 인간의 시간이 개입되었기 때문이리라. 벼를 제외한 식물을 잡초라고 규정하고 다 뽑아내면서 철저하게 인위적으로 관리한 풍경임에도 불구하고. 자연 입장에서 본다면 그처럼 기괴한 모습이 또 어디 있겠는가.

자연스럽게 보이는 풍경은 자연스러운 것이 아니고, 자연스럽게 읽히는 이야기 또한 자연스러운 것이 아니다. 이렇게 말하고 나니 도저히 빠져나올 수 없는 수렁에

발을 디딘 것만 같다. 이야기와 시간과 시점의 수렁.

버지니아 울프는 끊임없이 시점을 바꿔 가면서 이야기의 수렁에 빠지지 않으려고 애쓴다. 특정 시점에 묶이거나 특정 인물이 주도하는 이야기는 마치 원근법에 따라 완성한 그럴듯한 그림 같았으리라. 어쩌면 그런 이야기나 그림이야말로 폭력인지도 모른다. 그림을 대하는 감상자들이나 이야기를 듣는 독자들에 대한 폭력이면서 동시에 그림과 이야기에 대한 폭력.

작가는 끊임없이 시점을 옮기고 좀처럼 목적을 향해 나아가지 않는 문장들, 어쩐지 끝없이 동심원을 그리는 듯한 문장들을 통해, 종착지로 향하는 것이 더는 의미가 없는 이야기를 만들기 위해 애쓰고 있다. 이런 걸 남성 위주의 이야기가 갖는 폭력성에 맞서는 여성적인 이야기라고 말할 수 있을까? 잘 모르겠다. 한 가지 분명한 건 이런 식의 이야기를 통해 이제까지는 미처 알지 못했던, 기존의 이야기가 갖는 폭력성이 드러나게 만들었다는 것.

그래서일까. 이 소설과 어울려 보이지 않는 거칠고 폭력적인 표현들(가령 8쪽의 '도끼나 부지깽이', 53쪽의 '놋쇠로 된 부리', 154쪽의 '끔찍한 해골', 214쪽의 '폭정에 죽기까지 저항하기로', 245쪽의 '도끼나 칼', '아버지의 심장에 박아 버릴' 등)이 마치 소설을 붙잡고 있는 쐐기나 닻처럼 보인다. 하염없이 떠내려가지 않도록 붙들고 있는.

두 번째 읽으면서 예전에 다른 책으로 읽을 때 밑줄을 그었던 문장과 맞닥뜨렸다. 한참을 멍하니 들여다보

앉다.

　대체 난 내 인생으로 뭘 한 거지? (112쪽)

　마치 작가가 이렇게 말하고 있는 것처럼 들렸다. '대체 난 내 소설로 뭘 한 거지?'

# 전체주의를 비판하는 전체주의 방식?

『동물농장』
조지 오웰, 박경서 옮김
열린책들, 2012(2006)

모든 동물은 평등하다.
그러나 어떤 동물은 다른 동물보다 더 평등하다.
(147쪽)

의사 말대로 세로토닌을 복용한 지 정확히 2주째 되는 날부터 컨디션이 거짓말처럼 괜찮아졌다. 식욕도 어느 정도 돌아오고 몸도 마음도 가벼워졌다. 약에 의존해서 좋아졌다는 게 좀 찜찜하긴 하지만 불만은 없다. 내 상태가 회복되니 이번엔 노트북이 말썽을 부렸다. '한글'이 열리지 않아 서비스센터에 들고 가니 다시 깔아야 한다면서 이참에 '윈도우'도 다시 복원하는 게 좋겠다고 해서 집에 돌아와 직원이 알려준 대로 예전 '윈도우'로 복원하고 한컴 홈페이지에서 '한컴 2022' 체험판을 다운받았다. 노트북이 오래된 거라 혹시나 다른 문제가 생길까 봐 바로 구매하지 못했다. 한 달 쓰는 동안 아무 문제 없으면 구매할 생각이다. '윈도우 8.1'로 복원하니 속도도 빨라지고 무엇보다 쓰기도 편했다. 예전에 쓰던 생각이 나서 정겹기도 하고.

그사이 읽은 책은 영국 작가 조지 오웰(1903~1950)이 1945년에 펴낸 소설 『동물농장』이었다. 농장에 사는 동물들의 이야기를 통해 전체주의를 비판한 소설이다.

존스 씨가 운영하는 〈매너 농장〉의 나이 많은 돼지 메이저는 어느 날 창고에 동물들을 모아놓고 더 이상 인간의 폭정 아래 노예처럼 살지 말고 분연히 맞서 싸워야 한다는 연설을 하고는 얼마 뒤 사망한다. 농장의 수퇘지 스노볼과 나폴레옹, 스퀼러는 메이저의 연설을 토대로 학습하고 이론화하는 작업을 진행해 자신들의 사상 체계를 〈동물주의〉라고 명명한다. 그들은 두 필의 말 복서와 클로버를 위시해 농장의 동물들을 모아 비밀 회합을 갖고 자신들의 사상 체계를 전달하는 한편 메이저가 불렀던 노래 〈영국의 짐승들〉을 함께 부르며 반란을 도모한다.

그러던 어느 날 술에 취해 돌아온 존스 씨가 다음날까지 동물들에게 먹이를 주지 않자 화가 난 동물들이 식량 창고를 부수고 난동을 부린다. 놀란 존스 씨와 일꾼들이 막아서지만 분노한 동물들은 그들을 몰아내고 농장의 이름을 〈동물농장〉이라고 바꾼다. 우연히 이루어진 반란이 성공하자 스노볼과 나폴레옹은 7계명을 정하고 모든 동물은 평등하다고 선언한다. 돼지들은 노동에서 제외된 채 학습을 이어가면서 각종 위원회와 동맹을 조직해 동물들에게 글을 가르치고 〈동물주의〉를 학습한다. 한편 스노볼과 의견을 달리하는 나폴레옹은 농장의 개 제시와 블루벨이 낳은 아홉 마리 강아지를 따로 격리한 채 자신만의 방법으로 교육한다.

어느 날 이웃 농장 〈핀치필드〉와 〈폭스우드〉의 일꾼들이 존스 씨와 함께 〈동물농장〉으로 쳐들어오자 동물들은 용감하게 맞서 싸워 물리친다. 하지만 그 뒤 나폴레옹과 스노볼은 사사건건 대립하는데, 나폴레옹은 동물들을 무장시켜 우선 농장을 지키는 게 급선무라고 주장하는 반면 스노볼은 비둘기들을 동원해 다른 농장의 동물들에게 〈동물농장〉 소식을 알리고 반란을 일으킬 수 있도록 도와야 한다고 맞섰다. 특히 풍차 건설과 관련해서 둘은 강력하게 대립하는데, 스노볼이 연구를 거듭한 끝에 설계도까지 완성한 풍차에 대해 나폴레옹은 과도한 사업이라며 반대하면서 그간 사나운 맹견으로 키워낸 아홉 마리의 개를 동원해 스노볼을 농장 밖으로 내쫓아 버린다. 그러고는 나폴레옹을 비롯한 돼지들은 존스 씨 집을 차지한 채 지도부가 되고, 스퀄러는 스노볼은 원래부터 존스 씨 편에 섰던 첩자였노라며 다른 동물들을 세뇌한다.

나폴레옹은 자신이 비난했던 스노볼의 풍차 건설을 자신의 주도하에 추진하면서 계명을 통해 금지했던 인간과의 거래를 시도하고, 스퀄러는 다시 한번 그런 계명은 처음부터 없었노라며 동물들을 호도한다. 하지만 동물들이 노예처럼 일하며 완성해 가던 풍차는 주변 농장 인간들의 공격을 받아 무너지고 돼지들은 이 또한 스노볼의 계략 탓이라며 비난한다. 우여곡절 끝에 풍차는 건설되지만 무리한 탓에 복서가 쓰러지자 돼지들은 복서를 치료하겠다면서 실제로는 팔아넘기고는 병원에서 안타깝게 사망했다고 전하며 훈장을 수훈한다. 7계명은 이제 원래의 의미를 잃고 '모든 동물은 평등하다' 뒤에 '그러나 어떤 동물은 다른 동물보다 더 평등하다'라는 문장이 덧붙여진다. 맥주를 마시고 인간의 옷을 입거나 인간처럼 걷는 흉내를 내던 돼지들은 어느 날 밤 〈핀치필드〉와 〈폭스우드〉 농장주를 초대해 파티를 열며 즐기다가 싸움을 벌이는데 그 장면을 밖에서 지켜보던 동물들은 누가 돼지고 누가 인간인지 분간하지 못한다.

이 책의 해설자는 메이저는 마르크스를, 나폴레옹은 스탈린을, 스노볼은 트로츠키를 가리킨다고 설명한다. 다른 소설이었다면 천박한 상상력으로 남의 창작물을 매도한다고 화를 냈겠지만, 이 소설은 그러기도 민망하다. 조지 오웰이 작정하고 그렇게 썼기 때문. 누가 봐도 그렇다. 왜 이렇게 썼을까? 글쎄, 작품을 발표할 당시엔 얼마나 효과적이었는지 모르겠지만, 지금 읽으니 전체주의의 폐해를 고발하는 방식으로 적절했는지 의문이다. 어쩐지 히틀러나 스탈린 식의 전체주의가 권력을 악용한 악마 같은 인물과 그 측근들의 범죄 행위 때문에 빚어졌노라고 항변하는 듯해서 그렇다. 이 작품으로 치자면 나폴레옹이나 스노볼, 스퀼러 같은 돼지들의 권력욕에 화살을 돌리는 듯하달까.

이런 항변이 의미 있으려면 권력의 선용(善用)이 얼마

든지 가능하다는 게 전제되어야 한다. 말하자면 인류 역사를 통틀어서 대부분의 권력자들은 권력의 선용에 힘썼는데 몇몇 악마 같은 인물들이 권력을 악용함으로써 비극을 초래했다는 주장 같은 것. 하지만 그런 일반적인 사례를 나는 알지 못한다. 최소한 국가 단위 공동체에서 권력을 잡은 자들이 권력의 선용에만 힘썼다는 예를 들어본 적이 없다. 아니, 권력의 선용 자체가 가능하다고 믿지 않는다. 권력의 속성 때문에 그렇다. 권력이 선용되려면 모든 구성원에게 권력을 정확하게 n분의 1로 나누어줄 수 있어야 하는데, 그렇게 되면 권력은 힘을 잃는다. 게다가 권력의 선용이 가능하다면 일당 독재를 문제 삼을 필요가 없다. 이제까지는 권력을 악용했다 해도 지금부터는 얼마든지 선용할 수 있다는 뜻일 테니까. 어처구니없다.

　권력은 선용될 수도 없고 구성원 모두에게 n분의 1로 나누어줄 수도 없다. 누가 권력을 잡든 권력은 다만 권력의 속성을 따를 뿐이다. 그건 바로 '승자독식'이다. 그러니 권력은 끊임없이 감시하고 견제해야 하는 대상일 뿐, 선악을 나누어 무너뜨리거나 추어주어야 하는 대상은 아닌 셈이다. 어쩌면 선한 의지를 가진 자들이 권력을 잡게 되면 그 권력은 곧 선한 권력이 된다는 생각 자체에 전체주의의 맹아가 숨어 있는지도 모른다.

　『동물농장』에서는 돼지들이 권력을 잡은 게 문제였을까? 돼지들이 권력을 독차지하지 않았다면 상황은 달라졌을까? 아니, 돼지가 아니라 말이나 염소, 심지어는 비둘기들이 권력을 잡았더라도 상황은 크게 달라지지 않았으리라. 권력의 속성이 눈덩이처럼 커지는 걸 제어하지 못한다면 권력을 잡는 자가 누구인지는 그다지 중요하지 않을 테니까.

작가는 왜 우화를 택했을까. 아마도 구소련의 전체주의 체제가 갖는 위험성을 '전체적으로' 보여주기 위해서였으리라. 궁금한 건, 그 욕망이 서술자에게 부여되는 무소불위의 권력과 만나면 어떤 결과가 초래되는지 작가가 몰랐을 리 없었을 텐데, 굳이 우화를 택한 이유다. 우화라면 일반적인 이야기보다 서술자가 독점적인 권력을 갖는 데 더 수월하지 않은가. 합리적 사고를 하는 독자들을 설득하는 데 걸리적거리는 게 더 적어지니까.

작가의 의도와 달리 이 소설은 결국 지극히 전체주의적인 방식으로 전체주의를 비판한 작품이 된 셈인데, 이걸 안타깝다고 해야 할지 아니면 권력에서 온전히 벗어날 수 없는 인간의 상황이 안타깝다고 해야 할지, 가리사니가 서지 않는다.

# 나는 지금 미래사회에 살고 있다

『1984』
조지 오웰, 김기혁 옮김
문학동네, 2021(2009)

미래에게 혹은 과거에게, 사상이 자유롭고 인간의 생각이 서로 다를 수 있고 서로 고립되어 살지 않는 시대에게 — 그리고 진실이 죽지 않고, 이루어진 것은 짓밟혀 없어질 수 없는 시대에게. (39쪽)

어느새 12월도 반이 지나갔다. 두 달 넘게 책도 읽지 않고 글도 쓰지 않은 채 보냈다. 그렇다고 아무것도 하지 않은 건 아니다. 하루하루를 보내며 살았으니까. 신기한 건 '아무것도 하지 않고 시간을 보내면서' 외려 내 삶에 더 집중할 수 있었다는 것. 소소한 일상은 물론 기분 변화까지 세밀하게 들여다보고 느낄 수 있었다. 운동도 더 자주 해서 최소한 목 아래쪽은, 운동이라곤 통 모르고 지낸 이십 대 때보다 더 건강해진 느낌이다.

동생은 다시 들어간 직장에서 오래 버티지 못했다. 사직서를 내고 짐을 옮길 때 도와주었다. 지금은 경기도 자기 집에서 혼자 지내고 있다. 다만 작년에 비하면 훨씬 여유가 생겨서 걱정은 덜었다. P는 여전히 편의점 일을 하고 있고, 연필이는 가지치기를 해서 줄기만 덩그러니 남았다. 포도밭출판사 대표와 함께 몽당이 일곱 가지를 모두 뽑고, 연필이 가지들도 다 잘라낸 뒤 가장 튼실한 줄기를 몽당이 화분에 꽂았다. 그렇게 뽑고 자른 건 에스엔에스로 미리 신청한 독자분들께 보내드렸다. 출판사에서 보낸 터라 나로서는 어디 사는 어떤 분들인지 전혀 알 수 없지만, 이 집보다는 더 좋은 환경에서 사랑받으며 자라리라 믿는다.

휴식 전에 읽고는 게으름 피우느라 미처 쓰지 못한 『1984』를 다시 읽었다. 조지 오웰이 1949년에 펴낸 소설로 이른바 '빅 브라더(Big Brother)'를 세상에 알린 소설이기도 하다.

미래사회인 1984년 영국 런던(조지 오웰이 이 소설을 1948년에 썼다니 1984년이 미래사회인 건 분명하다. 아마도 '48'을 뒤집어서 1984년을 고른 게 아닐까 싶다). 세계는 오세아니아와 유라시아 그리고 동아시아 셋으로 나뉘어 전쟁을 치르고 있다. 그중 오세아니아는 '빅 브라더'와 내부 당원들이 다스리는 영국 사회주의(영사) 집단으로 빅 브라더가 등장하는 텔레스크린과 과거 사건을 조작하는 작업을 통해 감시와 검열을 유지함으로써 체제를 수호한다. 그들의 구호는 '전쟁은 평화, 자유는 굴종, 무식은 힘'이다. 윈스턴 스미스는 이른바 '영사'의 진리부에서 일하는 서른아홉 살 남성으로, 어려서 부모와 여동생을 잃고 부인과도 헤어졌다. 그가 하는 작업은 현재 상황이 바뀔 때마다 과거 기사를 비롯해 각종 자료들을 삭제하거나 조작하는 일이다. 윈스턴은 어머니와 여동생이 사라지던 날의 상황을 꿈속에서 보면서 자신이 하는 일에 회의를 느끼고 빅 브라더와 내부 당원들의 주장을 의심한다. 더구나 상급 내부 당원인 오브라이언이 "우리는 어둠이 없는 곳에서 만날 것입니다"라고 속삭이며 접근하자 반란 조직인 '형제단'이 실재한다고 믿는다. 빅 브라더와 함께 '영사'를 만들었으나 반혁명 분자로 몰려 사형 선고를 받고는 탈출했다는 골드스타인의 반란 조직. 윈스턴은 무산자들이 사는 외곽 지역에서 구입한 일기장에 일기를 적기 시작한다. 종이에 뭔가를 쓰는 일은 목숨을 건 행위지만 윈스턴은 자신이 느낀 회의를 기록해 나간다. 그러던 어느 날 창작국에 근무하는 줄리아가 윈스턴에게 접근해 온다. 둘은 당의 감시를 피해 밀회를 즐기는데, 윈스턴은 일기장을 구입했던 외곽 지역의 골동품 가게 2층 방을 밀회 장소로 삼는다. 당이 개인의 성생활마저 금지했기 때문이다. 줄리아는 윈스턴과 마찬가지로 빅 브라더와 내부 당원의 주장을 믿지 않을뿐더러 그들을 욕하면서도 윈스턴과의 밀회에만 만족할 뿐 반란 같은 건 꿈도 꾸지 않는다. 윈스턴에 따르면 줄리아는 "허리 아래쪽으로만 반역할" 뿐이다.

윈스턴은 무산자 계급에게서 희망을 보고 그들만이 이 체제를 전복할 수 있다고 믿는다. 무산자 계급만이 인간성을 지니고 있기 때문이기도 하지만 당에서 무산자와 동물은 감시 대상으로 삼지 않기 때문이기도 하다.

마침내 용기를 낸 윈스턴은 줄리아와 함께 오브라이언의 집을 방문해 형제단 얘기를 듣고 조직의 규칙을 숙지한 뒤 골드스타인이 쓴 책까지 받기로 한다. 그러던 어느 날 그들의 밀회 장소로 사상경찰이 들이닥친다. 알고 보니 가게 주인인 노인이 사상경찰이었던 것.

법과 질서를 관장하는 입법부에 끌려가 갖은 고문을 당하던 윈스턴은 오브라이언이 의도적으로 자신에게 접근했음을 알게 된다. 무려 7년 동안 윈스턴을 주목하면서 미끼를 던졌던 것. 오브라이언은 윈스턴을 순교자나 배반자가 아니라 진심으로 이 체제와 빅 브라더를 아끼고 사랑하는 인간이 되도록 만들 목적으로 고문한다. 결국 윈스턴은 한직으로 물러나 술에 의존해 지내는데 어느 날 몰골이 말이 아닌 줄리아를 만난다. 그들은 서로 고문을 견디지 못해 스스로를 저버렸을 뿐만 아니라 상대에게 잘못을 전가할 수밖에 없었노라고 고백한다. 어쩔 수 없었노라면서. 술집에 쓸쓸히 앉아 텔레스크린에 나오는 빅 브라더를 보던 윈스턴은 투쟁이 끝났다고 생각한다. 자신이 이겼다면서. 왜냐하면 빅 브라더를 사랑하게 되었으니까.

2020년부턴가. 연도를 적을 때마다 멈칫한다. 현실감이 느껴지지 않아서다. 해가 바뀌는 것도 실감하지 못하겠고. 어린 시절 즐겨 봤던 어린이 잡지의 특집 기사 생각이 난다. 미래사회를 다룬 이야기와, 개인 전화기를 들고 다니고, 우주비행사 복장으로 달과 화성으로 소풍 가는 그림들로 채워진 그 기사. 어떤 건 현실이 됐고 어떤 건 지금도 꿈으로만 남아 있다.

 문제는 연도다. 그런 기사에서 다루던 미래는 대개 2000년이 기준이었던 것으로 기억한다. 좀 극단적인 상상력을 발휘할 때면 2020년쯤이었지 싶고. 아마도 그보다 더 먼 미래를 상정하면 나 같은 조무래기들이 상상력을 발휘하기가 쉽지 않을 거라는 어른들의 꼼수도 한몫했으리라. 이미 죽고 없을 시점까지 멀어지는 건 상상력의 문을 닫아버리는 짓일 테니까. 그뿐인가. 암울한 미래사회를 다룬 영화 〈블레이드 러너〉(1982)의 배경은 2019년이다. 그러니 나는 지금 미래사회에 살고 있는 셈이다. 내 어린 시절의 일들이 마치 전생의 일처럼 여겨진다. 헷갈리지 않겠는가.

 이 소설 『1984』를 읽으면서도 같은 심정이었다. 미래사회를 그린 소설로 읽어야 할지 아니면 이미 과거가 돼버린 예전 시절의 이야기로 읽어야 할지. 세상에, 내가 고등학교 3학년 때를 다룬 미래 소설이라니!

 그러니 그저 미래 소설로만 읽을 수는 없다. 실제로도 그렇다. 『동물농장』과 마찬가지로 이 소설 또한 현실 사회를 향한 작가의 발언을 담고 있는 것 같아서다. 제2차 세계대전이 끝난 뒤 영국을 비롯한 서방 세계가 소련 지배 세력의 눈치를 살피는 통에 조지 오웰은 이런 식의 소설을 구상할 수밖에 없었으리라. 두 소설엔 그런 현실 비판까지 담겨 있는 셈이랄까.

 아니, 핑계다. 작가는 아마도 그런 핑계를 대고 싶었으리라. 『카탈로니아 찬가』처럼 쓸 수 없었던 건 순전히 시대 상황 때문이었노라고. 핑계일 뿐이라고 짐작하는 이유는 작품 내용 때문이다.『동물농장』과『1984』는 지나치게 도식적인 이야기들이다. 대놓고 소련의 상황을 빗댄데다(나폴레옹과 빅 브라더가 스탈린이고, 스노볼과 골드스타인이 트로츠키라는 걸 그대로 드러냈으니까), 겉모습으로도 쉽게 구분할 수 있는 동물들을 등장시키거나 거주지와 복장만으로도 신분을 알 수 있는 사회를 그림으로써 계급 갈등을 도식화했다. 게다가 인물들은 모두 살과 피가 제거된 채 뼈만 남은 것처럼 보인다. 조지 오웰이 이런 결과를 몰랐을 리 없다. 알고도 그리 썼으리라. 소설을 쓰기보다 고발을 하고 싶은 욕망이 더 컸을 테니까.『1984』를 단순히 미래사회를 그린 소설로 읽을 수 없는 이유다.

그런데 독재 권력의 무자비한 횡포와 간악함을 고발하려는 욕심이 지나쳤을까. 오웰은 실수를 저지르고 만다. 오브라이언의 입을 통해 역사 속 권력자들과 달리 자신들은 오직 권력 그 자체를 목적으로 권력을 잡았노라고 주장하게 만든 것. 물론 권력은 권력 그 자체를 먹고 산다. 하지만 자신이 권력 그 자체를 목적 삼아 권력을 잡았노라고 주장하는 권력자는 세상 어디에도 없다. 권력은 대의를 이루기 위한 도구에 지나지 않는다는 게 권력자들의 공통된 논리다. 하지만 권력을 잡고 나서는 순서가 바뀌는 것도 매뉴얼처럼 정해져 있다. 대의는 도구에 불과하고 권력이 목적이 된다. 이것이 권력을 탐하는 자들의 위선을 드러내 줄 유일한 급소다. 그러니 오브라이언의 주장이 사실이라면 빅 브라더와 오브라이언을 비롯한 내부 당원들은 이를테면 '순수한' 권력주의자들일 뿐 위선자들은 아닌 셈이다. 오웰은 자신이 비판하고 고발하려는 상대에게서 급소를 빼앗고는 신(神) 같은 존재로 만들고 말았다. 도무지 어찌해 볼 수 없는 권력의 신.

대체 무슨 생각을 한 걸까.

# 소설과 시차 적응

『멋진 신세계』
올더스 헉슬리, 김옥수 옮김
비꽃, 2017

"맞습니다, 그렇다면 저는 불행하게 살 권리를 바라는 겁니다." (260쪽)

2년 동안 유지했던 긴 머리를 예전처럼 짧게 잘랐다. 특별한 이유는 없고 그냥 잘랐다. 굳이 이유를 대자면 긴 머리는 나처럼 게으른 사람에겐 어울리지 않는다는 걸 절감했달까. 자르고 보니 시원하고 가벼워서 좋긴 한데 한동안은 다시 짧아진 머리에 적응할 시간이 필요할 것 같다.

미래사회를 그린 소설을 읽은 김에 영국 작가 올더스 헉슬리(1894~1963)가 1932년에 펴낸 소설 『멋진 신세계』를 읽었다. 『1984』와 마찬가지로 미래의 런던을 배경으로 한 소설이다. 다만 1984년보다는 한참 먼 미래의 이야기다.

포드력 632년의 런던(이 소설이 그린 미래사회에선 대량 생산 시스템으로 자동차를 만든 포드가 신을 대신

하는 존재다). 인간은 '중앙 배양 조절 센터'에서 각각 알파, 베타, 감마, 델타, 입실론이라는 계급으로 나뉘어 배양된다. 특수 처리된 난자에서 수정된 인간 배아를 여러 단계의 대량 생산 시스템을 통해 '생산'하는데, 태아 단계에서 계급별로 필요한 몸과 성향을 얻을 수 있는 약품을 주입하거나 유아기에 철저한 교육을 통해 사회에 필요한 다양한 직업군의 인간들을 만들어낸다. 특히 감마와 델타, 입실론 계급은 노동력을 확보하기 위해 여러 쌍의 쌍둥이로 만든다. 소설은 '런던 중앙 배양 조절 센터' 소장이 수습생들에게 수정과 배양 과정을 보여주며 설명하는 걸로 시작된다.

센터에서 일하는 헨리 포스터와 레니나 크라운은 알파 계급으로 여러 명의 이성과 성관계를 맺으면서 행복한 일상을 보낸다. 물론 임신은 다양한 조치를 통해 불가능해진 데다 인간이 여성의 자궁을 통해 태어나는 걸 역겨워하는 사회인지라 '어머니'나 '아버지'라는 말도 음담패설처럼 여겨진다. 혼자 고립되어 지내는 것도 금지되고 스트레스나 고민은 '소마'라는 알약으로 해결한다. 하지만 버나드 마르크스는 다른 알파 계급과 달리 체구도 작고 소심하기 이를 데 없어 배양 단계에서 알코올이 들어간 게 분명하다는 놀림을 받는 인물이다. 소마도 거절하고 뭔가 개인적인 강렬한 느낌을 원하면서 한편으론 레니나와 진지한 관계를 유지하길 바라는 버나드는 자신과는 다르게 출중한 능력에 시까지 쓰는 감수성으로 외톨이가 된 헬름홀츠 왓슨과 어울린다.

어렵게 레니나와 야만인들이 사는 '인디언 보호 구역'으로 놀러 가기로 약속한 버나드는 허락을 얻기 위해 소장을 만나는데, 소장은 여행을 허락하면서도 버나드의 돌발 행동을 지적하며 아이슬란드로 전출될 수 있다고 경고하면서, 오래전 젊은 시절 한 여성과 보호 구역에 놀러 갔다가 여성이 실종된 사건을 들려준다.

보호 구역 말파이스에서 버나드는 열악한 환경에서 살고 있는 존과 그의 어머니 린다를 만난다. 원래 베타였던 린다는 보호 구역에 여행 왔다가 길을 잃은 데다 임신 사실을 알게 되고 아들 존을 낳았던 것. 린다는 물론 아들 존까지 원주민들에게 소외당하며 힘든 세월을 지낸 이야기를 듣고 버나드는 린다가 소장과 함께 여행 왔다가 실종된 여성임을 눈치채고 존이 그들의 아들임을 확신한다. 존이 아버지의 이름이 토마킨이라고 밝힐 때 소장의 이름 토마스를 떠올렸던 것. 버나드는 자신을 홀대하는 소장에게 복수하기 위해 린다와 존을 소장에게 데려가는 한편 통제관 무스타파 몬드에게도 인정받고 싶어 린다와 존에게 동행을 권한다.

문명 지역으로 돌아온 버나드는 린다와 존을 소장에게 데려가고 소장은 모두의 놀림거리가 된 뒤 사직한다. 사람들은 베타였다가 원주민 지역에서 출산한 뒤 늙어버린 린다보다 문명인의 몸에서 태어난 야만인 존에게 관심을 쏟는데, 존을 만나려면 버나드를 거쳐야 하기에 버나드는 무스타파의 인정도 받고 주요 인물로 부각된다. 레니나 또한 존의 매력에 빠져 사귀고 싶어 하는데, 존은 레니나에게 호감을 느끼면서도 원주민 지역의 통념으로는 레니나를 비롯한 문명 지역의 문란한 성 관념을 받아들일 수 없다.

존이 버나드가 주최한 큰 행사에 얼굴을 비추지 않고 더는 구경거리가 되지 않기로 하자 버나드는 곤경에 빠지고, 헬름홀츠는 학생들에게 홀로 고독을 즐기는 내용의 시 강의를 했다가 경고를 받는다. 야만인 지역에서도 글을 배운 존은 어머니가 구해 준 셰익스피어 희곡을 즐겨 읽었던 터라 버나드나 헬름홀츠와 대화하면서도 셰익스피어를 인용하며, 발전된 과학 기술에 비해 인간의 본성과 자유에 대해서는 무지에 가까운 문명인들에게 실망한다. 그러던 중 어머니 린다가 소마 과용으로 사망하자 존은 하층 계급에게 지급되던 소마를 빼앗아 공중에 뿌리며 독을 복용하고 있다고 외치고 헬름홀츠와 버나드도 그 소동에 개입한다. 결국 무스타파에게 불려간 헬름홀츠와 버나드는 아이슬란드로 쫓겨가고, 인간의 자유와 행복에 대해 무스타파와 논쟁을 벌인 존은 등대 근처에서 원주민처럼 홀로 살기로 결정하지만 사람들의 끈질긴 호기심에 시달리다가 결국 목을 매 자살한다.

소설을 흥미롭게 읽기 위해선 상상력을 발휘해야 한다. 굳이 미래사회를 그린 소설이 아니어도 그렇다. 영상과 달리 소설 속 문장들은 자신이 묘사하고 설명하는 내용을 한번에 짠 하고 보여줄 방법을 갖지 못하기 때문이다. 가령 조폭같이 생긴 형사 이야기를 전하는 경우, 영상이라면 주인공의 모습을 보여주면 그뿐이지만, 소설은 한 문장 한 문장씩 순서에 따라 묘사하거나 설명해야만 한다. 게다가 영상이라면 주인공이 등장할 때마다 조폭 같은 외모가 자연스레 드러나지만, 소설에선 매번 그 모습을 반복해서 묘사할 수 없다. 영상이라면 대화할 때는 물론 심지어 화장실에 갈 때조차 그 험악한 인상이 표현되지만, 소설에선 불가능하다. 독자가 알아서 되새기며 읽을 수밖에 없다. 이 점이 이미지를 표현하는 데 소설이 영상에 밀릴 수밖에 없는 치명적인 단점이지만, 고정된 이미지에 얽매이지 않고 독자에 따라 다른 이미지를 그려낼 수 있다는 점에서는 장점이기도 하다. 그러니 상상력이 중요할밖에.

결국 소설을 읽을 때 발휘해야 하는 상상력은 시차를 극복하기 위한 노력인 셈이다. 공간에 기반을 두고 한꺼번에 이미지를 전하는 영상과 달리 문장은 시간에 기반을 두고 조금씩 이어가는 방식으로 이미지를 전하기 때문. 그런데 미래사회를 그린 소설의 경우 이처럼 형식으로 인한 시차뿐만 아니라 내용 자체에서 비롯된 시차까지 겹쳐진다. 상상력을 발휘해서 그려낸 이미지가 한 번도 겪어 본 적 없는 미래의 풍경이니 상상력을 한 번 더 발휘해야만 한다. 물론 앞쪽의 상상력에 비하면 뒤쪽 상상력은 '발휘한다'고 표현하기 민망할 정도로 빈약하기 그지없다. 그 빈약한 상상력이, 풍성할 뿐만 아니라 치밀하고 견고하기까지 한 상상력을 맥없게 만드는 게 싫어서 미래사회를 그린 소설을 별로 좋아하지 않는다. 긴장감을 떨어뜨린달까.

『멋진 신세계』가 그린 세상은 전혀 멋지지 않다. 인간이 출산을 통해 태어나지 않고 실험실에서 수정되어 공장에서 배양되는, 그야말로 자연에서 완전히 벗어난 세상이다. 만들어지는 순간부터 어떤 삶을 영위할지 이미 정해진 데다 그런 삶에 맞게 몸과 마음까지 규격화된 사람들이 불만과 불화 없이 살아가는 세상. 삶의 변수들이 통제되고 조정될 뿐만 아니라, 혹시 모를 예상치 못한 변수로 인한 불안은 약으로 얼마든지 해결할 수 있는 세상. 개인적인 삶이 적절하게 통제돼야 할 변수가 돼버린 세상. 멋진 세상일 리 없다. 하긴 생각해 보면 누구에게든 미래사회가 멋진 세상인 적이 있었던가.

그러니 멋진 미래를 그리지 않은 게 문제 될 건 없다. 다만 빈약하지 않은 쪽의 상상력이, 아니 도저히 빈약할 수 없는 쪽의 상상력이 긴장감을 유지하며 이야기를 따라가지 못하게 만든다면 그건 문제다. 단번에 세세한 이미지까지 전달받을 수도 없는데 굳이 이미지가 내게 도달할 때까지 끊임없이 지연되는 시간을 견디며 문장을 읽어 나가는 건, 비록 분명하게 보이진 않더라도, 마치 암흑 속에서 이곳저곳 모서리를 더듬으며 내 위치를 짐작하듯, 의미의 위치를 알아가는 쾌감 때문 아닐까. 시차 적응을 통해 어렵게 내게 다가오는 시간의 의미를 느끼는 것처럼.

어디서나 볼 수 있는 뻔한 그림은 딴생각을 하면서도 얼마든지 멀거니 쳐다볼 수 있듯, 구태의연하거나 지나치게 관념적인 내용을 담은 글은 아무 생각 없이 기계처럼 읽을 수 있다. 특히나 그 관념이 이분법적인 흑백논리로 표현된 관념이라면 더 그렇다. 1932년 현재와 먼 미래, 동물적인 출산과 인공적인 배양, 온갖 우연과 변수가 부딪히는 불안한 인생과 미리 재단되고 통제된 삶, 문명인과 야만인, 그리고 정처를 잃은 셰익스피어…… 지연된 시간이 어디서 헤매고 있는지, 나를 문장과 같은 속도로 앞으로 밀어주지 못하는 바람에 나는 시차 적응에 실패한 여행자처럼 책 속에서 방향을 잃고 만다. 덕분에 맨 앞에 적은 인용문의 의미가, 분실한 여행 가방처럼 미처 내게 도착하지 못해 못내 아쉽다. 정말 인상적인 문장인데……

# 이토록 무서운 소설이라니

『작은 아씨들』 1·2
루이자 메이 올컷, 유수아 옮김
펭귄클래식코리아, 2021(2011)

> 다들 이곳에 모였다. 웃고 노래하며 오르고 뛰어내렸다. 모두들 이렇게 완벽하고 즐거운 날은 없었다고 입을 모았다. 이 세상에 아무런 걱정이나 슬픔이 없는 것처럼 자유롭게 이 단순한 즐거움에 온몸을 바쳤다. (2권 388쪽)

크리스마스와 연말을 보내며 읽을 책으로 뭐가 좋을까 고민하다가 미국 작가 루이자 메이 올컷(1832~1888)이 1868년에 펴낸 소설『작은 아씨들』을 골랐다. 미국 남북전쟁 시기 가난한 집안의 네 자매 메그, 조, 베스, 에이미가 전쟁에 나간 아빠가 돌아오기를 기다리며 엄마와 함께 꿈 많은 사춘기를 보내고, 부상당한 아빠가 회복되어 집으로 돌아온 뒤, 안타깝게 병으로 사망한 셋째 베스를 제외하고 나머지 세 자매가 각자 결혼해서 행복하게 산다는 이야기다.

술술 잘 읽힌다. 이게 무슨 말이지, 하고 눈을 찡그리게 하는 부자연스러운 문장도, 고개를 갸웃하게 만드는 억지스러운 전개도 없다. 네 자매의 캐릭터가 분명하게 구분되는 데다 각자의 성격에 맞는 일화들이 씨줄과 날줄로 직조된 무늬처럼 자연스럽게 짜여 절로 감탄을 자아내게 한다. 그런데도 작가가 애쓴 흔적은 찾을 수 없으니, 이 정도면 작가가 심심풀이로 쓴 게 분명해, 하고 중얼거린다 해도 무리는 아니겠다.

이건 찬사일까, 비난일까? 글쎄, 살면서 겪는 일들이 다 그렇듯이 찬사와 비난 또한 온전하게 다른 얼굴을 하고 나타나는 건 아닐 테다. 가령 술술 잘 읽힌다는 건 그만큼 책 읽기를 방해할 만한 요소가 없다는 뜻일 수도 있다. 문장의 의미를 이리저리 궁굴려 볼 필요가 없다는 뜻. 부자연스럽게 보이는 문장이 없다는 건 문장들이 정확하게 내 눈과 책 사이의 거리만 유지할 뿐 더 다가오지도 멀어지지도 않는다는 뜻일 테다. 지극히 자연스러운 이야기 전개 또한 그다지 특별할 것 없는 이야기라는 표현일 수도 있고. 작가가 애쓴 흔적을 찾아볼 수 없다는 것도…… 아니다, 이쯤에서 멈추는 게 좋겠다.

1권에서 그쳤다면 앞에 늘어놓은 말들이 비난보다는 찬사 쪽에 가까웠을 텐데, 속편인 2권으로 이어지면서 안타깝게도 찬사에서 조금씩 멀어지고 말았다. 1권에서 그쳤다면 『작은 아씨들』이란 제목에 걸맞은 재미와 따뜻한 감동을 전하는 소설이 되었을 텐데, 2권으로 이어지면서 재미는 반감되고 감동은 교훈에 자리를 내주었다.

어린 시절 집과 동네에서 겪는 사건들은 기껏해야 작

은 가슴을 졸이게 만드는 게 고작일 뿐 어린 영혼이 겁에 질려 생각하듯 세상이 끝장날 일은 아니다. 진짜 세상 근처에는 가보지도 못한 어린 영혼들에게 오랜 시간과 노력을 쏟아부어야 겨우 해소될 수 있는 갈등 상황을 부여하는 건 무리일 테다. 정말 세상을 뒤집을 만한 큰 사건에 연루된 것이 아니라면. 하지만 실제 세상에 나아갈 나이가 된 뒤라면 상황은 달라진다. 갈등은 그렇게 단순하지 않고 선의만으로 쉽게 해소되지도 않는다. 어떤 갈등은 정확히 누구의 의도에서 비롯됐는지 알 수조차 없다. 선의만으로 모든 문제와 갈등이 금방 해소되던 어린 시절의 마법이 여전히 힘을 쓸 거라고 기대한다면 세상의 비웃음만 사게 되리라.

이 소설의 1권은 어린 영혼들이 선의를 잃지 않으며 마법 같은 세상에서 성장해 가는 이야기를 담고 있다. 당연히 문장에도 악의라곤 찾아볼 수 없다. 곧 닥칠 위험과 갈등을 암시하면서 공연히 불안을 조성하지도 않는다. 전개 방식도 마찬가지다. 문제 해결을 늦추어 갈등 상황을 키우다가 반전을 제시하거나 하지 않는다. 그건 선의의 마법과는 어울리지 않으니까. 하지만 2권에서도 이런 마법이 여전히 통하리라고 믿는다면 곤란해진다. 작가도 등장인물들도 독자도.

이런 소설을 읽으면 내가 왜 소설 읽기를 즐기는지 다시금 되새기게 된다. 그건 불안 때문이다. 소설 속 한 문장에 담긴 불안은 물론 이야기가 진행되면서 더 짙어지는 불안까지. 크고 작은 불안들을, 해결이 아니라, 해소해

가는 과정을 통해 삶의 불안들을 잊고 싶은 것.

기왕이면 불안이 아예 없는 게 낫지 않을까. 이 소설에서 그리는 마법 같은 세상처럼. 아니, 그렇지 않다. 그렇지 않다는 걸 알 만한 나이가 됐으니까. 사는 건 불안의 연속이라는 걸 알 만한 나이. 어떤 사람은 그 불안을 도전의 계기로 삼고, 다른 이는 우울감의 원인으로 꼽는다. 삶이 어떻게 될지 모른다는 불안, 아니, 당장 내일 어떻게 될지 모른다는 불안은 역설적이게도 어떤 식으로든 삶을 이어가게 만든다. 내일 내게 어떤 일이 벌어질지 정확하게 알고 그리하여 삶 전체가 어떻게 이어질지 분명하게 안다면, 하여 내가 왜 사는지까지 한 치의 오차도 없이 확실하게 알게 된다면, 더욱 역설적이게도 삶은 더 이상 의미가 없어지리라.

그러니 불안이 말끔하게 제거된 문장들로 이루어진 소설은 내겐 더없이 무서운 소설이다. 소설 속 등장인물들이 감당했어야 할 불안들이 온전히 내 몫으로 전가되는 느낌이 들면서, 소설 속 마법이 내게 와서는 흑마술로 바뀌는 것 같아서다. "이 세상에 아무런 걱정이나 슬픔이 없는 것처럼 자유롭게 이 단순한 즐거움에 온몸을 바"치는 사람들을 지켜보는 건 두려운 일이다. "그 뒤로 왕자와 공주는 결혼해서 행복하게 잘 살았답니다"라는 동화 속 마지막 문장을 읽는 것이 두려운 것처럼. 어떻게 잘 살았는지 구체적으로 보여주지 않아서가 아니라, 이렇게 단순명료하게 표현할 수 있다는 사실이 두려움을 자아낸다. 단순명료해서 아름답다는 수학 공식이 그만큼 두려움을 주듯이. 게다가 삶과 소설은 수학 공식만큼 단순명료하지도 아름답지도 않으니까.

# "그리고 그는 아무 말도 하지 않았네"

『그리고 아무 말도 하지 않았다』
하인리히 뵐, 홍성광 옮김
열린책들, 2021(2011)

> 눈에 보이지도 않고 정의 내릴 수도 없지만 실제로 존재하는 가난이라는 먼지는 나의 폐와 심장과 뇌에 쌓여, 내 몸의 순환을 지배하며 이제 호흡 곤란을 일으키고 있다. (68~69쪽)

2022년 새해 첫날 '연필이'와 '몽당이' 물을 주고 할인마트에 가서 달력과 아령을 사 왔다. 걷기와 함께 근력 운동을 병행한 지 한 달이 지나니 욕심이 좀 생겨 아령 운동을 함께 해보기로 했다. 월요일엔 어머니 병원 때문에 부천에 다녀오고 금요일엔 대전 병원에서 내 약을 처방받았다. 그리고 새해 첫 책으로 독일 작가 하인리히 뵐(1917~1985)이 1953년에 펴낸 소설『그리고 아무 말도 하지 않았다』를 골라 읽었다. 제2차 세계대전이 끝난 뒤 폐허가 되다시피 한 독일 퀼른에서 가난에 허덕이며 어렵게 세 아이를 키우는 부부 이야기를 전하는 소설이다.

사십 대의 프레드 보그너는 캐태와 15년간 결혼 생활

을 하면서 세 아이를 키우고 있다. 첫 임신에서 태어난 쌍둥이는 태어나자마자 사망했다. 프레드는 제2차 세계대전에 참전했다가 쌍둥이 때문에 탈영한 뒤 이런저런 직업을 전전했는데, 지금은 성당에서 전화 교환수로 일하며 부업으로 학생들에게 수학을 가르친다. 캐태는 세 아이와 함께 프랑케 부인 집의 작은 방에서 기거하는데, 벽도 얇고 옆방엔 다른 식구들이 드난살이를 하고 있어 늘 아이들을 조용히 시켜야 하는 데다 사생활을 보장 받는 건 엄두도 내지 못한다. 임신한 캐태는 먼지와 석회 가루를 치우며 마치 가난과 싸우듯 더러움과 전쟁을 벌인다. 프랑케 부인은 성당의 후원자로 가톨릭 주택위원회 의장인데, 프레드 가족의 주택 신청을 거부한다. 프레드가 술을 자주 마신다는 게 이유지만, 넓은 집을 소유한 자로서 프레드 가족이 집을 갖는 걸 마뜩잖아하는 데다, 전쟁 후 불공평한 주택 정책도 한몫한다. 참을 수 없었던 프레드는 집을 나와 이곳저곳을 전전하면서 아내에게 월급을 부치고 아내와는 밖에서 따로 만나 부부생활을 근근이 이어간다.

소설은 1952년 9월 30일부터 10월 2일까지 부부의 일상을 그린다. 프레드와 캐태의 1인칭 서술이 교차로 이어지는 형식으로, 프레드가 캐태에게 월급을 보내면서 밖에서 따로 보자는 편지를 보내고, 캐태가 아이들을 맡길 사람을 구하고 프레드를 만나 허름한 숙소에서 하룻밤을 보낸 뒤 헤어지는 이야기다.

그 과정에서 부부는 각자 간이 식당을 운영하는 소녀

가족을 만나 그들의 따듯한 인간미에 위로를 받는다. 지독한 가난에 시달리며 각박한 환경에서 돈을 빌릴 곳도 찾지 못하는 데다 어디서든 그들을 비추며 괴롭히는 광고 불빛에 수시로 노출되는 환경에서 그들은 절망한다. 결국 캐태는 프레드에게 헤어지는 게 낫겠다고 말하고, 다음날 제르게 신부의 심부름으로 시내에 나갔다가 아내를 발견하고 하릴없이 뒤쫓던 프레드는 신부에게 일을 그만두고 집으로 돌아가겠노라고 말한다.

이 작품을 처음 접한 건 1983년, 고등학교 2학년 때였다. 연도까지 정확히 기억하는 이유는 그때 구입한 책을 아직도 가지고 있어서다. 학원사에서 낸 주우(主友) 세계 문학 전집 네 번째 권이다. 1982년에 초판이 나왔고 내가 구입한 건 그다음 해 나온 3쇄 중 한 권이다. 가격이 1,999원인데, 이 가격 때문에 화제가 되었던 걸 기억한다. 예전에 산 책들 가운데 아직도 가지고 있는 몇 권 안 되는 책이다. 판형은 요즘 책보다 크고 글자는 훨씬 작아서 450쪽이 채 안 되는데도 세 작품이나 수록돼 있다. 『그리고 아무 말도 하지 않았다』, 『아담아, 너는 어디 있었느냐?』, 『어느 공용 외출의 끝』. 『어느 공용 외출의 끝』은 요즘은 『운전 임무를 마치고』로 번역되는 작품이다.

『그리고 아무 말도 하지 않았다』는 전혜린의 에세이집 제목과 같은 데다 이 작품을 통해 1인칭 시점 서술을 교차로 이어간 형식의 소설을 처음 접해서 잊기 어려웠고, 『아담아, 너는 어디 있었느냐?』는 재미있게 읽기도 했지만 당시 라디오에서 이 작품을 드라마로 각색해 방송한 걸 듣게 돼서 기억에 오래 남아 있다. 생각해 보니 당시엔 라디오 드라마로 한국 문학 작품은 물론 세계 문학 작품을 제법 접했던 것 같다. 성우들의 목소리 연기가 인상적이었다.

『그리고 아무 말도 하지 않았다』는 전후 독일, 정확히는 구 서독의 음울한 상황을 사실적으로 그린 소설이다. 전쟁의 상흔으로 폐허가 되다시피 한 도시에서 궁핍에 시달리는 데다 패전국 국민의 패배 의식을 짊어지고 살아야 하는 상황. 하지만 희망의 빛을 찾기 어려운 수렁 속에서도 집을 가진 사람이 있고 그렇지 못한 사람이 있다. 아이들에게 과외 학습을 시키는 사람도 있고 아이들을 가르치며 부족한 생활비를 버는 사람도 있다. 끊임없이 상업 광고를 쏟아내며 자본의 권력을 휘두르는 자들도 있고 어디서든 피할 수 없는 광고에 지쳐가는 가난한 자들도 있다. 정치권력을 쥔 자들도 있고 그저 처분만 기다리는 사람도 있다. 시민들에게 희망을 전해야 할 종교인들 또한 연줄이 있는 자들은 종교 권력에만 관심을 쏟고 시골 출신의 힘없는 자들만이 몸과 마음이 모두 궁핍해진 시민들 앞에 부끄러움을 느낀다. 가장 절망해야 할 사람들, 즉 소녀와 지체장애를 가진 남동생 그리고 배우지 못해 험한 일을 해온 그들의 아버지로 이루어진 가족만이 신을 두려워하며 인간애를 잃지 않는다.

프레드와 캐태는 정처를 잃었다. 집도 그들의 정처가 되지 못하니 밖은 오죽하겠는가. 이 소설에서 그들이 들르는 곳은 모두 낯선 곳들이다. 어디서도 환영받지 못하고 어디든 그들이 가고 싶어 한 곳이 아니다. 심지어 집도 그들에겐 한데와 다를 바 없어 프레드는 결국 집을 나와 정처 없이 헤매고, 캐태 또한 끊임없이 쓸고 닦는 걸로 한데 같은 집과 싸운다. 정처가 없는 자에게 깃드는 건 불안뿐이다. 불안은 정처 없음을 먹고사니까. 이 작품엔 공기처럼 일상에 가득 들어찬 불안이 잘 묘사돼 있다. 전체 이야기에서뿐만 아니라 문장 하나하나에까지. 앞에 적은 인용문에서 '가난'을 '불안'으로 바꾸어도 전혀 이상하지 않다.

> 눈에 보이지도 않고 정의 내릴 수도 없지만 실제로 존재하는 '불안'이라는 먼지는 나의 폐와 심장과 뇌에 쌓여, 내 몸의 순환을 지배하며 이제 호흡 곤란을 일으키고 있다. (작은따옴표는 인용자)

바로 앞에 읽은 『작은 아씨들』과 견줄 때 이 소설의 서술자는 전혀 다른 진술을 하고 있다. 가난이 곧 쉽게 해소될 수 없는 불안이라고 말하고 있으니까. 심지어 문장 하나하나에도 불안이 깃들어 있어 헛된 희망을 기대하게 만들지도 않는다. 등장인물들은 제 몫의 불안을 공기처럼 흡입하며 제 몫의 삶을 온전히 감당한다. 덕분에 야비한 독자인 나는 『작은 아씨들』을 읽으며 억울하게 넘겨받은 불안들을 이 소설을 읽으며 되돌려줄 수 있었다. 이제야 비로소 안심이 된다. 야비하게도.

참고로 이 소설의 제목은 소설에 언급돼 있듯, 미국 흑인 영가 「그는 아무 말도 하지 않았다(He Never Said a Mumblin' Word)」에서 가져왔다.

……they nailed him to the cross, nailed him to the cross.
……그들은 그를 십자가에 못 박았네, 십자가에 못 박았네. (60쪽)

……and he never said a mumbling word.
……그리고 그는 아무 말도 하지 않았다. (60~61쪽)

# 잃어버린 게 삶이 아니라 명예라고?

『카타리나 블룸의 잃어버린 명예』
하인리히 뵐, 김연수 옮김
민음사, 2010(2008)

"내가 기자들의 술집에 갔었던 것은 그저 그를 한 번 보기 위해서였습니다. 그 인간이 어떻게 생겼고, 행동거지는 어떠하며, 말하고 마시고 춤추는 모습은 어떤지 알고 싶었습니다. 내 삶을 파괴한 바로 그 인간 말입니다. (후략)" (139쪽)


동생과 통화하다 폭발해 버렸다. 한동안 머릿속에서 여러 사람들과 설전을 벌이며 중얼거리곤 했는데, 대개는 내 쪽에서, 나를 가만 내버려 두지 않으면 죽여 버리겠다고 협박하는 걸로 마무리되는 설전이었다. 음식이 다시 넘어오기 시작했고, 배 속엔 가스가 찼다. 무시했다. 어쨌든 더는 불안을 느끼지도 않고 잘 자고 잘 먹고 운동까지 꾸준히 하고 있으니 문제 될 게 없다는 생각이었다. 방심한 셈이다. 별일 아닌 상황에서 동생에게 고래고래 고함을 지르며 온갖 험한 말을 쏟아냈다. 처음엔 같이 소리를 지르던 동생이 눈치를 채고 나를 진정시켰다. 휴대전화를 쥐고 있기도 힘들 만큼 진이 쏙 빠져 버렸다.

한 이틀간은 머릿속도 조용해졌고 음식도 넘어오지 않았다. 하지만 사흘째부터 다시 머릿속이 시끄러워졌다. 의사를 찾아가 상황을 설명했다. 의사는 이상할 정도로 차분했다. "낫고 있는 거예요. 어쨌든 예전처럼 스스로를 공격하진 않잖아요? 남아 있던 분노가 맥락 없이 분출되는 것뿐이니까 걱정하지 않아도 됩니다. 좀 지나면 무기력한 상태가 이어질 수 있는데 그것도 걱정할 필요 없구요." 낫는 중이라…… 당분간 취침 약에 더해서 세로토닌을 하루에 두 알씩 먹기로 했다.

이틀쯤 지나자 괜찮아졌다. 무기력해지지도 않았다. 다음 책으로 골라놨던 하인리히 뵐의 또 다른 소설 『카타리나 블룸의 잃어버린 명예』(1974)를 집어 들었다. '폭력은 어떻게 발생하고 어떤 결과를 가져올 수 있는가'라는 부제가 달린 작품으로, 보수 신문의 횡포에 가까운 보도 행태로 인해 한 젊은 여성의 삶이 무너져 내리는 이야기를 담고 있다.

1974년 2월 24일 일요일 낮 12시 15분, 독일 어느 도시에 사는 스물일곱 살의 젊은 여성 카타리나 블룸이 자신의 아파트에서 〈차이퉁〉지 신문 기자인 베르너 퇴트게스를 총으로 쏴 죽이는 사건이 발생한다. 소설은 보고서 형식을 띤 채 여성 카니발 기간이었던 2월 20일 수요일부터 일요일 살인 사건이 벌어지기까지의 일들을 재구성하면서 대표적인 보수 신문 〈차이퉁〉의 왜곡 보도에 맞서 사건의 전말을 전한다.

2월 20일 수요일 카타리나 블룸은 자신의 대모이자 친구인 엘레 볼터스하임 부인 집에서 열린 파티에 참석했다가 루트비히 괴텐을 만나 같이 춤을 추고 자신의 아파트로 데려가 사랑을 나눈다. 문제는 괴텐이 탈영병인 데다 은행 강도 혐의를 받는 수배자라는 것. 그를 감시하던 경찰이 목요일 아침 카타리나의 집에 들이닥쳤지만 괴텐은 떠나고 난 뒤다. 카타리나는 연행되어 심문을 받는다. 검사 페터 하흐와 수사관 에르빈 바이즈메네는 카타리나가 괴텐을 이전부터 알고 있었으며 그날 괴텐에게 피신처를 제공하고 경찰의 감시망을 피해 도망치도록 도왔다고 의심한다. 남자들이 치근대는 걸 유독 싫어하는 카타리나가 그날 파티에서 처음 만난 남자와 사랑을 나눴다는 사실을 믿을 수 없다는 것. 게다가 오래전부터 카타리나를 가정관리인으로 고용한 데다 카타리나의 변호를 맡은 후베르트 블로르나 변호사와 건축설계사 투르데 블로르나 부부가 좌파 인사인 점도 그 의심에 한몫한다.

　카타리나의 아버지는 젊어서 진폐증으로 죽고 청소부로 일하던 어머니도 오랫동안 병원에 입원해 있는 데다 오빠는 죄를 지어 감옥에 들어가 있다. 어려서부터 집안일을 도맡았던 카타리나는 이런저런 가게와 집안의 가정관리인으로 일해 오다 방직공 브레틀로를 만나 결혼하지만 남편에게 실망한 뒤 집을 나온다. 운 좋게 블로르나 부부를 만나 투르데가 설계에 참여한 아파트를 분양받고 부부의 보증으로 대출까지 받아 착실히 대출금을 상환하던 카타리나는 수요일 파티에서 괴텐을 만나 춤을 추고 사랑에 빠지는 바람에 한순간에 나락으로 떨어지고 만다.

목요일 심문이 끝나자 금요일자 〈차이퉁〉지에는 카타리나에 대한 온갖 추측성 보도가 실린다. 카타리나는 괴텐과 한패가 분명하다는 것. 카타리나의 어머니가 청소일을 하던 성당 신부의 말을 인용하며 '죽은 아버지는 위장한 공산주의자였고 어머니 또한 청소일을 하던 성당에서 미사용 포도주를 훔쳐 정부와 술판을 벌였다'고 보도하면서 겨우 스물일곱 살의 가정부가 어떻게 아파트를 소유하고 고급 차를 몰 수 있는지 의심스럽다고 적는다. 스키장으로 휴가를 떠났던 블로르나 부부는 목요일에 연락을 받고 부랴부랴 토요일 아침 집으로 돌아오는데, 토요일자 〈차이퉁〉지엔 이미 카타리나의 과거가 낱낱이 까발려지고 전남편은 물론 그동안 관계를 맺었던 인사들의 인터뷰를 통해 카타리나가 인격적으로 문제가 있는 위험인물로 규정된다. 물론 인터뷰 내용 중 해당 발언을 정반대로 왜곡해 전한 부분도 있다. 블로르나 부부가 관련됐다는 사실을 언급하며 이른바 '빨갱이 투르데'를 소환하는 한편 병원에 있는 카타리나의 어머니까지 찾아가 인터뷰를 강요한 내용까지 실린다.

한편 금요일 심문에서 카타리나는 정기적으로 아파트를 찾은 신사의 존재와 다이아몬드 반지의 출처를 추궁받지만 함구한다. 사건과 관련이 없는 데다 중요한 일도 아니라는 판단에서다. 나중에 그 신사는 블로르나 박사의 친구인 사업가 알로이스 슈트로이프레더로 밝혀진다. 파티에서 카타리나를 처음 본 뒤 계속 쫓아다니며 다이

아몬드 반지에 별장 열쇠까지 건넨 것. 결국 심문에서 특별한 혐의점은 발견되지 않은 채, 알로이스의 별장에 숨어 있던 괴텐이 잡히고, 카타리나의 어머니가 기자의 '습격'을 받고 난 뒤 충격으로 사망한다.

그리고 일요일 카타리나는 바로 그 기자, 퇴트게스를 살해한다. 단독 인터뷰 때문에 아파트를 찾아온 퇴트게스가 성희롱 발언까지 하자 격분해서 총으로 쏴버린 것.

앞서 언급한 것처럼 이 소설의 부제는 '폭력은 어떻게 발생하고 어떤 결과를 가져올 수 있는가'이다. 여기서 '폭력'은 당연히 언론이 자행하는 폭력이고, 해당 신문사는 〈빌트〉지다. 작가는 책 머리에 다음과 같이 밝혀 두었다.

> 이 이야기에 나오는 인물이나 사건은 자유로이 꾸며 낸 것이다.
> 저널리즘의 실제 묘사 중에 〈빌트〉지와의 유사점이 있다고 해도
> 그것은 의도한 바도, 우연의 산물도 아닌, 그저 불가피한 일일 뿐이다. (7쪽)

이건 "이 소설은 다름 아닌 〈빌트〉지의 만행을 고발하기 위해 쓴 소설이다"라는 선언인 셈이다. 이른바 '적군파'를 옹호했다가 보수 신문인 〈빌트〉지로부터 온갖 고초를 당한 작가 본인의 적의가 고스란히 담겨 있다.

'좌파'나 '적군파'라는 용어와는 전혀 어울리지 않는

스물일곱 살의 평범한 여성을 언론 권력의 피해자로 삼고, 보고서 형식을 빌려 냉정한 시점의 서술로 위장한 뒤, 사건의 전말을 파헤치기 위해 요일을 오가며 퍼즐을 맞추듯 관련된 인물들의 언행을 조합함으로써 객관적인 조사처럼 보이게 만들었으나, 사실은 그렇지 않다.

〈차이퉁〉('Zeitung'은 독일어로 '신문'을 뜻한다)의 억측과 조작에 기반을 둔 거짓 보도에는 악의가 깃들어 있다. '저들의 의도야 뻔하지 뭐'라는 악의다. 언론 기관임에도 불구하고 그들은 피의자와 관련자에게 "왜?"라고 묻지 않았다. 의도가 뻔하다고 여겼던 것. 언론이 반드시 해야만 하는 일은 하지 않고, 무슨 일이 있어도 하지 말아야 할 일만 한 셈이다. 그러니 욕을 먹어 싸다.

하지만 안타깝게도 이건 한쪽에만 해당하지 않는다. 하인리히 뵐 또한 〈차이퉁〉지와 기자들에게 "왜?"라고 묻지 않는다. 그 또한 '저들의 의도야 뻔하지 뭐'라고 여긴 것이다. 양쪽 모두 폭력에 대해 다른 생각을 갖고 있는 것 같지만, 따지고 보면 다르지 않다. 둘 다 자신들은 폭력을 선용(善用)하지만 상대는 악용(惡用)할 뿐이라고 여긴다. 어쩐지 '적대적 공존'이라는 말을 떠올리게 만든다. 공산주의 계열 언론의 거짓 선동에 맞서 작품을 쓴 조지 오웰을 떠올린다면 보수 우파 쪽 언론에만 문제가 있다고 말할 수는 없으니까.

카타리나 블룸은 폭력에 대한 그 '적대적 공존'의 피해자다. 그리고 카타리나가 잃어버린 건 '명예'가 아니라 '삶'이다.

# 밑도 끝도 없는

『타임퀘이크』
커트 보니것, 박웅희 옮김, 아이필드, 2006
『마더 나이트』
커트 보니것, 김한영 옮김, 문학동네, 2009
『제5도살장』
커트 보니것, 정영목 옮김, 문학동네, 2016

고인이 된 위대한 독일 소설가 하인리히 뵐에게 독일인의 국민성에서 무엇이 근본적인 결점인지 물었다. 뵐이 말했다. "순종이요." (『타임퀘이크』, 64쪽)

미국 작가 커트 보니것(1922~2007)이 1997년에 펴낸 소설 『타임퀘이크』에는 킬고어 트라우트라는 공상과학 소설 작가가 등장한다. 소설 속에서 『자동항법에 맡겨진 십 년』이라는 자서전을 쓰는 작가다. 무슨 말이냐면 계속 팽창만 하는 게 더 이상 의미 없다고 깨달은 우주가 2001년 2월 13일 2시 27분 느닷없이 수축해서 1991년 2월 17일로 돌아갔다가 변덕을 부려 다시 팽창하는 바람에 10년의 '반복기'가 생겼고, 그 덕에 그 10년 동안 우주는 지난 10년의 상황을 그대로 반복해야 한다는 이야기다. 말 그대로 '자동항법'인 셈이다. 그리고 그 반복기가 끝나면 다시 자유의지가 생기지만 10년 동안 식물인간 상태로 누워 있다 깨어난 사람이 금방 움직이기 어려운 것처럼, 자유의지 또한 제대로 말을 듣지 않아 여기저기 말썽이 생긴다는 것. 말도 안 되는 얘기다. 그야말로 밑도 끝도 없는 얘기.

그런데 킬고어 트라우트라는 이름이 왠지 낯설지 않다. 커트 보니것의 다른 소설 『제5도살장』(1966)에서도 역시 공상과학소설 작가로 등장했던 바로 그 인물이다. 트라팔마도어 성운에서 온 외계인을 통해 이른바 시간왜곡법을 경험하는 주인공 빌 리가 군 병원에 입원했을 때 선물 받은 책의 작가로 나온다. 두 사람은 실제로(물론 소설 속에서) 만나기도 한다. 외계인 어쩌고 하는 얘기를 떠들어대는 사람에게 혹하지 않을 공상과학소설 작가가 어디 있겠는가. 그러고 보니 여기서도 '자유의지'가 나왔었군. 모든 시간대를 동시에 볼 수 있는 트라팔마도어 외계인들에게, 시간은 다만 존재할 뿐이니 순간순간을 그대로 받아들이면 된다는 말을 듣고 빌 리가 어쩐지 자유의지를 믿지 않는 말처럼 들린다고 묻자, 외계인들이 우주의 천체 가운데 오직 지구에서만 그런 말을 들어봤노라고 답하는 대목에서. 역시 말도 안 되는 이야기다. 밑도 끝도 없다.

그런가 하면 『제5도살장』에는 미국인이면서 독일로 귀화해 나치가 된 하워드 W. 캠벨 2세가 나오는데, 제

2차 세계대전 말 독일군의 포로로 드레스덴으로 끌려간 미군 포로를 독일군 요원으로 끌어들이기 위해 드레스덴을 찾는다. 이 이름도 귀에 익다. 커트 보니것의 다른 소설 『마더 나이트』(1961)의 주인공인 바로 그 캠벨 2세다. 이중첩자 역할을 했던 그 인물. 종전 후 미국으로 피신했다가 결국엔 이스라엘 형무소에서 목을 매 자살한다. 모두 실존 인물같이 느껴지지만 당연히 커트 보니것이 창조한 소설 속 인물들일 뿐이다.

이런 말도 안 되는, 그야말로 밑도 끝도 없는 설정을 배경으로 커트 보니것은 시간을 자유자재로 넘나들며 자신의 삶 전체를 돌아보기도 하고(『타임퀘이크』), 자신이 직접 참전했던 제2차 세계대전의 참상을 전하기도 하며(『제5도살장』), 미국의 이중첩자면서 전범인 캠벨의 이야기를 대신 들려주기도 한다(『마더 나이트』).

그런데 정말 말도 안 되고 밑도 끝도 없는 이야기는 소설이 아니라 현실에서 벌어졌다. 커트 보니것의 고조부의 나라 독일이 하필이면 히틀러와 나치의 나라가 된 것도 그렇고, 커트 보니것이 그 나라를 하필이면 미군의 척후병으로 처음 찾은 것도 그렇고, 포로로 잡혀 끌려다니다가 마침내는 하룻밤에 13만 5천 명의 민간인을 학살한 공습을 목격한 것도 그렇다. 아이러니도 이런 아이러니가 또 있을까. 그러고 보니 『타임퀘이크』에서 느닷없는 우주의 수축이 일어난 날짜가 드레스덴이 불바다가 된 바로 그날이군. 2월 13일.

커트 보니것은 독일계 미국인으로 이런 아이러니를

가장 미국적인 방식인 부박함으로 풀어낸다. 미국적인 부박함을 조롱하는 방식이랄까. 최소한 표면적으로는 그렇게 보이는데, 과연 그걸로 끝일까? 그렇다면 독일은?

독일 소설가 지크프리트 렌츠는 자신의 소설 『독일어 시간』(1968)에서 부츠베크라는 인물을 통해 독일인들의 문제점을 이렇게 진단한다.

> "이 나라엔 표면이 없고 단지 뭐라고 해야 할까? 깊이라고 하는 게 좋겠군. 지독한 깊이만을 갖고 있다고." (『독일어 시간』 2권, 정서웅 옮김, 민음사, 144쪽)

여기서 표면적이라는 건 인간적인 해학을, 깊이는 진지함과 침묵 그리고 의무감을 가리킨다고 부츠베크는 덧붙인다. 독일인들이 어떻게 그토록 나치에 순종적일 수 있었던가를 묻는 이 작품에서 작가가 내린 나름의 진단인 셈이다. 그런가 하면 『타임퀘이크』에서 커트 보니것은 독일 작가 하인리히 뵐을 만난 이야기를 이렇게 전한다.

> 고인이 된 위대한 독일 소설가 하인리히 뵐에게 독일인의 국민성에서 무엇이 근본적인 결점인지 물었다. 뵐이 말했다. "순종이요." (『타임퀘이크』, 64쪽)

정리가 필요해 보인다. 독일인들이 히틀러라는 괴물과 함께 광란의 춤을 추며 어색한 추임새를 넣었던 건 그들이 표면적이지 못하고 지나치게 깊이만 추구했기 때문이다? 말도 안 되고 밑도 끝도 없는 이야기는 정작 여기 있었군.

결국 깊이가 문제인 모양이다. 깊다는 건 뭘까. 부박하지 않고 심오하다는 의미일까. 가령 철학에 가장 마침맞은 언어는 독일어뿐이라는 하이데거의 말을 따르자면 독일인들이 깊이 있다는 말은 그들이 다분히 철학적이라는 뜻일까. 이성적이고 합리적이며 자기반성적이라는 의미? 철학이 심오하다는 주장에는 딴지를 걸 생각이 전혀 없지만, 그 주장이 철학이 깊이와 관계 있다는 의미라면 생각이 달라진다.

철학이나 수학은 사유의 이치를 궁구하고 그 질서를 바로세우는 것인데, 이치와 질서라면 표면과 관계되는 것이지 깊이와는 무관하지 않을까. 각자 자기만의 구덩이를 파고 들어가 앉아 자기만의 생각에 빠져 있는 게 철학이랄 수는 없을 테니까. 각자의 구덩이와 그 깊이의 차이를 인정하면 철학은 불가능해진다. 그 구덩이의 깊이를 표면의 연장으로 보고 표면 위의 점으로 일반화해야 철학은 비로소 가능해지니까. 따라서 철학이 어려운 이유는 우리가 깊이가 없어서가 아니라 거꾸로 우리의 그 잘난 깊이 때문인지도 모른다. 우리가 모르는 건 우리의 깊이가 아니라 표면일지도 모르니까.

예컨대 철학은 우리가 어떻게 살았는지, 즉 우리 삶의

깊이와 두께에 따라 해석이 달라지는 것이 아니다. 수학도 마찬가지일 테고. 그것은 우리가 철학과 수학의 언어에 얼마나 익숙한지에 달려 있을 뿐이다. 그러니 정작 철학은 박엽지처럼 깊이나 두께를 갖지 않는 셈이고 바보 같은 삶만 감자 구덩이 같은 깊이를 가질 뿐이다. 그렇다면 각자의 구덩이와 그 깊이의 차이에 대해 진술할 수 있는 건 논리정연한 철학이 아니라 밑도 없고 끝도 없는 문학의 몫이리라.

그러므로 독일인들에게 깊이만 있다는 진술은, 역설적이게도 그들이 지나치게 표면적이었다는 의미가 아닐까. 구덩이를 파도 똑같은 크기와 깊이를 갖는 구덩이만 팠다는 의미, 그러면서도 진정한 깊이, 즉 심연은 바로 표면에 있다는 걸 미처 깨닫지 못했다는 의미는 아닐는지. 철학자이자 시인으로서 심연을 들여다본 두 독일인인 니체와 횔덜린이 지나치게 문학적인 문장으로 자신들의 철학을 개진했던 것도 바로 표면에서 심연을 봐야 한다는 통찰 때문이었으리라. 호박(琥珀)에 새겨진 무늬처럼, 깊이는 밑도 없고 끝도 없는 것이라는 통찰. 그 덕에 둘 다 미쳐버리고 말았지만.

아마도 커트 보니것은 미국식 부박함을 조롱하면서 동시에 깊이 운운하는 유럽에게도 한방 멋지게 날리고 싶었는지 모른다. 밑도 끝도 없는 이야기로 연신 잽, 잽을 날리면서.

# 덜 사는 삶

『소멸』
토마스 베른하르트, 류은희·조현천 옮김
현암사, 2008

> 정신적인 인간에게 무위도식이란 있을 수 없다. 부모님 입장에 무위도식이란 정말로 아무것도 하지 않는 것인데, 아무것도 하지 않으면 내면에서도 아무 일이 일어나지 않기 때문이다. 그러나 정신적인 인간은 정반대로, 아무것도 하지 않을 때 가장 활동적이다. (38~39쪽)

오스트리아 작가 토마스 베른하르트(1931~1989)가 1986년에 펴낸 소설 『소멸』은 사건만 따라간다면 영 싱거운 이야기를 담고 있다. 마흔여덟 살이 되도록 혼자 외국에서 생활하던 부잣집 도련님이 부모와 형의 사고 소식을 접하고 고향으로 돌아가 상속재산을 모두 기증한다는 내용이니까.

프란츠 요셉 무라우라는 그 부잣집 도련님이 이스라엘 종교단체에 기증한 볼프스엑의 성채는 원래 정신적 가치를 숭상했던 조상들의 손때가 묻은 곳이었지만, '아랫마을 출신의 근본 없는 여자'가 시집오면서 비정신의 상징이 되어버린 곳이다. 그 '근본 없는 여자'는 바로 무라우의 어머니다. 우유부단한 아버지를 조종해서 교양의 성채를 천박한 욕망의 소굴로 만들어 버린 장본인이기도 하다. 성은 수구적인 가톨릭 교구장과 나치 장교들의 사교장으로 전락했다가 전후에는 그들의 은신처가 되기도 한다.

삼촌의 영향으로 볼프스엑을 떠나 로마에서 독일 문학 가정교사로 생활하던 무라우는 부모와 형이 교통사고로 사망했다는 전보를 받고 집으로 돌아가 장례를 치른 뒤 볼프스엑을 정리하고 다시 로마로 돌아가서는 마흔아홉의 나이로 사망한다. 로마로 돌아가 사망하기 전까지 일 년간 그가 쓴 자전적인 기록이 바로 「소멸」이고, 같은 제목의 이 소설은 "프란츠 요셉 무라우는 이렇게 글을 써 내려간다"로 시작해, "하고 무라우—1934년 볼프스엑 출생, 1983년 로마에서 사망함—는 쓴다"로 끝내면서 그 기록을 고스란히 전한다.

무라우가 「소멸」을 쓴 이유는 볼프스엑은 물론 볼프스엑으로 상징되는 자신의 조국 오스트리아의 범죄 행위를 고발하고 겉만 번드르르할 뿐 속은 썩을 대로 썩은 두 집단을 완전히 소멸하기 위해서다. 그리고 작가 베른하르트는 소설을 열고 닫는 문장 말고는 아무런 참견 없이 그 기록만으로 소설을 채운다. 아니, 그런 형식을 택한다.

여기까지가 이 소설의 틀이다. 한 편의 복수극 같아 보이지만 부잣집 도련님의 자기혐오로 비치기도 하고,

정신과 비정신의 대결처럼 보이지만 자기완결적인 정신의 무력한 투쟁으로 비치기도 한다. 야비하고 비열하고 뻔뻔스럽고 천박하기 이를 데 없는 세상에(그렇지 않은 세상도 있을까?) 홀로 맞선 무라우의 지성은 그 자체가 세상에 대한 심판의 칼날처럼 날 서 보이지만, 볼프스엑은 물론 자신마저 철저히 해부해 소멸하겠다는 기획은 어쩐지 그다지 날 서 보이지 않는다. 단지 정신적인 기획에 머물기 때문일까.

"세계가 다시 정상이 되려면 우선 세계를 완전히 파괴해야 한다는 것이다. 완전히 파괴하지 않고서는 새로워질 수 없기 때문이다"라고 말할 때 그는 스스로 정신이고자 한다. 로마를 망명지 삼아 무정부주의자로서의 삶을 선택한 무라우에겐 오직 '정신만의 정부'만이 가능할 뿐이고, 그 '정신의 권력'으로 볼프스엑과 자신의 조국 오스트리아를 온전히 파괴하여 새롭게 하려는 것이다.

이런 정신적인 인간으로서 그는 집안사람들의 비정신적인 삶을 이렇게 그린다.

> 그들은 끊임없이 일하는 연기를 펼쳐 보이고 늙을 때까지 자기 역할을 완벽하게 갈고닦는다. 그렇지만 실제로 하는 연극이 실제로 벌어지는 인생과 별 관계가 없듯이 주어진 역할은 실제로 하는 일과 별 관계가 없다. 인간은 언제나 인생을 그 자체로 보지 않고 연극으로 보길 좋아해서—사람들은 인생을 너무 힘들고 무미건조한 것으로 여겨 결국 엄청

난 모욕으로 받아들인다 — 사는 것보다 사는 연극을 하길 더 좋아하고 일하는 것보다 일하는 연극을 하길 더 좋아한다. (73쪽)

정신적인 인간다운 통찰이다. 세상에 깊이 뿌리 내리고 있는 건 삶이고 끊임없이 부유하는 쪽이 정신인 것 같지만, 실제로는 반대라는 애기처럼 들린다. 연극으로 가득 찬 삶은 제 뿌리 쪽으로는 눈을 돌리려 하지 않지만, 연극이 불가능한 정신은 늘 뿌리를 의식하지 않을 수 없다는 주장 아닌가. 그럴듯하다.

삶은 늘 지금-여기에 붙들려 있을 수밖에 없지만(하여 늘 떠다닐 수밖에 없지만), 정신은 지금-여기에 매몰되는 순간 끝장이니까(지금-여기와 함께 쓸려 내려갈 테니까). 따라서 삶의 위기는 지금-여기가 무너질 때 다가오고(발 디딜 곳이 없어지니까), 정신의 위기는 지금-여기가 끊임없이 지속될 때 시작된다(발 디뎌야 할 곳을 잃게 되니까). 하여 아우슈비츠는 삶에게는 지금-여기가 처절하게 무너진 경험이지만, 정신에게는 좀처럼 놓아주지 않는 완고한 지금-여기와의 만남이었다. 이 지경이니 삶은 이미 또 다른 지금-여기로 발 빠르게 갈아탔는데도, 정신은 깊은 내상을 입은 채 떠다닐 수밖에 없다. 정신이 입은 내상 중 가장 치명적인 건 삶이 제대로 기능하도록 뒷받침하지 못해서가 아니라, 자신의 뿌리에 가닿지 못하고 떠다닐 수밖에 없는 상황 자체로 인해 생긴 것이다.

그런 정신이 스스로 내상을 치유하는 길은 지금-여기

의 삶이 아무런 의미가 없다고 주장하기보다는 지금-여기에 삶을 붙들어 두는 것이리라. 네가 무너졌던 곳에 아직도 남아 있는 상흔들을 똑똑히 보라. 네가 이처럼 야비하고 비열하고 천박하기 그지없었다는 걸 분명히 기억하라. 이미 잊었다면 내가 그 기억을 되살려 주리라. 여백 없이 촘촘히 써넣음으로써.

그러나 내가 이 글을 쓰는 지금 생각해 보면, 물론 이 문장 또한 과장이며 내 과장술의 특징을 보여 준다. 당시 나는 감베티에게, 과장의 기술은 극복의 기술이며, 나에게는 실존 극복의 기술이라고 말했다. 과장을 통해, 결국 과장술을 통해 실존을 견뎌내고 실존이 가능하다고 했다. 나이가 들수록 점점 더 과장술로 도피하게 됩니다, 하고 감베티에게 말했다. 실존을 극복한 위인은 언제나 뛰어난 과장술사였습니다. 그들이 무엇이었고 무엇을 이루었건 간에 전혀 상관없는 일입니다, 감베티 씨, 그들이 그렇게 된 것은 결국 과장술 덕분이니까요. 과장하지 않는 화가는 좋지 않은 화가이고, 과장하지 않는 음악가는 좋지 않은 음악가입니다. 과장하지 않은 작가가 좋지 않은 작가인 것처럼 말입니다. 본래 과장술이란 모든 것을 과소 표현하는 데 있다고 여길 수 있는데, 그러면 우리는 이런 작가가 과소 표현을 과장시키고 과장된 과소 표현을 이런 식으로 과장술로 만들었다고 해야겠지요, 감베티 씨,

위대한 예술작품의 비밀은 과장에 있고, 위대한 철학의 비밀 역시 여기에 있으며, 과장술이야말로 바로 정신의 비밀입니다, 하고 감베티에게 말했다. (468~69쪽)

정신의 과장술은 어쩐지 삶의 연기와 짝패처럼 보인다. 정신의 과장술이 모든 걸 과소 표현하는 데서 시작되는 것처럼 삶의 연기 또한 모든 지금-여기들을 덜 사는데(과소 표현)서 시작될 테니까. 과소 표현된 정신과 덜 사는 삶이 과장술과 연기 속에서 극대화될 때 우리가 보게 되는 것이 바로 어떤 들림, 즉 독단과 맹신, 그리고 파시즘이 아닐까. 그러니 소멸은 덜 산 지금-여기들을 삶으로 다시 꽉 채우고 과소 표현된 대상들에게는 걸맞은 표현들을 낱낱이 돌려줄 때나 가능하리라. 이 소설이 주는 교훈은 이것뿐이라고 여기고 싶다. 때로는 액면 그대로 받아들이기 싫은 이야기들도 있는 법이니까.

# 엄마 잃은 이야기들

『포』
존 쿳시, 조규형 옮김, 책세상, 2003
『로빈슨 크루소』
대니얼 디포, 남명성 옮김, 펭귄클래식코리아, 2008
『방드르디, 태평양의 끝』
미셸 투르니에, 김화영 옮김, 민음사, 2003

"포 선생님 (중략) 뮤즈는 어머니이기도 하고 아버지이기도 하지요. 저는 제 이야기의 어머니가 되려고 하지 않고 그것이 태어나도록 하는 아버지가 되겠어요. 잉태는 제가 하는 게 아니고 당신이 하는 것이지요." (『포』, 184~85쪽)

남아프리카공화국 작가 존 쿳시(1940~ )가 1986년에 펴낸 소설 『포』는 영국 작가 대니얼 디포의 『로빈슨 크루소』(1719)를 다시 쓴 소설이다. 제목 '포'는 당연히 대니얼 디포를 말한다. 『로빈슨 크루소』를 다시 쓴 소설이라면 프랑스 작가 미셸 투르니에(1924~2016)의 소설 『방드르디, 태평양의 끝』(1967)도 있다. 18세기 영국 작가가 쓴 소설을 20세기에 프랑스와 남아공의 작가가 각각 다시 쓴 셈이다. 다시 썼다기보다 달리 썼다고 해야 맞겠다. 다른 시각에서 다시 살핀 이야기들이니까.

원조격인 『로빈슨 크루소』는 근대 주체, 그것도 경제 주체의 탄생을 알린 소설로 알려져 있다. 실제로 주인공 크루소는 자나 깨나 사업 생각뿐이다. 그는 무어인에게 포로로 잡혔을 때 자신을 따르던 무어인 소년 슈리를 자신들을 구해 준 영국 상선 선장에게 판다. 물론 기독교로 개종한다면 풀어 주겠다는 조건을 달긴 했지만. 그 배를 타고 브라질에 가 농장을 경영하면서 일손이 부족해 고생하는 동안 크루소는 슈리를 괜히 팔았다고 후회한다. 농장 경영이 궤도에 오르자 그는 다른 사업을 구상하는데, 마침 농장 경영주들의 제안을 받고 아프리카 기니에서 노예를 불법으로 들여오기 위해 노예선에 올랐다가 배가 난파되어 섬에 표류하게 된다.

크루소는 섬을 자신의 식민지로 개척하기 위해 뭐가 필요한지 정확히 판단하고 난파된 상선에서 물품들을 가져온다(심지어 섬에서는 필요도 없는 돈까지). 고립된 자가 느낄 만한 고독감이나 자기 성찰은 그에게 어울리지 않는다. 두고 온 가족들에 대한 그리움은 물론 사랑에 대한 갈망에 가슴 시려하지도 않는다. 그의 관심은 오로지 섬을 어떻게 경영할 것인지뿐이다. 압권은 섬에 표류한 지 얼마 안 돼 그가 작성한 메모다. '불행한 일'과 '다행스러운 일'로 칸을 나누어 그 밑에 내용을 적는데, 말 그대로 대차대조표다. 감정조차 대차대조표로 작성하는 철저한 경제적 주체인 셈이다. 어디 그뿐인가. 구조된 뒤 다시 그 섬을 찾았을 때 크루소는 떠나오면서 섬에 남겨둔, 선상 반란을 일으켰던 선원들이 자신의 섬을 어떻게 경영하고 있는지 확인하고, 필요한 물품과 여자를 공급해 줄 방법을 의논한 뒤 섬의 소유권을 나눠 갖기로 합의한다.

결국 이 소설은 당대 영국인에게 세상을 경영하는 방법을 알려주는 경제경영서인 셈이다. 조그만 섬나라에 머물지 말고 신대륙으로 떠나라. 사업을 위해 노예가 필요하다면 이러저러한 방법으로 들여오면 된다. 만약 무인도에 표류하게 된다면 이러저러하게 섬을 경영하면 되고 미개인은 이러저러하게 교육하면 된다. 구조된 뒤에도 당신은 섬은 물론 미개인의 소유권을 가질 수 있다 등등. 인도를 지배한 것이 영국 정부라기보다 영국 정부가 관여한 동인도'회사'였다는 점을 상기하면 그리 이상한 일도 아니겠다.

이렇듯 세상을 경영하는 면이 이 소설의 한 축을 이룬다면 미개인을 교육하는 것은 이 소설의 다른 한 축이다. 이를테면 자연과 맞닥뜨렸을 때 인간은 지극히 미미한 존재에 불과하지만 그 자연을 대상화해 개척할 수 있다는 면에서 인간은 자연보다 위대하다는 것이 한 축이라면, 바로 그 인간이 누구인가를 규정하는 것이 나머지 한 축인 셈.

서구 유럽에 기원을 둔 휴머니즘은 기독교인이면서 교육을 받은 시민(대개는 남성)을 휴먼으로 규정한 것이니, 유럽인들이 아메리카 원주민들을 바지를 입지 않았다는 이유로 몰살한 것도 역설적이지만 휴머니즘에 근거

한 것이다. 그들은 휴먼이 아니었으니까.

프라이데이 역시 휴먼이 아니었다. 그를 휴먼으로 교육하는 과정이 『로빈슨 크루소』의 한 축을 이룬다. 자연을 경영하는 경제적 주체이자 미개인을 휴먼으로 교육하는 근대적 주체의 이야기, 바로 휴머니즘의 이야기다. 따뜻하고 인간적인 것과는 거리가 먼, 피가 튀는 살육과 구분, 그것이 바로 휴머니즘이니까. 세상을 식민화하고 휴먼이 아닌 자들을 식민화하는 이야기.

한편 투르니에의 『방드르디, 태평양의 끝』은 이 두 가지 축을 흔든다. 흥미로운 건 투르니에의 크루소는 난파당하기 전 자신의 운명을 예견하는 타로 카드를 받는다는 점이다.

"조물주가 나왔군요. (중략) 당신의 마음속에 어떤 조직자가 들어 있다는 의미입니다. 그는 무질서한 세계와 싸우면서 임시변통의 수단을 모두 동원해서 그것을 휘어잡으려고 노력합니다. 그는 목적을 달성하는 듯하지만 그가 조물주인 동시에 요술쟁이라는 사실을 잊어서는 안 됩니다. 즉 그의 과업은 한갓 환상에 지나지 않으며, 그의 질서는 덧없는 것이라 이 말입니다." (『방드르디, 태평양의 끝』, 7~8쪽)

예언대로 투르니에의 크루소는 자연은 물론 방드르디(프라이데이)에게도 질서의 조직자로 남지 못한다. 처음엔 항해일지도 쓰고 스페렌차 섬의 헌장까지 만들지만, 그는 섬을 여성화하고 동굴 속에서는 흡사 자연의 자궁 속에 들어간 듯한 묘한 흥분에 사로잡힌다. 방드르디에게도 그는 가르치는 자라기보다 감화되는 자다(방드르디는 이미 영어를 할 줄 알았고 섬 생활에 필요한 작업에 능숙했다). 게다가 폭발 사고 뒤엔 두 사람이 주종관계를 벗어나 친구가 된 듯하더니 급기야 방드르디가 "나는 영국의 요크 시에서 온 로빈슨 크루소야. 야만인 방드르디의 주인이지!" 하고 말하면 크루소가 "자, 내가 방드르디다!" 하고 받으면서 일종의 역할 바꾸기 놀이를 즐기기까지 한다.

결국 화이트버드 호에 의해 구조되어 섬을 떠나는 건 방드르디고 크루소는 섬에 남기로 결정한다. 화이트버드 호의 소년 수병이 방드르디 대신 섬에 남는다. 소년은, 해안에서 보트를 타고 와 결사적으로 배 위에 오르는 방드르디를 보고 얼른 바다로 뛰어들어 그 보트를 타고 섬으로 들어온다. 크루소는 소년에게 죄다(목요일)라는 이름을 붙여 준다.

투르니에는 크루소를 경제 주체에서 성찰하는 주체로 탈바꿈시킴으로써 새로운 버전의 로빈슨 크루소를 만들어낸 셈이다. 이것을 탈주체이자 탈식민의 로빈슨 크루소라고 할 수 있을지 모르지만, 문제는 남는다. 가령 방드르디는 왜 방드르디로 남을 수 없는가. 그가 섬을 떠나는 것이 과연 성찰하는 주체로서의 행위라고 할 수 있을까. 무엇보다 이야기를 전달하는 자가 되지 못할 거라면 결국 그는 타자의 자리로 쫓겨난 셈이 아닐까. 섬을 통째로 빼앗긴 거니까. 게다가 소년 수병과의 자리바꿈은 방드르디를 또 다른 주체가 아닌 또 다른 주체의 '자리'로 만든 것이 아닐는지. 그러니 '다른 섬'에서 '무죄의 순간' 속에 들어앉았다는 크루소의 각성은 방드르디와는 관계가 없지 않은가.

존 쿳시의 문제의식은 여기서 시작된 모양이다. 그의 이야기는 브라질로 딸을 찾아 떠났던 수전 바턴이라는 여성이 리스본을 향해 가던 중 배가 난파되는 바람에 로빈슨 크루소와 프라이데이가 살고 있는 섬으로 표류해 오면서 시작된다. 섬에서 만난 크루소는 일지 같은 것도 쓰지 않을뿐더러 세상을 경영하는 주체로서의 의지는 모두 잃어버린 채 그저 묵묵히 석양을 바라보며 묵상하는 노인이다. 게다가 프라이데이는 노예 상인에게 혀를 잘려 말을 못 한다(노예 상인의 짓인지 크루소의 짓인지 알 수 없다).

1년이 지나 구조되지만 크루소는 사망하고 프라이데이와 단둘이 런던에 도착한 수전은 포(대니얼 디포)에게 편지를 쓴다. 자신과 프라이데이의 이야기를 팔려는 것이다. 하지만 포는 표류 이야기보다 딸을 찾아 브라질까지 갔던 수전의 이야기에 더 관심을 갖는다. 표류 이야기는 일화로만 기능할 뿐 그 자체로는 흥미를 유발할 수 없다는 것이다. 심지어 수전 바턴이라는 똑같은 이름을 가진 딸이 수전을 찾아오게 만드는데, 수전은 자신의 딸이 아니라 포가 만들어낸 인물이라고 주장하며 소녀를 에핑 숲으로 데려가 유기한다. 그러면서 "너는 아버지에게서 태어났어. 너에게는 엄마가 없단다. 네가 느끼는 고통은 결핍의 고통이지, 상실의 고통이 아니야. 나를 통해 다시 얻고자 하는 것은 사실 네가 애초부터 갖고 있던 게 아니야"라고 말한다.

 결국 수전은 포로 하여금 자신의 표류기를 쓰게 하는 데 실패한다. 그리고 마지막 4장에서는 이 모든 것이 환상에 불과하다는 듯 화자가 바뀌면서 바닷속에서 싸늘하게 주검이 된 크루소와 선장 그리고 수전과 프라이데이가 그려진다.

 존 쿳시는 탈주체나 탈식민은 주체의 입장을 바꿈으로써가 아니라, 이야기하는 자가 누구인가를 드러냄으로써 비로소 얻을 수 있다고 말하려는 듯하다. 가령 수전은 이 소설에서 단지 여성 캐릭터에 국한되지 않고 이야기를 팔기 위해 애쓰는 또 다른 크루소로 비치거나, 디포로 하여금 글을 쓰게 하는 뮤즈로도 등장하는데, 그때의 수전은 포에게 이렇게 말한다.

> "포 선생님, 운명의 여신 뮤즈 이야기를 아세요? 뮤즈는 여신으로, 밤이면 시인을 찾아와 그들에게 시심을 불러일으켜 주지요. 시인들이 가장 절망하는 순간에 뮤즈가 신성한 불꽃으로 어루만져 주면 말랐던 펜에서 잉크가 줄줄 흐른다고 하더군요. 당신을 위해 회고담을 쓰면서 제 무디고 생기 없는 텅 빈 펜 아래 그 섬의 모습을 그려보았을 때, 저는 한밤에 여류 작가를 찾아와 그들의 펜에 잉크가 흐

르게 할 젊은 신, 남자 뮤즈가 있었으면 했지요. 하지만 이제 알았어요. 뮤즈는 어머니이기도 하고 아버지이기도 하지요. 저는 제 이야기의 어머니가 되려고 하지 않고 그것이 태어나도록 하는 아버지가 되겠어요. 잉태는 제가 하는 게 아니고 당신이 하는 것이지요." (『포』, 184~85쪽)

뮤즈는 여신이고 모든 이야기를 잉태하는 건 아버지로서의 남성이라는 얘기다. 말하자면 '여류' 혹은 '여성'이라는 별칭이 붙지 않는 그냥 작가로서의 남성. 그 기원은 아마도 『구약성서』까지 거슬러 올라가지 않을까. 태초에 말씀이 있었다. 하나님 아버지의 말씀. 그리고 아담에서 시작되는 저 길고 긴 계보들. 세상을 경영한 자들의 계보. 아버지가 아들을 낳고 그 아들이 다시 아들을 낳아 만든 계보. '아버지 날 낳으시고 어머니 날 기르시니'로 시작되는 『명심보감』 「효행편」의 문장을 떠올리게 만드는 그 계보.

그런데 자궁도 없는 아버지가 어떻게 나를 낳았다는 말일까. 아버지가 낳은 건 생명으로서의 내가 아니라 내 이야기 아닐까. 이야기하는 주체(자신을 경영하는 주체)로서의 나를 낳는 존재, 아버지. 어머니는 자궁을 가진 존재로서 나를 품고 기껏해야 뮤즈로서의 역할만 할 뿐이고. 그러니 세상의 모든 이야기는, 그 이야기가 거대 담론이든 작은 이야기든, 아버지의 계보로 이어져 온 이야기다. "이제 제 삶은 이야기가 되어버렸고 이제 제 삶은 남아 있지 않네요"라는 수전의 말은 이야기를 낳는 아버지로서의 삶을 말한다. 이야기가 된 삶. 반면 어머니의 삶은 이야기를 낳지 못하고 그저 삶에 매여 있는 삶이다. 탯줄에 매인 삶. 이야기는 그런 어머니의 삶을 떠나 탯줄을 부인해야만 제 생명을 유지할 수 있다.

『포』에서 수전은 섬에 머물 땐 크루소와 동침하고 디포의 거처를 찾았을 땐 디포와 동침한다. 수전이 유일하게 동침하지 않은 인물은 프라이데이다. 소설에선 프라이데이가 수전의 유혹에 아무런 반응을 보이지 않았기 때문이라고 밝혔지만, 내가 보기에 둘의 관계는 꼭 모자 관계 같다. 생모와 친아들의 모자가 아니라, 이야기를 낳게 하는 관계로서의 모자.

수전은 딸을 잃고, 동침한 남자들로부터는 어떤 생명도 잉태하지 않지만 혀를 잘려 말을 잃은 프라이데이만은 끔찍하게 보살피며 글을 가르치려 애쓰기도 한다. 3장의 마지막 장면이 인상적인데, 디포는 침대에 느긋하게 누워 있고 디포의 복장을 한 프라이데이가 디포의 책상에 앉아 글씨를 쓴다. 그래봐야 철자에 불과하지만, 그동안 혀를 잘려 말할 자격을 잃었던 어머니 계보의 이야기기가 이제 막 철자를 쓰기 시작했다는 의미로 읽힌다. 디포가 수전의 잃어버린 딸에 관심을 갖는 척한 건 어쩌면 수전을 그저 어머니-여성으로 남게 만들려는 전략은 아니었을까. 이야기는 내가 낳는다. 남성, 아버지로서의 나. 당신은 어머니-뮤즈로서의 역할을 마쳤으니(탯줄을 잘랐으니) 이제 그만 당신의 딸을(다시 탯줄을 만들 존재를) 찾아 나서라.

아버지 이야기들이 계보에 집착하는 이유는, 그러니까 기원과 텔로스(지향점)에 연연하는 이유는 탯줄을 잃었기 때문은 아닐까. 그러니 어머니-계보라는 말은 어폐가 있다. 차라리 엄마-탯줄이라고 표현하는 것이 옳지 싶다(어머니라는 말은 아버지의 이야기가 만든 용어인데다, 엄마와 나는 탯줄로 이어졌다가 탯줄을 자르며 분리된 경험을 공유하므로 계보 따윈 필요 없으니까).

엄마-탯줄 이야기는 아버지-계보 이야기와는 달리 대차대조표(이성)에 기반을 두지 않고, 정념, 그중에서도 슬픔과 쓸쓸함에 기반을 두는 이야기이리라. 가르고 나누고 분리할 수 없는, 다만 차오르고 흘러넘치는 유동체로서의 슬픔과 쓸쓸함. 세계는 물론 나 자체도 경영하기를 거부한 채 차오르는 슬픔과 쓸쓸함을 응시하는 이야기, 모든 드라마와 모든 로맨스와 모든 반전, 말하자면 기원과 지향점이라는 환상이 만들어내는 저 모든 기제들을 거부하고, 스스로의 탯줄을 응시하며 시작도 끝도 없이 중얼거리는 이야기, 그런 이야기가 필요하다. 엄마-탯줄 이야기.

그런 이야기야말로 엄마를 잃고 분노와 공격성에 어쩔 줄 몰라 하며 세상을 헤매고 다니는 모든 이야기들을 제대로 보듬어 줄 수 있지 않을는지. 그러고 보니 4장의 바닷속 풍경은 살풍경하기보다 마치 양수 속에 웅크리고 있는 태아들을 그린 듯 슬프고 처연하다. 4장의 서술자는 혹시 탯줄이 아닐까 싶을 정도로.

# 사랑과 싸움

『헤이케 이야기』 1·2
오찬욱 옮김, 문학과지성사, 2006
『겐지 이야기』 1~10
무라사키 시키부, 김난주 옮김, 한길사, 2007

"나는 천하의 제왕을 상대로 싸워 이겼으니 어때, 임금을 한번 해볼까? 아니면 태상왕을 한번 해볼까? 그런데 말이지 임금 노릇을 하려면 아이처럼 꾸미고 있어야 하는 게 그렇고 태상왕을 하려면 머리를 깎아야 하는데 그것도 좀 그렇지? 그래 그래, 관백을 하는 게 좋겠어." (『헤이케 이야기』 2권 133쪽)

'모노가타리(物語)'란 말이 재미있다. 물어(物語)라. 일본 고대소설을 이르는 말이라는데, 이야기를 이런 식으로 표현한 예는 접해 본 적이 없다. 사물이 제 언어를 갖는 것이 이야기라는 의미일까, 아니면 말이 사물처럼 형체를 갖는 것이 이야기라는 뜻일까.

궁금해서 읽었다. 우선 가장 많이 알려진 『겐지 모노가타리(源氏物語)』를 한길사에서 열 권으로 옮긴 『겐지 이야기』로 읽었다. 11세기 무라사키 시키부라는 일본 여성 작가가 쓴 왕실 이야기다. 그런데 5권까지 읽다 말았다. 더 이상 읽는 건 의미가 없어 보였다. 이야기가 의미 없는 게 아니라, 읽는 행위가 의미 없어 보였다. 이야기를 들려주는 사람과 그 이야기를 듣는 내가 다른 곳을 보고 있었다. 이러면 의미가 없다.

혹시나 싶어서 13세기에 쓰인 작자미상의 작품 『헤이케 모노가타리(平家物語)』를 문학과지성사에서 낸 『헤이케 이야기』로 읽었다. 두 권짜리다. 이건 좀 나았지만 이야기하는 자와 듣는 자의 시선이 어긋나기는 마찬가지였다. 시선을 맞추어야 한다.

하는 수 없이 이런저런 책들을 찾아 읽었다. 하지만 어디에서도 모노가타리에 대한 친절한 설명은 들을 수 없었다. 에도 시대의 사상가인 모토오리 노리나가가 주창했다는 '모노노 아와레(物の哀れ)' 정도가 고작이었다. '사물의 슬픈 정서' 정도로 번역될 만한 이 개념은 일본만의 학문을 정립하고자 했던 모토오리 노리나가가 평생에 걸쳐 『고사기(古事記)』와 『겐지 모노가타리』를 연구해 얻은 결과물이란다. 마루야마 마사오 덕분에 우리에게도 익숙한 오규 소라이의 고문사학(古文辭學)을 일본 고대 문학에 적용한 결과라고. 말하자면 문헌학이자 해석학인 셈인데, 어쨌든 그의 말에 따르면 "세상만사를 눈으로 보고 귀로 듣고 몸으로 직접 겪어 마음으로 맛보아, 그것을 나의 마음으로 분별하고 인식함으로써 그 대상의 마음을 아는 것"이 바로 '모노노 아와레'다.

그리고 모토오리 노리나가가 '모노노 아와레'를 토대로 '마음이 있는 인간'의 대표적인 경우로 지목한 인물이 바로 『겐지 모노가타리』의 주인공 히카루 겐지다. 마음이 있는 인간이라. 재미있다. 못 말리는 바람둥이에 대한 평가로는 어쩐지 어색해 보이기도 하고. 히카루 겐지는 어떤 문학작품에서도 접해 보지 못한 인물형이랄 정도로 여색은 물론 남색까지도 서슴지 않는 바람둥이다. 흥미로운 건 사랑을 나눌 때마다 소맷자락을 적시는 슬픔을 자아낼 뿐만 아니라 그로 인해 유배까지 가면서도 모두에게 칭송받는다는 점이다. 말하자면 『겐지 모노가타리』는 주야장천 사랑을 나누는 이야기인 셈이다.

반면 『헤이케 모노가타리』는 주야장천 싸우는 이야기다. 『겐지 모노가타리』가 헤이안 시대 중기, 즉 왕과 귀족들이 권력과 문화를 독점하던 시기의 이야기라면 『헤이케 모노가타리』는 헤이안 말기 무사들이 득세하면서 가마쿠라 막부 시대를 열기 직전의 이야기다. 두 편의 고대소설이 한쪽은 사랑 이야기로만, 나머지 한쪽은 싸우는 이야기로만 채워졌다. 이것 또한 특이하다면 특이한 점이다. 서구의 경우 기사도 소설이든 로맨스든 사랑과 싸움(전쟁)은 늘 함께 다니는 짝패여서 한쪽이 다른 쪽의 알리바이로 기능하기 마련인데, 이 두 편의 모노가타리에서는 사랑과 싸움이 따로 논다. 마치 잘 쓰인 기사소설을 사랑편과 싸움편으로 나누어놓은 것 같달까.

사랑과 전쟁은 한 몸이다. 그래야만 사랑과 전쟁이 가능하기 때문이 아니라, 그래야만 사랑 이야기와 전쟁 이야기가 제대로 진행될 수 있기 때문이다. 여기서 이야기란 이야기하고자 하는 욕망, 즉 권력욕이다. 따라서 사랑과 전쟁을 한 몸으로 묶는 건 권력욕이고 그 방법은 사랑과 싸움(전쟁)에게 재갈을 물리는 것이다. 사랑과 싸움 그 자체가 발언하지 못하도록 해야 비로소 사랑 이야기와 전쟁 이야기는 가능해진다. 「로미오와 줄리엣」은 두 연인의 애절한 사랑 이야기면서 두 가문의 싸움 이야기지만, 정작 작품 속에서 사랑과 싸움은 입도 뻥긋하지 않는다. 다만 서로에게 명분을 주는 역할에 국한될 뿐인데, 엄밀히 따지자면 두 연인의 사랑은 부모들의 싸움과는 아무런 상관이 없고, 두 가문의 싸움은 두 집안의 자식들이 사랑을 나누는 것과 하등 관계가 없지 않은가. 싸움은 사랑 이야기의 국면전환용일 뿐이고, 사랑은 싸움 이야기의 국면전환용일 뿐이다.

국면전환. 내가 『겐지 모노가타리』를 끝까지 읽지 못한 건 이야기가 새로운 국면을 맞아야 할 지점에서 작가인 무라사키 시키부와 내가 같은 국면에 놓이지 못했기 때문이다. 작가는 사랑을 말하고 있는데 나는 사랑 '이야기'를 요구한 것이다. 그건 『헤이케 모노가타리』도 마찬가지다. 비록 작가가 알려지지 않은 작품이지만, 이야기를 들려주는 자는 싸움에 대해 신나게 떠들고 있는데, 나는 싸움 '이야기'를 원했던 것이다. 시선이 어긋난 지점이다.

가령 『겐지 모노가타리』에서는 겐지가, 어린 나이에 왕위에 오른 왕이 자신의 친아들이라는 사실을 알게 되는 부분이 이야기가 새로운 국면으로 접어들어야 할 지점이었다. 하도 여러 여성과 사랑을 나눈 통에 누가 자기 자식인지 분간하지 못할 지경인데, 선왕의 후궁이 낳은 아들이 자신의 아들임을 알게 된 것이다. 여기가 국면이 전환될 첫 번째 지점이라면 당사자인 왕이 그 사실을 알게 되는 지점은 두 번째 국면인 셈이다. 그런데 그냥 지나가 버린다. 내가 원했던 건 일반적인 이야기, 즉 왕이 자신의 아들임이 밝혀지면서 겐지의 삶이 이제까지와는 다른 국면으로 접어들게 되고, 궁중의 권력다툼에서 희생양이 되어 마침내 새로운 사랑에 눈뜨게 된다는 식의 뭐 그런 '이야기'였다. 하지만 겐지는 모두가 눈물로 환송하는 가운데 유배지로 떠나가서도 여전히 '사랑'을 계속한다. 그만 좀 해라, 지치지도 않니, 그렇게 '사랑'만 하면 사랑 '이야기'는 대체 언제 할 셈인데, 뭐 이런 소리가 목구멍까지 기어 올라올 정도로.

한편 『헤이케 모노가타리』에서는 다이라 일문과 맞서 오랜 전쟁을 벌이던 미나모토 일문(이 미나모토가 겐지의 후예들이다)이 끝내는 수도를 함락하는 부분이 이야기가 새로운 국면으로 접어드는 지점이다. 그런데 미나모토 일문의 수장은 가마쿠라에 머물면서 원격 조종만 할 뿐 수도에 입성하지 않는다. 이건 무슨 조화인가. 심지어 그 일문의 장수로서 먼저 수도에 입성한 요시나카는 맨 앞에 인용한 것처럼 아이 옷을 입어야 하는 임금도 머리를 깎아야 하는 태상왕도 되기 싫다고 말한다.

당시 태상왕의 아들인 선왕이 사망하는 바람에 그 아

들이 어린 나이에 왕위에 올랐고, 태상왕은 슬픔을 이기지 못하고 출가했기 때문에 머리를 자르고 있었던 것인데, 이 정도라면 일문의 장수라는 자가 이 이야기를 처음 읽는 나보다도 당시의 궁중 사정을 더 몰랐던 셈이다. 권력욕이 없는 건지 아니면 관심이 없는 건지 알다가도 모를 일이다. 그렇다면 왜 그토록 큰 희생을 치르면서 싸웠단 말인가. 중간에서 백성들만 죽어 나가는 그 지난한 싸움을. 결국 국면은 전환되지 못했다. 요시나카는 가마쿠라에 머물고 있던 미나모토 일문의 수장 요리토모에 의해 제거되고 만다. 물론 요리토모는 가마쿠라를 떠나지 않는다.

비록 불교 이념으로 포장되었다지만, 사랑 이야기와 싸움 이야기를 전하면서 이토록 교훈과 명분을 무시한 사례는 아직 알지 못한다(『겐지 모노가타리』에서 불교는 사랑의 탈출구로 작용해 상대가 출가한 경우엔 제아무리 바람둥이인 겐지로서도 어찌해 볼 도리가 없다. 반면 『헤이케 모노가타리』에서 불교는 전면에 나서는데 가령 연력사와 흥법사의 스님들은 개싸움의 장본인들이다). 이야기하는 자나 이야기 자체의 권력은 이야기를 듣는 자들을 같은 국면에 잡아놓고(기억을 공유하게 함으로써) 새로운 국면으로 이끄는 데서 비롯되는데, 그 권력을 과감히 포기한 이야기꾼과 그들의 이야기를 접할 수 있다는 게 두 편의 모노가타리에서 얻는 재미라면 재미랄 수 있겠다. 이것이 모토오리 노리나가가 말한 '대상 그 자체를 직접 겪고 그 마음을 얻는 이야기'인지는 모르겠지만.

 가령 사랑 이야기에선 사랑에 재갈을 물리지 않고, 싸움 이야기에선 싸움에 재갈을 물리지 않아 그들 스스로 발언하게 만드는 것. 그래서 사랑과 싸움의 본질에 다가가게 만드는 것. 이를테면 두 편의 책 뒤에 실린 가계도처럼, 사랑과 싸움 이야기에서 중요한 건 교훈과 명분, 진실, 아름다움 따위가 아니라, 그것들이 싹 걷어진 다음에 접할 수 있는 사실, 즉 모든 사랑은 개 같은 사랑이고 모든 싸움은 개 같은 싸움이라는 것.

 평생을 해도 자신할 수 없는 게 사랑이고 싸움인데, 하필이면 평생을 해야 하는 게 바로 사랑과 싸움이라는 점이 삶의 아이러니가 아닐까. 사랑과 싸움에서는 늘 패배자였던 기억밖에 없다. 그런데 가만히 생각해 보면 내가 패배한 것이 사랑과 싸움 그 자체였는지 아니면 사랑 이야기와 싸움 이야기라는 권력욕의 싸움터였는지 헷갈린다. 내가 한 것은 아름다운(혹은 진정한) 사랑이 아니었고, 멋진(혹은 장렬한) 싸움이 아니었다는 생각은 정작 사랑과 싸움에 재갈을 물리고 나서야 할 수 있는 생각이다. 이제까지의 사랑 이야기와 싸움 이야기가 모두 그렇듯 내 머릿속에 그리는 사랑과 싸움의 레퍼토리 또한 사랑과 싸움 쪽에서 본다면 추하고 냄새나는 권력욕의 쟁투에 불과하다(이건 스스로를 패배자나 희생양으로 그릴 때 가장 심하다).

 만일 멋진 이야기를 들려주고자 하는 욕망을 거두고, 그 안에 재갈이 물린 채로 사로잡힌 사랑과 싸움에 자유롭게 말할 수 있는 기회를 부여한다면, 우리는 아무도 패배하지 않고 아무도 상처받지 않는 사랑과 싸움, 즉 개 같은 사랑과 개 같은 싸움을 만날 수 있을 것이다. 말하자면 끊임없이 사랑하되 사랑의 주인공이 되려 하지 않는 사랑, 끊임없이 싸우되 권력의 정점에 서려 하지 않는 싸움, 이것이 싸움에 빌미를 제공하지 않는 개 같은 사랑이고, 사랑(가치)에 명분을 제공하지 않는 개 같은 싸움이 아닐까. 그리고 그런 사랑과 싸움이 전하는 말이 곧 물어(物語)이고.